Verlag v. Th. Caelius in Urach.

Kleine Geschichte der
Schwäbischen Alb

Kleine Geschichte der Schwäbischen Alb

Roland Deigendesch
Christoph Morrissey

DRW Verlag

Erschienen in der gemeinsamen Reihe des DRW-Verlags und
des G. Braun Buchverlags:
»Regionalgeschichte – fundiert und kompakt«

DRW-Verlag
Leinfelden-Echterdingen
www.drw-verlag.de

Einbandabbildung: Die Burg Hohenrechberg mit dem
Hohenstaufen im Hintergrund, Gouache von Louis
Mayer, 1836
Buchinnenseite vorn: »Hohenzollern«, Lithographie
von C. Schacher, um 1860
Buchinnenseite hinten: »Hohen-Neuffen«, Lithographie von Eberhard Emminger, um 1860

© 1. Auflage 2008 DRW-Verlag Weinbrenner GmbH & Co. KG,
Leinfelden-Echterdingen
Lektorat: Isabella Eder
Satz: post scriptum, www.post-scriptum.biz
Druck: Offizin Chr. Scheufele, Stuttgart

Das Werk einschließlich aller seiner Teile ist urheberrechtlich geschützt.
Jede Verwertung außerhalb der engen Grenzen des Urheberrechtsgesetzes (auch Fotokopie, Mikroverfilmung und Übersetzung) ist ohne
Zustimmung des Verlags unzulässig und strafbar. Dies gilt auch ausdrücklich für die Einspeicherung und Verarbeitung in elektronischen
Systemen jeder Art und von jedem Betreiber.

ISBN 978-3-87181-724-3

Inhaltsverzeichnis

Der Naturraum 12
Ein erster Überblick - Unter flachen Meeren - Heuberg, Kuppenalb und Münsinger Alb - Harte Schale, weicher Kern - Zahlreiche Naturreichtümer - Frühe Beschreibungen

Die Besiedelung in vor- und frühgeschichtlicher Zeit 28
Jäger und Sammler - Erster Ackerbau - Viehzüchter oder Bauern? - Keltische Grabhügel und Viereckschanzen - Unter römischem Einfluss - Das frühe Mittelalter: Mehrhausgehöfte und erste Kirchen

Burgen, Klöster, Städte: die Durchdringung der Alb im Mittelalter 60
Alemannen und Franken - Herrschaftsräume und ihre Namen - Herzöge und Grafen - Die Ausbreitung des Christentums - Von Zollern, Veringern und anderen mehr - Kirchen und Klöster folgen nach - Frühe Städte auf der Alb

Dorf und Siedlung 98
Grundherren, Unfreie und Weistümer - Gefährdete Dörfer - Haus und Hof - Feld, Wald und Weide

Im Zeitalter der sich ausbildenden Landesherrschaften 111
Im Ringen um die Vorherrschaft: Württemberg und Habsburg - Daneben entstehen kleinere weltliche und geistliche Territorien - Kleinresidenzen und Mittelpunktsorte: Landschaft kleiner Städte

Konfession, Herrschaft und Untertan in der Frühen Neuzeit 136
Unruhige Zeiten: »Armer Konrad«, Bauernkrieg und Reformation - In Sachen Reformation zwischen Sonderweg

und Anpassungsdruck – Bürger und Bauern contra
Ortsherrn: die »Böhmenkircher Rebellion« – Während
des Dreißigjährigen Kriegs – Fremde Zungen auf der Alb

Pietismus und Aufklärung: das 18. Jahrhundert 166

Der Pietismus hält Einzug – Katholische Frömmigkeit
und barocke Pracht – *Hochdero Wildsauen*: Spuren des
fürstlichen Absolutismus auf der Alb – Die Alb in der
Wahrnehmung der Aufklärung

Von Pferden, Schafen, Flachs und Eisen 177

Pferdezucht als spezialisierte Weidewirtschaft –
Schäferei auf der Alb – Vom Lein zur Leinwand –
Spezialisiertes Gewerbe auf der Westalb – Hausierhandel
als einfacher Vertriebsweg – Rückzugsgebiet vieler
Landjuden – Eisen im Brenztal

Zwischen Revolution und Industriegesellschaft: das lange 19. Jahrhundert 202

Im Schatten der Revolution: die Alborte zwischen 1792 und
1806 – Wirtschaftliche und gesellschaftliche Modernisierung – Von den Trümmern der Vorzeit: die literarische Entdeckung der Alb – Vom Schicksal der Klöster – Die Revolution
von 1848/49 bringt einschneidende Veränderungen – Neue
wirtschaftliche Impulse – Wohltat für die Albbewohner: die
Albwasserversorgung – Soldaten und Touristen

Ein ferner Spiegel: die Alb im 20. Jahrhundert 246

Rückzugsort für Künstler und Literaten – Hans Schwenkel und
das Konzept des Landschaftsschutzes – Heimatstil als Rückbesinnung auf Tradition und Herkunft – Großtechnik und
Peripherie: die Alb während des Nationalsozialismus – Neue
Impulse in der Nachkriegszeit – Alb-Träume: zwischen wirtschaftlicher Entwicklung und Bewahrung eines Naturraums

Zeittafel 271

Literaturauswahl 277

Abbildungsnachweis 280

Vorwort

»Obwohl auch die Alb ein kalt und rau Land, muss sie doch vor uralten Zeiten schon bewohnt gewesen sein.« So beschrieb schon im Jahre 1693 Johann Martin Rebstock d. Ä. (1608-1695), Pfarrer in Ennabeuren, die Sonderstellung der Schwäbischen Alb unter den Mittelgebirgen Deutschlands. Aus allen Epochen der Ur- und Frühgeschichte sind bemerkenswerte Funde und Fundlandschaften vorhanden. Historische Kulturlandschaft, die als ungeschriebene Urkunde das Wirtschaften der »Älbler« während Mittelalter und Neuzeit widerspiegelt, zeigt sich besonders eindrücklich auf bodenarmen Kuppen und versteckten Bergwiesen. Vielleicht weniger für die Wirtschaft und die Finanzkraft, aber doch für die Landschaft wie auch die Denkmäler früherer Geschichte war es ein Vorteil, dass die Alb im 20. Jahrhundert allmählich in den Windschatten naturräumlich günstigerer und verkehrstechnisch besser erschlossener Gebiete geriet.

Was zog nun die Menschen schon so früh auf Höhen von bis zu über 1000 m ü. NN? Wohl kaum die bundesweit bedeutenden Fossilvorkommen in den Plattenkalken oder die ergiebigste Quelle Deutschlands, weniger wohl auch die zwei Meteoritenkrater nahe beieinander auf der Ostalb. Vielleicht schon eher mehrere tausend Höhlen, die aussichtsreichen Anhöhen, der kalkreiche und gar nicht so unfruchtbare Lehmboden. War es vielleicht schon schwäbischer Pragmatismus, der die Wasserarmut auf verkarsteten Höhen achselzuckend akzeptierte und bisweilen lange Wege und Fahrten in Kauf nahm, um an das kostbare Nass zu kommen?

In geschichtlicher Zeit, mithin in jenen Epochen seit dem beginnenden Hochmittelalter, die von Schriftquellen abgedeckt sind, zeigt sich die Alb als denkbar uneinheitlicher Raum. Treffend schrieb Otto Borst: »Geologisch gesehen ist sie aus einem Guss und eine fabelhafte Einheit, von der Küssaburg am Hochrhein bis zur Harburg an der Wörnitz. Historisch gesehen ist sie wie ein Rücken, auf dem die verschiedenartigsten, auch kulturell immer wieder neu gefärbten Herrschaften und Herrschäftchen sich nicht einmal ihre Schlachten, sondern allenfalls Nachhutgefechtchen geliefert haben.« Und dennoch: Von Martin Crusius, dem Tübinger Gelehrten der Renaissance, bis zu heutigen Slogans, die da etwa verkünden »Älbler zwecks dem Überblick« scheint sich eine einheitliche Vorstellung mit dem Hausgebirge der Schwaben und seinen Bewohnern zu verbinden.

Dieser Blick auf die Alb ist in hohem Maß einem geschichtlichen Wandel unterworfen. Zeitgenossen der Aufklärung wie Ludwig Philipp Röder bot sich 1787 noch ein »trauriger und verödeter Anblick«, wenn man »über die Alpen« reiste. Ganz anders die Wahrnehmung des 1981 verstorbenen Künstlers HAP Grieshaber, den diese herbe Kargheit an die mythengesättigte Landschaft Griechenlands erinnerte. Das Gesicht der Alblandschaft ist wie kaum ein zweites deutsches Mittelgebirge vom Zugriff des Menschen geprägt. So ist es bei allen Begrenzungen durchaus sinnvoll, sich das Land im zentralen Ausschnitt zwischen oberer Donau und Nördlinger Ries in einem geschichtlichen Längsschnitt einmal genauer anzuschauen. Und wenn schon eine monolithe »Geschichte der Alb« aufgrund ihrer Vielgestaltigkeit nicht geschrieben werden kann, so gibt es immerhin eine Geschichte der Menschen, die hier lebten.

Dass sich dazu alleine aufgrund der vorhandenen Forschung ein mehrbändiges Kompendium erarbeiten ließe, muss kaum eigens betont werden. Dieses Buch verdankt sich in hohem Maß der reichen Tradition südwestdeutscher Landeskunde. Der zur

Verfügung stehende Raum verbot es dabei von vorne herein, Einzelbelege anzuführen. Immerhin mag mit der Reihe der amtlichen Kreisbeschreibungen des Landes Baden-Württemberg samt den Vorläufern in Form der württembergischen Oberamtsbeschreibungen eine landeskundliche Fundgrube ersten Ranges herausgehoben sein. Die ersten beiden Kapitel zum Naturraum und zur Siedlungsgeschichte in vor- und frühgeschichtlicher Zeit verfasste Christoph Morrissey, die nachfolgenden Kapitel Roland Deigendesch.

Den vielen Freunden der Alb soll das Büchlein als Hilfe dienen, diese Alb besser zu verstehen und als Einladung, sich diesen oder jenen Winkel doch einmal genauer anzuschauen.

Kirchheim unter Teck und Tübingen im Oktober 2008

Roland Deigendesch
und Christoph Morrissey

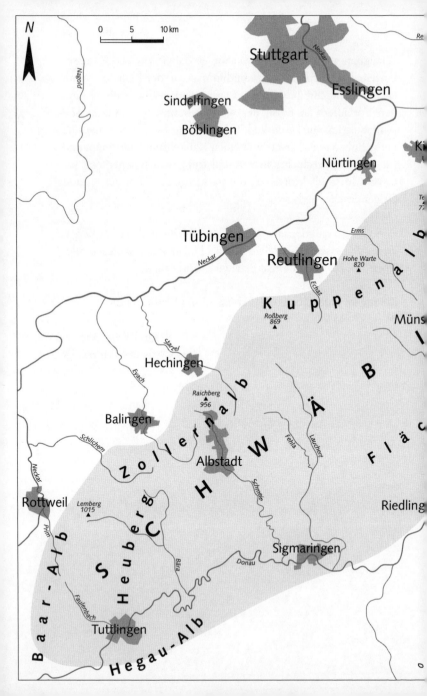

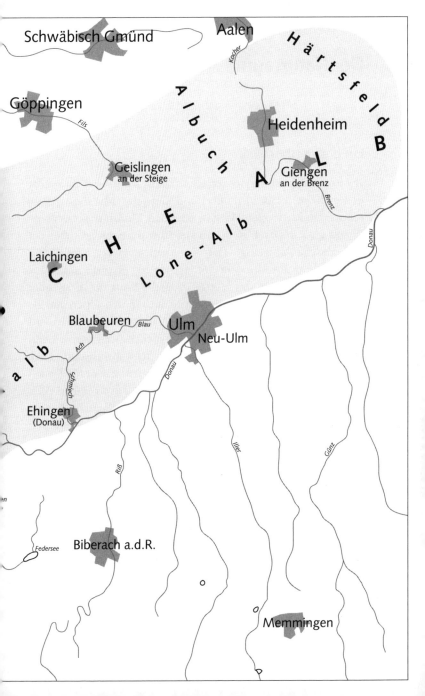

Der Naturraum

Ein erster Überblick

»Es ist die Alb ein birgigs, rauches [raues] landt, aber da zeucht es viel Korn, Habern [Hafer] und Gersten.« Mit diesen Worten in der Kosmographia des Sebastian Münster, erstmals gedruckt 1544 in Basel, ist schon viel Charakteristisches über die Schwäbische Alb gesagt. Der Name taucht in der latinisierten Form »Suevorum Alpes« im 16. Jahrhundert erstmals auf. »Alp« oder »Alb« ist dabei das indogermanische Wort für ›Berg‹ oder auch ›Hochweide‹ und findet sich so auch in den Alpen und als »Alpe« bzw. »Alm« für hochgelegene Viehweiden. Populär wird der Begriff erst mit dem 1823 erschienenen, weit verbreiteten Landschaftsführer des Pfarrers Gustav Schwab mit dem Titel: »Die Neckarseite der Schwäbischen Alb ...«. Zuvor und auch noch danach ist die Rede von den »Alpen«, der »rauhen Alb«, der »wirtembergischen Alp«, im volkstümlichen Sprachgebrauch heißt es nach wie vor einfach »Alb« - wie schon in Schriftstücken des 13. und 14. Jahrhunderts. Mit dem Adjektiv »Schwäbisch« wird sie von der Fränkischen Alb im Nordosten und dem Schweizer Jura im Südwesten unterschieden.

Als **Jura** bezeichnete 1795 erstmals der Gelehrte Alexander von Humboldt unter Bezug auf das Schweizer Juragebirge alle weißen Kalksteine dieser erdgeschichtlichen Epoche. Jura ist die Bezeichnung für ein Waldgebirge, den schon Julius Caesar für das Schweizer Jura verwandte. Die Dreiteilung in Schwarzer,

Brauner und Weißer Jura stammt indes von Friedrich August Quenstedt (um 1860), der diese Abteilungen nochmals in jeweils sechs weitere Stufen untergliederte – sie sind im Grundlegenden bis heute gültig geblieben. Während Schwarzer und Brauner Jura das Albvorland beherrschen, bildet der Weiße Jura mit seinen starken Kalksteinschichten die Hochflächen und Felskuppen der Alb. Schwäbische Alb, Fränkische Alb und Schweizer Jura sind geologisch gesehen alle der gleichen Entstehung zu verdanken. Ihre Gesteine wurden vor etwa 200 und 145 Millionen Jahren in flachen Wechselmeeren abgelagert.

Geographisch gesehen reicht die Schwäbische Alb vom Hochrheindurchbruch um die Küssaburg (bei Bechtersbohl, Gde. Küssaberg) im Süden bis hin zu Nördlinger Ries und Wörnitztal um Nördlingen und Donauwörth im Osten; sie ist somit um die 220 km lang und zwischen 10 und knapp 40 km breit. Südwestlich der Donau bis zum Hochrhein hinab liegen der Randen und die sogenannte Länge zwischen Geisingen und Schaffhausen sowie die Klettgaualb zwischen Schaffhausen und Küssaberg. Zum allergrößten Teil gehört sie zu Baden-Württemberg, am Nördlinger Ries reichen Teile nach Bayern hinein, am Rhein kleine Gebiete noch in die Schweiz.

Was aber macht nun die Alb – wie sie hierzulande kurz genannt wird – zur Alb? Charakteristisch ist der meist steilwandig aufragende, stark gegliederte und mit hellen Felsenkränzen weithin sichtbare Trauf gegen Norden und Westen. Der Aufstieg meist um mehrere hundert Höhenmeter lohnt hier mit weiter Sicht übers Neckarland, das Unterland, bis hin zum Schwarzwald und den Schwäbisch-Fränkischen Waldbergen. Ist auf dieser Seite der Schwäbischen Alb die Grenze des Gebirges markant und ohne jeden Zweifel feststellbar, muss man nach Süden hin, zum sogenannten Oberland, oft schon genau hinschauen, um sich nicht unversehens im Hegau, im oberschwäbischen Hügelland oder in der Donausenke wiederzufinden.

Wie ein Bollwerk ragt die südwestliche Ecke der Alb, die sogenannte Zollernalb, mit Höhen von über 1000 m ü. NN nahezu 400 m hoch übers Albvorland auf. Dreifaltigkeitsberg, Lemberg (mit 1015 m ü. NN der höchste Berg der Alb) und Plettenberg sind ihre markanten Pfeiler. Nach Osten hin werden die Traufhöhen allmählich niedriger, bis zu 870 m ü. NN im Reutlinger Raum, knapp 800 m ü. NN um Geislingen und noch etwa 740 m ü. NN bei Aalen. Aber auch nach Süden und Westen, also zur Donau hin, fällt die Albhochfläche ab. Der steile Felstrauf gegen Norden wie auch die flache Abdachung gegen Süden erklären sich aus der Schrägstellung der Gesteinsschichten, die nach Südosten hin kontinuierlich einfallen. Stets nagt die Erosion an der Alb, besonders gegen den Neckar hin. Vor fünfzehn Millionen Jahren reichte sie noch bis an Stuttgart heran, Bergstürze und Rutschungen zeugen davon. Etliche markante Vorberge sind hier noch stehen geblieben, die bedeutendsten tragen geschichtsträchtige Burgen wie der Wartberg bei Geisingen, der Hohenzollern, die Achalm, die drei Kaiserberge (Hohenstaufen, Stuifen und Rechberg), die Limburg (Juratrümmer) und die Teck, am Riesrand schließlich der Ipf (mit vorgeschichtlicher Befestigung).

Für die »Kleine Geschichte der Schwäbischen Alb« erschien es sinnvoll, als Südgrenze grob die Donau anzunehmen. In den Gebieten südwestlich dieses Flusses – mit der Länge, dem Randen und der Klettgaualb – unterscheidet sich insbesondere die jüngere Geschichte stark von derjenigen der übrigen Teile der Alb. Diese Randgebiete sollen deshalb bei den folgenden Betrachtungen außen vor gelassen werden. Lediglich in deren malerischem Durchbruchstal zwischen Geisingen und Inzigkofen/Sigmaringen sieht die eine Seite oft aus wie die andere, geologisch gesehen sind es auch dieselben Schichten des Oberen

Ein erster Überblick 15

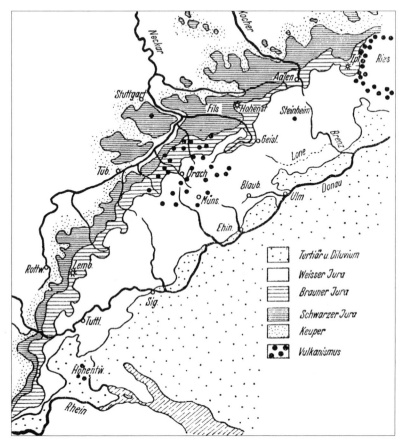

Karte der Schwäbischen Alb nach Ernst Stuhlinger
mit den groben geologischen Formationen

Juras. Der übergangene Raum – im Wesentlichen die sogenannte Hegaualb – ist jedoch recht klein und spielt historisch gesehen keine eigenständige Rolle, kann also sozusagen en passant mit behandelt werden.

Unter flachen Meeren

Zur Entstehungszeit der Schwäbischen Alb im sogenannten Jura lag der Raum meist unter flachen Meeren. Bestimmend sind die 400 bis 600 m mächtigen Schichten des sogenannten Oberen Juras (Weißer Jura), die zwischen 155 und 140 Millionen Jahren vor heute entstanden sind, mit den Wohlgeschichteten Kalken, den Felsenkalken und den Bankkalken. Mittlerer (Brauner Jura) und Unterer Jura (Schwarzer Jura) bilden die Vorberge und das Vorland, lediglich am südwestlichen Eck um den Lemberg reicht der Braune Jura im größeren Umfang bis auf die Hochflächen hinauf. Ichthyosaurier, Plesiosaurier und Flugsaurier, aber auch Krokodile und zahlreiche wirbellose Tiere wurden in den Oberen Juragesteinen gefunden und zeugen vom einstigen Leben und Sterben. Riffe aus Korallen, Schwämmen, Algen und anderen Lebewesen fanden bei geringer Wassertiefe und der damaligen Nähe zum Äquator bei ausreichend hohen Temperaturen gute Wachstumsbedingungen vor. Die ins Gestein eingeschlossenen Fossilien dienten insbesondere dem Tübinger Paläontologen Friedrich August von Quenstedt im 19. Jahrhundert zur Gliederung der Gesteinsschichten.

Im Meeresgrund wurden wechselweise Ton- und Kalksteine sowie sandige Komplexe abgelagert. Die Hebung und anschließende Schrägstellung der Gesteinsschichten nach Südosten im Gefolge des Einbruchs des Oberrheingrabens vor etwa dreißig Millionen Jahren und eine nun folgende rückschreitende Verwitterung bewirkten nach und nach das charakteristische Schichtstufenrelief Südwestdeutschlands.

Neckar und Rhein haben sich nach dem Einbruch des Oberrheingrabens schnell eingetieft. Sind Donau und Neckar auf der Baar mit wenig über 600 m ü. NN noch annähernd gleich hoch, gräbt sich der Neckar deutlich schneller ein und weist am Plochinger Knie nur noch rund 250 m ü. NN auf, die Donau bei

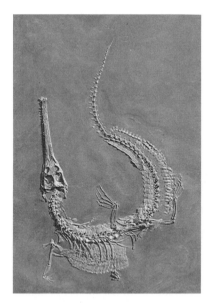

Krokodilsaurier (Steneosaurier) des Museums Hauff in Holzmaden. – In den Schieferbrüchen bei Holzmaden am Fuß der Schwäbischen Alb nahe Kirchheim/Teck wurden zahlreiche versteinerte Tiere und Pflanzen gefunden. In dem sauerstoffarmen Faulschlamm des einstigen Meeres, der sich als ölhaltiger Schiefer erhielt, verwesten die einstigen Lebewesen nur sehr langsam; die hier gefundenen Fossilien sind daher sehr zahlreich und von besonderer Qualität.

Ulm immerhin noch rund 450 m ü. NN. Geschuldet ist dies dem wesentlich kürzeren Weg des Neckars über den Rhein zum Meer. Seit nunmehr fünfzehn Millionen Jahren zwacken beide Flüsse der viel älteren Donau Zuläufe ab und stärken sich auf ihre Kosten. Besonders gut sichtbar wird dies am nördlichen Albvorland, wo der Trauf im Lauf der Jahrmillionen schon um mindestens 25 km nach Süden verlegt worden ist. Regelrecht geköpfte, also abgeschnittene Täler zeugen hiervon; besonders gut sichtbar ist dies an den Oberläufen von Prim-Faulenbach, Bära, Schmiecha, Fehla oder auch der Brenz, die alle dem Neckar zugefallen sind. Tagtäglich wird hier die Alb teils durch unspektakuläre Erosion, teils durch spektakuläre Felsstürze – wie zuletzt 1983 bei Mössingen – etwas kleiner. Sichtbar wird dieser Kampf um das Wasser aber auch am Aachtopf bei Aach im Hegau. Diese ungewöhnlich stark schüttende Karstquelle geht stracks dem Rhein und somit dem Bodensee zu, speist sich im Wesentlichen aber aus der zwischen Immendingen und Möhringen nahezu ganz versickernden Donau.

Von Nord nach Süden ist aber auch eine andere Teilung der Albhochfläche nahezu überall sichtbar. Zumeist folgen den Traufhöhen einzelne Bergrücken und Schichtflächen, abgelöst von einem stark reliefierten, von rundlichen Felskuppen und zahllosen Trockentälern bestimmten Streifen, die Kuppenalb, bevor donauwärts wieder weite Flächen und ausgeglichenes Relief die Landschaft bestimmen. Es ist dies die sogenannte Flächenalb, die im Miozän vor etwa fünfundzwanzig Millionen Jahren von einem das oberschwäbische Becken flutende Meer überdeckt worden war. Dessen abtragende Wirkung und zugleich das Ablagern der oberen Meeresmolasse sorgten für eine weitläufige Hochfläche, die besonders eindrucksvoll etwa auf der Ostalb um Laichingen und Altheim ist. Die alte Uferlinie dieses Meeres ist als sogenannte Klifflinie von Tuttlingen über Winterlingen, Hundersingen im Lautertal, Laichingen, Heldenfingen (Kliffaufschluss), Herbrechtingen bis Dischingen mit einer Höhe von noch bis zu 50 m teils gut im Gelände zu verfolgen.

Heuberg, Kuppenalb und Münsinger Alb

Versucht man eine landschaftliche Gliederung der Schwäbischen Alb, ist der modernen geographisch-landeskundlichen Unterteilung in Naturräume zu folgen, die zum guten Teil wiederum ältere Raumeinteilungen und Gebietsnamen aufgreift. Hierin spiegeln sich zum einen naturräumlich-geologische Voraussetzungen, zum anderen aber auch die historische Nutzung und Besiedelung durch den Menschen wider. Der Große Heuberg etwa ganz im Südwesten an der Donau zwischen Tuttlingen und Sigmaringen einerseits und Balingen und Rottweil-Spaichingen andererseits greift die Bewirtschaftung in einmähdigen Wiesen (Heuwiesen) auf, die immer wieder auch zu Äckern umgebrochen wurden. Die Geisingen-Spaichinger Waldberge sind hingegen weitgehend dem Wald überlassen, zeigen aber interessanter Weise eine große Zahl vor- und frühgeschichtlicher Spuren in Form von Befestigungsanlagen. Die Zollernalb hingegen, ein moderner Begriff, umfasst die Traufhöhen und Kuppen um Albstadt und Hechingen, durchschnitten von der tiefen Talgasse Eyach/Schmiecha.

Die Mittlere Kuppenalb, die den Bereich zwischen Fehla- und Starzeltal im Westen sowie dem Echaz-/Ermstal im Osten einnimmt, weist zahllose Bergkuppen mit Höhen zwischen 800 und 900 m ü. NN auf und bleibt somit etwas gegen die südwestlich anschließende Hohe Schwabenalb oder auch Zollernalb zurück. Im Süden schließt in Richtung Donau die Flächenalb an, im Nordwesten führt der um 200 m hohe Albtrauf in das Albvorland um Hechingen, Mössingen und Reutlingen hinunter. Als Rauhe oder auch Münsinger Alb sind die Höhen um Münsingen bekannt, donauwärts folgen Zwiefalter, Blaubeurer und Ulmer Alb. Die Ostalb als Oberbegriff umfasst im Norden Albuch und Härtsfeld um das Brenztal herum, donauwärts schließen die weiten Flächen der Niederen oder Lonetal-Flächenalb an, mit Höhen um nur noch 530 und knapp 600 m ü. NN.

Landschaftlich und historisch bedeutsam ist die Trennung in wasserarme, steinige und ertragsarme Kalksteinböden auf der Kuppenalb und in lehmreiche, gut nutzbare Böden auf der Flächenalb. Noch heute fällt der Wechsel von überwiegend Wald und Wiesen zu großen Landwirtschaftsflächen vielerorts ins Auge. Gerade die Kuppenalb ist in kulturgeschichtlicher Hinsicht aber besonders bedeutsam: Als Landschaftsarchiv birgt sie vielfach die Spuren traditioneller Nutzungsformen wie Weidewälder, Schafheiden, kleinparzellierte Ackerstreifen, Altwege und historische Steingruben in sich. Zu ihr gehören etwa Teile des Großen Heubergs im Südwesten, die Hardt um Meßstetten, die

Zollernalb, die Reutlinger und Münsinger Alb und der Albuch, zu Teilen auch noch das Härtsfeld. Neben ihrem landschaftlichem Reiz haben diese ›altertümlichen‹ Landschaften auch für Flora und Fauna wertvolle Rückzugsgebiete und Schutzräume aufzuweisen.

Gegliedert wird die Alb auch durch wenige große, quer verlaufende Talgassen, die zugleich wichtige Verkehrsachsen und nicht zuletzt aufgrund ihres Wasserreichtums – als Ausnahmen in der ansonsten wasserarmen, verkarsteten Landschaft – auch wirtschaftliche Entwicklungslinien sind. Hierzu zählen etwa die

Prim-Faulenbachtalung um Spaichingen, das Bäratal, Eyach/Schmiechatal mit Ebingen, das Fehlatal mit Burladingen, das Ermstal um Bad Urach und besonders das Kocher-Brenz-Tal um Heidenheim. Sie waren auch in vor- und frühgeschichtlicher Zeit bevorzugte Siedlungsräume, wie zahlreiche überdeckte und abgetragene Grabhügel, Friedhöfe, Gebäudespuren und abgegangene Siedlungen in den Talsohlen belegen, bisweilen durch Hochwässer gefährdet. Die nachfolgende intensive landwirtschaftliche Nutzung wie auch die neuzeitliche Bebauung haben hier allerdings vieles längst ausgelöscht.

Typische Kulturlandschaft der Kuppenalb bei Großengstingen: im Vordergrund Sandgruben im Dolomit, im Tal Ackerbau, dahinter Wacholderheiden (einst Weideland) und alte Wirtschaftswälder

Harte Schale, weicher Kern

Im Oberen Jura lösen Regen und Sickerwasser mit leicht saurer Prägung bis heute durch chemische Prozesse den kalkhaltigen Fels. Ganze Systeme von Hohlräumen durchziehen das Gestein; löchrig wie Schweizer Käse erschien manchem Geologen das Gebirge. In vielen Höhlen sind noch die Spuren alter Wasserläufe zu erkennen, bis heute speisen sich Quellen aus dem »verschluckten« Wasser. Das Einzugsgebiet etwa des Blautopfs in Blaubeuren, einer der größten Karstquellen Deutschlands, erstreckt sich weit bis auf die Albhochfläche hinauf und ist mit etwa 165 Quadratkilometer Teil eines großen Karsthöhlensystems. Mehr als 2600 mehr oder weniger begehbare Höhlen und Felsdächer (Abris), gibt es auf der Alb, und in vielen von ihnen haben sich – witterungsgeschützt – historisch bedeutsame Funde aus der Frühgeschichte des Menschen erhalten. Seit etwa 130 Jahren finden in ihnen verwertbare Untersuchungen statt, die besonders in den letzten Jahrzehnten zahlreiche, kaum zu überschätzende Erkenntnisse geliefert haben.

Eine weitere Besonderheit ist der sogenannte Schwäbische Vulkan, dessen annähernd 350 Durchbruchsschlote vor vierundzwanzig bis fünf Millionen Jahren entstanden sind. Seinen thermischen Anomalien wird etwa das Vorkommen von Thermalwasser bei Bad Urach verdankt. Am Jusiberg und am Georgenberg bei Pfullingen sorgten seine harten Gesteine und heraus geschleuderte Felsbrocken für die Substanz ganzer Berge. Aber auch richtige Maare, wie sie heute nur noch in der Vulkaneifel wassergefüllt zu sehen sind, entstanden hier infolge gewaltiger Explosionen mit kraterförmigen Einsenkungen und Sprengkesseln beim Kontakt aufsteigender heißer Gesteinsmassen (Magmen) mit dem Grundwasser. Das prägnanteste Beispiel für diese Vorgänge, das Randecker Maar, ist freilich inzwischen längst verlandet wie alle anderen Maare auch.

Harte Schale, weicher Kern 23

Die Buttentalhöhle im Oberen Donautal nahe Fridingen hat bei archäologischen Untersuchungen ein reichhaltiges Fundspektrum als Hinterlassenschaften eiszeitlicher Menschen erbracht.

Nicht zu verwechseln sind die Maare mit Meteoritenkratern, von denen die Alb sogar gleich zwei zu bieten hat. Bei Nördlingen und bei Steinheim schlugen vor etwa fünfzehn Millionen Jahren mit nur 40 km Abstand zwei Asteroide ein und sorgten für Krater mit bis zu 25 km Durchmesser und zugleich für Naturkatastrophen unschätzbaren Ausmaßes. Bis in den Biberacher Raum flogen die Trümmer des Nördlinger Einschlages, der Steinheimer Krater füllte sich rasch mit Wasser.

Geologisch und historisch eine Ausnahme

Bemerkenswert ist eine Reihe von Superlativen, die die Ausnahmestellung der Schwäbischen Alb unter den Mittelgebirgen Deutschlands ausmachen, in geologischer wie auch in historischer Hinsicht: Zu nennen sind etwa bedeutende Fossilvorkommen wie beispielsweise in den Plattenkalken am Nusplinger Westerberg, mit dem Aachtopf die ergiebigste Quelle Deutschlands, das in jüngerer Zeit aktivste Erbebengeschehen in Deutschland auf der Zollernalb um Albstadt, gleich zwei Meteoritenkrater nahe beieinander auf der Ostalb wie auch die weltweit beachteten Funde aus der Frühzeit des modernen Menschen in Höhlen des Lone- und Achtals und frühe Siedlungsspuren aus nahezu allen Epochen bis in höchste Lagen hinauf. Die historische Sonderstellung wird uns im Folgenden natürlich immer wieder beschäftigen, sind doch die weiteren Mittelgebirge des Südwestens, wie etwa Schwarzwald, Odenwald oder die Schwäbisch-Fränkischen Waldberge, weitgehend Jungsiedelland, das erst im hohen Mittelalter unter herrschaftlicher Steuerung – man denke nur an die Waldhufendörfer des östlichen Nordschwarzwalds – flächig besiedelt worden ist.

Zahlreiche Naturreichtümer

Die Schwäbische Alb hat allerlei Rohstoffe zu bieten, die auch schon in vorindustrieller Zeit genutzt worden sind. An erster

Stelle sind die meist kleinen Bohnerzkügelchen zu nennen, die vor Millionen von Jahren bei warm-feuchtem Klima als Verwitterungsprodukte des Gesteins entstanden und immerhin einen Eisengehalt von etwa 40 Prozent aufweisen. Besonders ergiebig sind die Vorkommen im weiteren Raum um Albstadt-Ebingen, im Quellbereich von Lauchert und Erpf, um das Heufeld sowie auf der Zwiefalter Alb östlich Veringenstadt bis hinüber ins Tal der Großen Lauter, wie auch auf dem Albuch und dem Härtsfeld. Schon während der frühen Eisenzeit (8. bis 5. Jahrhundert v. Chr.) begann die Nutzung dieser Erze in sogenannten Rennfeueröfen – besonders nachdrücklich nachgewiesen etwa rund um den Fohlenhof bei St. Johann auf der Uracher Alb. Die eher kargen Erträge der Landwirtschaft mag dies bisweilen ergänzt haben, so wie das Bohnerzgraben auf der Alb noch im 19. Jahrhundert ein Zuverdienst für die weniger Begüterten war. In mit Bohnerzlehmen verfüllten Karstspalten sind oft jung- bis spättertiärzeitliche Fossilien eingelagert. So wurden bei Salmendingen und Melchingen etwa Backenzähne von Dryopitheciden gefunden, einer ca. fünfzehn Millionen Jahre alten Affenart, die entwicklungsgeschichtlich Vorfahre des Homo erectus wie auch der modernen Menschenaffen ist.

Da Steinbauten in vormittelalterlicher Zeit – mit Ausnahme der römischen Epoche – noch weitgehend unbekannt waren, begann der Abbau von Steinen in größerem Maßstab erst im späten Mittelalter. Besonders geschätzt waren zu allen Zeiten die mit kalkreichem Wasser ausgefällten sogenannten Tuffsteine, die sich in bergfrischem Zustand leicht bearbeiten, d.h. sägen, lassen. Ohne Bedeutung sind heutzutage die Hornsteine des Weißen Juras. Neben organischen Materialien wie Holz, Knochen und Horn waren sie jedoch für die gesamte Steinzeit von größter Wichtigkeit, einzelne Steingeräte finden sich zu allen Zeiten bis in die Neuzeit hinein. Der »Stahl der Steinzeit«, wie Hornstein oder Silex auch bezeichnet wird, ist ein Rohstoff, der auf der Schwäbischen Alb reichlich vorkommt. Größere Flächen mit oft vielen Tausend bearbeiteten und unbearbeiteten Hornstein-Abschlägen finden sich etwa auf der Blaubeurener Alb um Sonderbuch oder auch bei Wittlingen auf der Münsinger Alb. Als begehrter Exportartikel wurde dieser Jurahornstein weit ins Albvorland aber auch nach Oberschwaben verbracht.

Frühe Beschreibungen

Schon ab dem späten 16. Jahrhundert wurden vermehrt sogenannte Landbücher angelegt, in denen mehr oder weniger systematisch historisch-topographische Beschreibungen des Herzogtums Württemberg, seiner verschiedenen Herrschaften, seiner Städte und Dörfer, Stifte und Klöster wie auch Altertümer und Naturbesonderheiten gesammelt wurden. Die Verfasser schwankten dabei zwischen einer schaudernden Aufzählung der – landwirtschaftlichen – Missstände in dem von Natur aus benachteiligten Mittelgebirge (»elendesten, unfruchtbarsten Teil Schwabens«; Röder), nüchternen und sachlichen Beschreibungen und verklärter Idealisierung landschaftlicher Schönheiten (»Wen diese Gegend nicht mit ihrem Prachte rührt, wird nur sein blödes Aug vor ihrer Schönheit schlüssen, und seinen Schöpfer selbst hierbei verläugnen müssen«; Höslin).

Dass der Eindruck Höslins einer gewissen Geringschätzung nicht ganz falsch war, belegt ein Urteil Philipp Ludwig Hermann Röders im Geographisch statistisch-topographischen Lexikon von Schwaben (Band 1 von 1791) unter dem Stichwort »Alpen«: »Kein Weinbau, kein schönes Obst, keine Gärten noch Wiesen, nichts von Schönheiten«. Quenstedt schließlich, der Vater der geologischen Forschung und Gliederung der Alb, nannte diese 1864 die »Zierde des schwäbischen Stufenlandes«, zugleich eines der interessantesten Gebirge Deutschlands.

Die Alb im Urteil früher Landeskundler

»Die Oberfläche dieser Alb ist fast eben, schneereich, felsig und kalt; an vielen Orten herrscht Mangel an Wasser. Überall ist sie bewohnt; es gibt auf ihr Städte und sehr viel Dörfer.« (Johannes Vergenhans 1516)

»So ist die Schwäbische Alb so genand von der Helle der weissen Steine, die sich häufig auf den gebauten Feldern befinden, ein hohes und grosses Gebürg. (…) Damit nun das Regen- und Schneewasser abfließen könne, hat die fürsichtige Natur, oder vielmehr der gütige Schöpfer deroselben, diese Gegend mit unzählich vielen Erd-Löchern versehen, durch welche das häufige Wasser zu deß übrigen Landes besten, gleichsam abgezäpfft und ausgelassen wird.« (Johann Majer 1681)

»Obwohl auch die Alb ein kalt und rau Land, muss es doch vor uralten Zeiten schon bewohnt gewesen sein, welches an den uralten heydnischen Münzen, zu Zeiten auf der Alb gefunden und außgeackert werden, abzunehmen ist.« – »So nähren sich doch die Inwohner allda von der Frucht, Holz und guten Flachs.« (Johann Martin Rebstock d. Ä. 1699)

»Die Alpen haben Getreidebau, gute Schafweiden und viele Waldungen, meist Buchenholz … Sie [die Einwohner] haben meist mehr Feld, als sie brauchen oder zu bauen im Stande sind. Sie bauen deswegen nur einen gewissen Bezirk einige Jahre lang, lassen ihn dann wieder ungebaut liegen, und bauen anders an, bis sie nach einigen Jahren wieder auf den alten Platz kommen. Diese wüstliegenden Felder geben den Schafen vieles Futter. Sie vermehren aber den traurigen, verödeten Anblick, den eine Reise über die Alpen gewährte.« (Ludwig Philipp Röder 1787)

»In allen deutschen Landen möge wohl Herrlicheres nicht viel zu finden sein als dies Gebirg, zur Sommerszeit, und diese weite gesegnete Gegend.« (Eduard Mörike 1853)

Die Besiedelung in vor- und frühgeschichtlicher Zeit

Obgleich die Schwäbische Alb mit Höhen von durchschnittlich 600 m ü. NN auf der Ostalb bis gut 1000 m ü. NN auf der Westalb zu den Mittelgebirgen Deutschlands gehört, kommt ihr doch in geschichtlicher Hinsicht eine Sonderstellung zu: Selbst höchste Lagen von über 900 m ü. NN waren spätestens zur Bronzezeit (um 1500 v. Chr.) erschlossen und besiedelt. Auch im frühen Mittelalter entstanden erste Weiler – die Vorgänger heutiger Dörfer – schon im 5. und 6. Jahrhundert n. Chr. Die Vielfalt an historischen Zeugnissen erstaunte schon die frühe geographische Forschung, heißt es doch in der 1699 veröffentlichten »Geographie Württembergs« von Johann Martin Rebstock, »obwohl die Alb kalt und rauh, muss sie doch vor uralten Zeiten schon bewohnt gewesen sein«.

Hervorzuheben sind die zahlreichen Kulturfunde in Höhlen der Schwäbischen Alb, ein bundesweit einzigartiges Archiv der frühen Menschheitsgeschichte. Fundschichten der Höhlen im Lonetal ermöglichten es dem Pfarrer und Geologen Oscar Fraas, nach Entdeckungen an der Schussenquelle bei Bad Schussenried 1866, die gleichzeitige Existenz des Menschen mit eiszeitlichen, inzwischen längst ausgestorbenen Tierarten zu belegen. Aus dem Zeitraum des frühen Jungpaläolithikums, aus dem nach einem französischen Fundort benannten Aurignacien (etwa ca. 40 000 bis 28 000 v. Chr.), stammen etwa die weltweit beachteten Elfenbeinfiguren aus dem Lonetal und dem Blaubeurener Tal.

Bedeutende Siedlungen und zahlreiche Befestigungen der Bronze-, Hallstatt- und frühen Latènezeit (frühes 2. bis späteres

1. Jht. v. Chr.), darunter die größte spätkeltische befestigte Siedlung Mitteleuropas, wurden erstaunlicherweise immer wieder auf teils recht abgelegenen und nur schwer zu erreichenden Albhöhen errichtet. Wie fand hier die Trinkwasserversorgung statt? Waren es unruhige Zeiten, die die Menschen auf die Höhen trieben, oder spielten andere Gründe eine Rolle? Auf der mittleren Schwäbischen Alb sind mehr mittelbronzezeitliche Grabhügel erhalten und bekannt als in ganz Baden-Württemberg insgesamt. Funde aus dieser Zeit zählen zu den prächtigsten Ausstellungsstücken vieler Museen, so auch des Museums für Vorgeschichte/ Staatliche Museen Preußischer Kulturbesitz in Berlin. Dies alles belegt klar eine Sonderrolle der Alb gegenüber etwa dem Schwarzwald, Odenwald oder anderen Mittelgebirgen Deutschlands, deren Höhenlagen allem Anschein nach erst im Mittelalter intensiv und dauerhaft bis heute erschlossen worden sind. Haben die kalkreichen und schnell abtrocknenden Böden der Alb bei warm-feuchtem Klima etwa besonders gute Bedingungen geboten für Ackerbau und Viehzucht?

Jäger und Sammler

Afrika, Spanien oder Südfrankreich: Diese Länder würde man wahrscheinlich am häufigsten als Antwort auf die Frage nach dem Fundort der ältesten figürlichen Kunstwerke wie auch der frühesten Musikinstrumente der Welt erhalten. Tatsächlich aber sind es Höhlen im Lonetal und im Blaubeurener Tal (Achtal) auf der südöstlichen Alb. Insgesamt mehr als zwanzig kleine Figuren, zahlreiche Schmuckstücke und mehrere Knochenflöten aus der Altsteinzeit (Paläolithikum) wurden bislang bei Forschungsunternehmen der Tübinger Universität hier gefunden – zumindest derzeit in weltweit einzigartiger Anzahl und Kombination. Merkwürdigerweise liegen die prominenten Fundstellen wie die

Vogelherdhöhle – aus deren Schutt älterer Grabungen erst 2006 wieder fünf bedeutende Figuren zum Vorschein kamen –, der Hohlenstein-Stadel, das Geißenklösterle bei Blaubeuren und der Hohle Fels bei Schelklingen nur wenige Kilometer auseinander.

Herausragende Funde

Kleine Figuren aus Elfenbein wie etwa Wildpferd, Mammut, Bison, Wollnashorn und Löwen, aber auch Mischwesen wie den mit etwa 35 cm Höhe ungewöhnlich großen Löwenmensch aus dem Hohlestein-Stadel im Lonetal (um 32 000 v. Chr. datiert) schufen die Künstler von der Ostalb. Diese figürliche Kleinkunst stammt aus der Mitte und der zweiten Hälfte des 40. Jahrzehnttausends vor Christus, einer Zeit, in der der Neandertaler des

Fein gearbeitete und verzierte, etwa 5 cm lange Mammutfigur aus Elfenbein aus der Vogelherdhöhle im Lonetal (Ostalbkreis); die Füße und der Rüssel sind teilweise abgebrochen.

Mittelpaläolithikums vom anatomisch modernen Menschen (Homo sapiens) des Jungpaläolithikums abgelöst worden war. Zwei aus Schwanenknochen geschnitzte Flöten aus dem Hohlen Fels bei Schelklingen (Alb-Donau-Kreis) gehören zu den ältesten bekannten und erhaltenen Musikinstrumenten der Menschheit. Das Kunstschaffen auf der Schwäbischen Alb ist somit deutlich älter als etwa die Malereien in südfranzösischen Höhlen (Grotte Chauvet u. a.), deren Beginn um 24 000 v. Chr. anzusetzen ist. Bei der Herausbildung einer eiszeitlichen Tradition von figürlicher Kleinkunst und Musik spielten zumindest einige Regionen der Schwäbischen Alb eine offenbar prägende Rolle. Mögen gute Erhaltungsbedingungen und rege Forschungstätigkeit diesen Aspekt auch überzeichnet haben, weltweite Beachtung in der Fachwelt findet er dennoch und ein Glanzlicht der frühen Geschichte der Schwäbischen Alb ist er allemal.

Die skizzierte menschliche Entwicklungsgeschichte – archäologisch als Altsteinzeit bezeichnet – fand während des sogenannten Eiszeitalters statt, einer Epoche mit häufigem Wechsel arktischer Kaltzeiten mit Perioden, in denen das Klima sogar noch wärmer als heute war. Während der Kälteperioden der letzten 800 000 Jahre herrschten in den Wintermonaten Durchschnittstemperaturen von bis zu -20° (im Jahresschnitt 10-12° kälter als heute). Oberschwaben und der Schwarzwald waren zu guten Teilen vergletschert, die Schwäbische Alb blieb jedoch offenbar eisfrei. Eine menschliche Existenz war zu diesen Zeiten hier kaum möglich. Erst nach der letzten Kaltzeit zwischen etwa 24 000 und 16 000 Jahren v. Chr. kehrte schrittweise wieder Leben ein. In zahlreichen Höhlen der ganzen Schwäbischen Alb finden sich nun viele Hinweise auf Menschengruppen, die zur Zeit des Jungpaläolithikums (Magdalénien) die Landschaft durchstreiften.

Die Menschen – man schätzt für Baden-Württemberg eine Bevölkerungszahl von höchstens einigen Tausend Personen während der Alt- und Mittelsteinzeit – lebten bis vor etwa 7500 Jahren durchweg als Jäger und Sammler. Kleine Gruppen durchstreiften in einem jahreszeitlich bedingten Zyklus die Region, blieben oft nur wenige Tage in Außenlagern oder Wochen in Hauptlagern an einem Platz. Das lang tradierte Bild eines überwiegend in Höhlen lebenden, primitiven, dicht behaarten und affenähnlichen Menschen ist zwischenzeitlich widerlegt. In Höhlen haben sich allerdings aufgrund der hier vor Witterungseinflüssen weitgehend geschützten Lage Funde und Fundschichten erhalten, die außerhalb davon längst durch Erosion zerstört oder durch meterhohe Überdeckung durch angeschwemmte Sedimente kaum mehr zu entdecken sind. In der seinerzeit noch baumlosen Steppe wurden oft auch leichte Anhöhen aufgesucht und saisonal wechselnd, manche sicher immer wieder, für vielleicht jeweils mehrere Wochen im Jahr als Lagerplätze genutzt. Ortsfeste Behausungen – aber auch Keramik und Metall – waren noch unbekannt, Zelte, Windschirme und andere Vorrichtungen – bevorzugt aber auch Höhlen, so vorhanden – haben zum Schutz der umherziehenden Menschengruppen – sogenannte Wildbeuter, also Jäger und Sammler – vor der Witterung gedient.

Altsteinzeitliche Funde aus der Zeit des Neandertalers, dem sogenannten Mittelpaläolithikum (zwischen etwa 80 000 und 40 000 Jahren v. Chr.), belegen an nur wenigen Fundstellen das Aufsuchen der Schwäbischen Alb schon in dieser frühen Zeit. Insbesondere sind verschiedene Höhlen im Lone- und Brenztal auf der Ostalb zu nennen (etwa Haldensteinhöhle bei Urspring, Bockstein bei Rammingen, Hohlestein-Stadel bei Asselfingen, Vogelherdhöhle bei Stetten, Irpfelhöhle bei Giengen und Heidenschmide bei Heidenheim). Im Blaubeurener Tal sind mit der Großen Grotte im Rusenschloßfels und dem Sirgenstein sowie einer Freilandfundstelle am Kogelstein weitere Rastplätze und

Lager des Neandertalers gesichert worden, ebenso in Höhlen um Veringenstadt im Laucherttal auf der Westalb. Bemerkenswerterweise fehlen solche aus dem in der späten Altsteinzeit, dem sogenannten Magdalénien, so fundreichen oberen Donautal wie auch andernorts. Ob hier nur eine Fundlücke vorliegt, ist ungewiss. Man könnte vermuten, dass im Laufe der vielen Jahrtausende auch in den ansonsten recht gut geschützten Höhlen durch Erosion und Wassereinbrüche, aber auch durch Bodenfließen oder Deckeneinstürze vieles verloren gegangen ist.

Funde der Mittelsteinzeit

Und noch ein weiteres Mal wartet die Schwäbische Alb mit archäologisch überregional bedeutsamen Fundstellen auf: Aus der Mittelsteinzeit, zwischen dem 9. und der Mitte des 6. Jahrtausends Jahrtausend v. Chr., sind es wieder zahlreiche Höhlen, die mit ihren gut erhaltenen Fundschichten erstmals eine Gliederung und zeitliche Bestimmung des Fundmaterials erlaubten. Allein im Tal der Oberen Donau zwischen Fridingen und Inzigkofen sind es mehr als fünfzehn Fundplätze, die bekanntesten darunter die Jägerhaushöhle, die Falkensteinhöhle oder die Burghöhle Dietfurt. Auch im Blaubeurener Tal sind mit Helga-Abri und Geißenklösterle zwei bedeutende Fundplätze vorhanden.

Im allmählich zur Mittelsteinzeit hin wärmer werdenden Klima kehren Sträucher und Bäume nach und nach zurück. Unter den sich verändernden Bedingungen – die eiszeitliche Fauna wie etwa Rentier und Höhlenbär stirbt aus oder wandert ab – bleiben Jagen und Sammeln weiter vorherrschend. Auf dem Speisezettel stehen nun vielmehr Rothirsch, Reh und Wildschwein. Haselnüsse fanden sich an zahlreichen Lagern in großer Zahl. Die

Fischjagd dürfte rund um den Federsee eine große Rolle gespielt haben und Vogel- und Biberknochen lassen sich an Rastplätzen finden. Neben den Höhlen – nun offenbar eher sporadisch aufgesucht, die Winterquartiere lagen wohl in tieferen Lagen – sind nur wenige Freilandlagerplätze bekannt, so etwa auf den Vorbergen am Ermstal um Metzingen oder an der oberen Fils um Geislingen, um das Tal der Kleinen Lauter und bei Laichingen, einzelne Steinartefakte kommen etwa vom Degerfeld bei Ebingen oder aus dem Brenztal mit Königsbronn, Steinheim oder Brenz. Charakteristisch sind für diese Zeit kleine, geometrische Steingeräte, als Mikrolithen bezeichnet. Es finden sich unter anderem Schneiden und Spitzen in Pfeile und Speere eingesetzt, zudem tauchen vereinzelt erste geschliffene Steinbeile auf.

Erster Ackerbau

Noch im 10. Jahrtausend v. Chr. entwickelten sich im Nahen Osten – im sogenannten Fruchtbaren Halbmond von Palästina bis zum Oberlauf des Tigris – der Anbau von Kulturpflanzen, Viehzucht und erste feste Ansiedlungen: kurz die Landwirtschaft. Über den südosteuropäischen Donauraum gelangten die Kenntnisse und Lebensformen bäuerlicher Gemeinschaften um die Mitte des 6. Jahrtausends auch nach Süddeutschland. Diese bandkeramische Kultur – neben Einflüssen aus dem westlichen Mittelmeerraum (La Hoguette-Gruppe) – brachte der ansässigen Bevölkerung, sicherlich unter Beteiligung eingewanderter Verbände, Ackerbau und Viehzucht, beständige Siedlungen, den Gebrauch von Keramik wie auch geschliffener Steingeräte (Beile und Äxte) und die Kenntnis der Weberei. Die Menschen gingen von der aneignenden (das meint Jagen und Sammeln) zur produzierenden Wirtschaftsweise über. Jüngste Untersuchungen zeigen dabei anhand der ähnlichen Formen der Steinwerkzeuge wie auch der nahezu gleichbleibenden Nutzung von Wildtieren zur Ernährung ein zeitweises Nebeneinander und einen eher fließenden Übergang. Eine wichtige Fundstelle ist das sogenannte Felsdach Lautereck an der Mündung der Großen Lauter in die Donau: Auf einer kleinen geschützten Fläche lag hier eine älterbandkeramische Schicht über einer Kulturschicht mit Funden der ausgehenden Mittelsteinzeit, die nach naturwissenschaftlichen Daten aber schon an den Beginn der Jungsteinzeit datiert.

Mit erstmaligem Ackerbau, also dem Anbau von Getreide (Emmer, Einkorn und Gerste und vereinzelt auch Hirse), Hülsenfrüchten (Erbse und Linse) sowie Ölpflanzen (Lein und Mohn), reger Holznutzung, Viehzucht und Waldweide sowie dem Bau von Siedlungen griffen die ersten Bauern stark in das Landschaftsbild ein, ablesbar auch an teils mächtigen Auelehmpaketen und anderen Gegebenheiten, die auf kräftige Erosionserscheinungen als Folge offenstehender Böden hinweisen. Auf den Flächen rund um die Höfe mit Holzhäusern betrieb man einfachen, düngerlosen Hackbau im sogenannten Wald-Feldbau-System, also im steten Wechsel von Niederwald, Brandrodung und Ackerbau. Dabei entstanden waldfreie, aber von Büschen und Hecken bestockte Lichtungen mit unterschiedlichen Nutzungszonen (Wald, Wiese, Acker). Ob freilich der Pflug schon in frühneolithischer Zeit zur Bearbeitung des Bodens gebraucht worden ist, muss offen bleiben: Erste Belege für den schlichten Hakenpflug stammen aus der 1. Hälfte des 4. Jahrtausends v. Chr., der Zeit des Jungneolithikums.

Anspruchsvollere Existenzsicherung

Landwirtschaft stellt im Gegensatz zum Jagen und Sammeln an Boden, Klima und Morphologie (Geländegestalt) gewisse Ansprüche. Nicht verwunderlich lagen deshalb die frühen bäuerlichen Siedlungen im Rheintal, auf den von fruchtbaren Lehmen überdeckten Muschelkalkflächen zwischen Rhein und Neckar wie etwa Kraichgau oder Heilbronner Becken. Für eine intensivere Besiedlung scheinen den frühen Bauern die Albhöhen jedenfalls nicht attraktiv genug gewesen zu sein. Möglicherweise zogen also im Oberen Donautal (Jägerhaushöhle, Falkensteinerhöhle oder auch Felsdach Lautereck) und auf einigen Albhöhen die letzten Gruppen von Jägern und Sammlern umher, während im nördlichen Albvorland um Neckar und Ries oder in der Donau-Niederung im Langenau-Ulmer Raum schon Ackerbau von festen Ansiedlungen (Dörfern) aus betrieben wurde.

Lediglich auf der östlichen (Flächen)Alb mit ihren geringeren Höhen und besseren Böden – vorwiegend an Flussläufen orientiert – sind auf der Blaubeurener und der Ulmer Alb auch zahlreiche weitere jungsteinzeitliche Siedlungsplätze des 5. bis 3. Jahrtausends v. Chr. bekannt. Wohl erst im sogenannten Mittelneolithikum, also im Verlauf des 5. Jahrtausends v. Chr., erreichten die neuen Lebensformen, die das Sammeln und Jagen endgültig ablösten, allmählich auch die westlichen Albhöhen. In diese Zeit gehört ein 1997 bei Ringingen festgestellter Siedlungsplatz der sogenannten Rössener Kulturgruppe, der bislang früheste Siedlungsnachweis der Jungsteinzeit auf der westlichen Alb. Mehrere Fundplätze – so etwa die Eremitage bei Inzigkofen – des frühen Mittelneolithikums sind inzwischen auch aus dem Oberen Donautal bekannt geworden. Zu den meist einzelnen Funden aus Höhlen fehlt aber bislang der siedlungsgeschichtliche Kontext, mit unbekannten Siedlungsplätzen ist zu rechnen.

In den Tälern etwa von Echaz, Erms und der Großen Lauter finden sich Hinweise auf kleine Siedlungen des Jungneolithikums, wohl der Schussenrieder Kulturgruppe. Im Blautal bei Ehrenstein gelang die erstmalige Untersuchung eines solchen Dorfes aus dem 4. Jahrtausend v. Chr.; von den Hochflächen liegen meist nur einzelne Funde vor, immer wieder auch aus Höhlen. Kupfer wird schon ab dieser Zeit vereinzelt verwendet, insbesondere dann in der späten Jungsteinzeit, die neben nur wenigen Fundstellen vor allem mit einer kleinen Gräbergruppe aus dem Donautal bei Mühlheim-Stetten bekannt ist.

Ausgesprochen exponierte Höhenlagen werden in der späten Jungsteinzeit, etwa ab dem 4. Jahrtausend v. Chr., verstärkt aufgesucht. Prominentestes Beispiel ist das langgezogene Plateau des Dreifaltigkeitsberges bei Spaichingen auf der Westalb mit einer Höhe von knapp unter 1000 m ü. NN. Die dortigen umfangreichen Befestigungsanlagen werden freilich späteren Epochen entstammen, wurde der Berg – wie viele Höhen – doch immer wieder aufgesucht. Auch auf dem Lochenstein, einer kleinen Felskuppe am Trauf der Zollernalb, fanden sich zahlreiche Spuren wohl von kleineren Ansiedlungen dieser Zeit. Was die Menschen auf die Höhen trieb, bleibt unklar. Insbesondere zur kalten Jahreszeit kann es dort oben schwerlich sonderlich angenehm gewesen sein.

Viehzüchter oder Bauern?

Aus einer Frühphase der Bronzezeit (um 2300 bis etwa 1200 v. Chr.) stammen Funde bevorzugt von einigen Albhöhen wie dem Lochenstein oder dem Schloßberg bei Ehrenstein. Für die Mittelbronzezeit (1500 bis 1300 v. Chr.) ist dann ein enormer Anstieg an Fundstellen zu verzeichnen. Insbesondere auf der Zollernalb um Onstmettingen und Ebingen, der Münsinger Alb und den Höhen zwischen den Tälern von Großer Lauter und Schmiech begleiten ganze Schwärme von Grabhügeln die

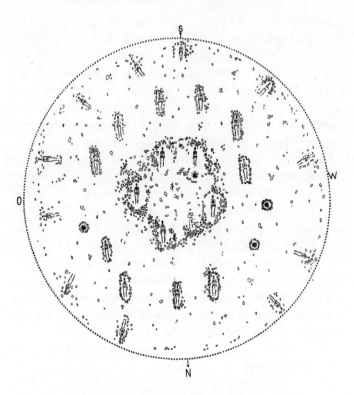

Bronzezeitlicher Grabhügel mit zahlreichen Nachbestattungen
bei Hundersingen im Lautertal, Gewann Haidle

Wasserläufe. Zahlreiche Ausgrabungen im späten 19. und früheren 20. Jahrhundert haben die landesweit bedeutendsten Funde dieser Zeit erbracht. In zahlreichen Museen und Sammlungen sind Trachtausstattungen mit Nadeln, Hals- und Brustschmuck, aber auch Arm- und Fußringen vorhanden. In Männergräbern finden sich zudem Dolche und Beile, selten ein Schwert.

> Die Kenntnis der **Metallurgie** scheint – wie auch Ackerbau und Viehzucht – eine Errungenschaft des Vorderen Orients im 7. Jahrtausend v. Chr. zu sein. Schon in der späten Jungsteinzeit (4. Jahrtausend v. Chr.) fanden erste Versuche mit dem Gießen von Kupfer statt, Bronze als Legierung aus Kupfer und Zinn (im Verhältnis etwa 10:1) kam um 1800 v. Chr. in Gebrauch. Durch den verstärkten Handel mit Rohstoffen und Fertigprodukten fand ein weitläufiger Austausch von Waren statt, der auch die Schwäbische Alb umfasste. So findet sich hier als Export von der Ostsee in mittelbronzezeitlichen Gräbern (um 1500 v. Chr.) zahlreicher Bernsteinschmuck, in ähnlicher Form übrigens auch in den Schachtgräbern von Mykene.

Die Hügel enthielten oft mehrere Bestattungen, wahrscheinlich Sippen- oder Familiengrablegen, die Familien- oder Sippenverhältnisse widerspiegeln könnten. Steineinbauten ergaben oft regelrechte Kammern, vom wohl gleichfalls verbauten Holz (Kammern, Baumsärge) ist meist jede Spur verschwunden.

Die in meist kleinen Gruppen angeordneten Grabhügel wurden durch Ackerbau und Erosion stark dezimiert. Die bekannten Grabstätten liegen oft auf Kuppen und Anhöhen oberhalb landwirtschaftlich nutzbarer Mulden mit lehmreichen Böden. Einzelne Höfe oder weilerartige Hofgruppen werden – wie wohl zu allen Zeiten der Vor- und Frühgeschichte – das Siedlungsbild geprägt haben. Auch exponierte Höhenlagen wurden in der frühen und mittleren Bronzezeit verstärkt (wieder) aufgesucht (u. a. Dreifaltigkeitsberg, Lochenstein, Roßberg, Runder Berg). Große Befestigungsanlagen wie der Buigen bei Herbrechtingen, die Kocherburg bei Unterkochen oder auf der Rotenay bei Lauterach könnten schon in dieser Zeit erbaut worden sein, die Heuneburg an der Donau umzog eine mächtige Holzbohlenmauer.

Insbesondere die ältere Forschung entwarf aufgrund der zahlreichen Grabstätten der Bronzezeit das Bild einer ausgeprägten Viehzüchtergesellschaft, die aufgrund hierfür günstiger naturräumlicher Bedingungen sowie feuchterem Klima als heute die Höhen der Alb bevorzugt aufgesucht hätte. Neuere Forschungen im Albvorland wie auch im Neckarraum haben dies korrigiert und klar gemacht, dass es vorwiegend die guten Erhaltungsbedingungen in landwirtschaftlich weniger intensiv genutzten Landstrichen waren, die zur großen Zahl der Totenhügel beigetragen haben. In der Bronzezeit erfolgte offenbar ein allmählicher Wandel in der Landwirtschaft: Periodischen Rodungen kleinerer Areale folgen nun großflächige Waldauflichtungen, der Wald-Feldbau auf immer wieder verlegten Anbauflächen wird nach und nach durch die bis heute gültige Dreigliederung der Kulturlandschaft in Wald, Grünland und Ackerland ersetzt. Die Feldgraswirtschaft mit extensiv genutzten Äckern, die immer wieder für längere Zeit brach liegen konnten (sogenannte Wechselfelder), wurde noch bis in das 20. Jahrhundert hinein auf siedlungsfernen Flächen und Hochlagen ausgeübt.

Zahlreiche Neuerungen im Bestattungs- und Siedlungswesen wie auch in der Landschaftsnutzung werden der spätbronzezeitlichen Urnenfelderkultur (13. bis 9. Jahrhundert v. Chr.) zugeschrieben, darunter der Übergang zur Brandbestattung, die Bestattung in Urnen wie auch die Anlage von einfachen Grabgruben ohne eigenen Erdhügel. Besonders in deren Spätzeit (10. und 9. Jahrhundert v. Chr.) ist ein immenser Anstieg an Höhensiedlungen auf exponierten Kuppen und abgelegenen Plateaus festzustellen. Zudem wurden zahlreiche Höhlen aufgesucht und viele Depots aus oft sehr zahlreichen Bronzegegenständen – eines der größten Südwestdeutschlands kam 1885 bei Albstadt-Pfeffingen mit etwa 110 Stücken aus Waffen, Werkzeugen und Schmuck zu Tage – im Boden vergraben. Man hat dies bislang oft mit unruhigen Zeiten erklärt, doch spielen möglicherweise auch kultische Gründe eine

Rolle. Gerade bei einzeln stehenden Felsen und abgelegenen Höhlen liegt der Gedanke nahe, hier könnten etwa Keramikgefäße deponiert worden sein, vielleicht als Totenritual oder eben als Weihungen an uns unbekannte Gottheiten. Ein jüngst untersuchtes Beispiel dafür ist etwa die Eremitage bei Inzigkofen an der Oberen Donau. Bekannte Höhensiedlungen lagen etwa auf dem Dreifaltigkeitsberg bei Spaichingen, dem Lemberg bei Gosheim mit einer vielleicht gleichalten Befestigung, dem Lochenstein nahe Balingen, dem Plettenberg bei Dotterhausen, dem Runden Berg bei Bad Urach oder dem Teckberg bei Owen. Zahlreiche kleinere Fundstellen, aber auch teils auffallend fundreiche Plätze auf Kuppen und exponierten Felslagen wie dem Rockenbusch bei Buchheim in oberen Donautal, dem Stettrenrain bei Würtingen, dem Hackberg bei Gomadingen oder dem Jusi bei Kohlberg sind schwer zu deuten und dürften nur – falls es nicht doch (auch) zu kultischen Zecken genutzte Orte sind – ein einzelnes Haus getragen haben.

Wie schon zuvor konzentrieren sich die bekannten Siedlungen in den breiten Talgassen von Schmiecha, Fehla oder auch Brenz. Die lockeren Gruppen von kleineren Gehöften waren dabei umgeben von kleineren Friedhöfen und Grablegen; mit am bekanntesten sind die reich ausgestatteten Bestattungen von Gammertingen im Laucherttal. Auf der Sohle des weiten Fehla-Tales bei Burladingen an der Passhöhe liegt in der Flur »Kleinesche« mit ehemals mindestens zwanzig Brandgräbern einer der größten nachgewiesenen Friedhöfe dieser Zeit in Südwürttemberg. Altbekannt ist auch ein 1899 aufgefundenes Grab mit äußerst qualitätvollen Bronzebeigaben wie einer Drahtbügelfibel und einem reichhaltigen Keramiksatz der älteren Urnenfelderkultur (12./11. Jh. v. Chr.). Zahlreiche weitere Funde belegen ein kontinuierliches Aufsuchen des Platzes. Der wertvolle Bronzeschmuck lässt dabei kulturelle Kontakte in das Rhein-Main-Gebiet, nach Ostfrankreich, aber auch in den Raum um Donau und Iller erkennen – vielleicht eine Folge der verkehrsgeographisch äußerst günstigen Lage an einer der wichtigsten Querverbindungen über die Schwäbische Alb. Hier wie etwa auch in Heidenheim setzen älterhallstattzeitliche Brandgräber und jüngerhallstattzeitliche Körpergräber wie auch frühlatènezeitliche Nachbestattungen die Orts- und Bestattungstradition unter nun größeren Grabhügeln bis ins 5. Jahrhundert v. Chr. hinein fort.

Keltische Grabhügel und Viereckschanzen

Bestattungssitten, Keramik- und Werkzeugformen wie auch Schmuck zeigen einen fließenden Übergang von der späten Urnenfelderzeit zur nachfolgenden frühkeltischen Epoche, der Hallstattzeit an (8.-5. Jahrhundert v. Chr.). Bemerkenswerterweise ist aber an exponierten Höhenlagen und Höhlen vielfach ein Bruch in der Nutzung festzustellen. Veränderte Gewohnheiten und gesellschaftliche Vorstellungen wie auch kleinräumige Siedlungsverlagerungen dürften die Ursachen dafür sein. Inwieweit dies auch der Nutzung des neuen Werkstoffs Eisen zuzuschreiben ist, bleibt unklar. Vielleicht wirkte sich auch eine deutliche Klimaverschlechterung in den Jahren um 800 v. Chr. aus, der auch das Ende der zahlreichen Uferrand- und Feuchtbodensiedlungen Oberschwabens und des Bodensees zugerechnet wird. Die damaligen Bewohner Südwestdeutschlands bezeichnet man als Kelten nach dem griechischen Geschichtsschreiber Herodot aus der Mitte des 5. Jahrhunderts v. Chr.

Ein Kultursprung: die Eisenherstellung

Das Wissen um die Herstellung von Eisen, in Mesopotamien und Ägypten etwa schon seit dem 4. Jahrtausend geläufig, kommt in Süddeutschland im ausgehenden 9. Jahrhundert auf. Vereinzelt schon in der ausgehenden Urnenfelderzeit in Gebrauch, so als Einlage im Griff eines Messers vom Plettenberg bei Dotternhausen, wird Eisen in der Hallstattzeit nach und nach für Waffen und Geräte üblich, während Bronze besonders bei Schmuckformen in Gebrauch bleibt. Dies kommt der Schwäbischen Alb zu Gute, sind hier doch in Form von Bohnerzen teils recht ergiebige Roherzvorkommen vorhanden. In sogenannten Rennöfen wird das Schlackeneisen bei Temperaturen um 1100° gewonnen und durch Schmiedeprozesse verarbeitet. Nachweise dieser Art von Eisenverarbeitung haben sich zwischenzeitlich in Form von Öfen und Schlackenresten an zahlreichen Plätzen der Alb gefunden. Schwerpunkte sind offenbar die Räume um Heidenheim, Bad Urach oder auch Ebingen, gut untersucht die Rennöfen am Eulenbrunnen bei St. Johann. Erst im ausgehenden Mittelalter (15. Jahrhundert) wird die Technologie der Hochöfen bekannt, in denen bei Temperaturen von über 1500° Gusseisen entsteht.

Es entwickeln sich in Folge erstmals in Süddeutschland zentrale Großsiedlungen, deren bekannteste, die Heuneburg an der Donau, im südlichen Vorland der Alb liegt. In ihrem Bereich haben sich wohl um die Mitte des 6. Jahrhunderts v. Chr. nach und nach zahlreiche Gruppen aus dem Umland zu einem großflächigen Siedlungsverband zusammengeschlossen, deren Zentrum die später mit einer einzigartigen Lehmziegelmauer gesicherte Heuneburg geworden war. Ihre Bedeutung zeigen unter anderem die durch tragfähige Handelskontakte mit dem Mittelmeerraum erworbenen Güter sowie viele exzeptionell reich ausgestattete Gräber im näheren und weiteren Umfeld. Man spricht hier von einem Fürstensitz, dessen Strahlkraft und Anziehung sicher auch Auswirkungen auf die südliche Schwäbische Alb hatte.

Bei den zahllosen Grabhügeln der Schwäbischen Alb zeigen sich grob zwei große Gruppierungen an, die wahrscheinlich auch Siedlungslandschaften markieren. Zum einen auf der westlichen und mittleren Alb zwischen Spaichingen und Münsingen, zum anderen auf der Ostalb um Albuch und Härtsfeld mit Heidenheim. Die oft sehr umfangreichen Hügelgruppen liegen häufig in Talsohlen und in Senken, besonders im Degerfeld oder bei Zainingen auch auffällig nahe um Dolinen gruppiert. Viele Hundert Totenhügel lagen einst auch auf der Haid nahe Engstingen, bevor sie im späten 19. und 20. Jahrhundert weitgehend abgetragen und zerstört wurden.

Wieder weisen auch die großen Täler zahlreiche Siedlungs- und Bestattungsplätze auf, so etwa im Raum um Ebingen, Burladingen und Heidenheim. Gerade um Heidenheim gelang es erstmals, auch größere Siedlungsbereiche mit Gebäudegrundrissen freizulegen. Die aus Bayern bekannten rechteckigen Herrenhöfe mit umgebenden Gräben und Holzpalisaden sind bislang nur bei Öllingen nahe Langenau (Alb-Donau-Kreis) am südöstlichen Rand der Schwäbischen Alb sowie beim Weiler Osterholz nahe Kirchheim am Westrand des Nördlinger Rieses nachgewiesen. Dichter besiedelt waren offenbar auch die Blaubeurener Alb (Berghülen) und das Hochsträß zwischen Blautal und Donau, das mit seinen eiszeitlichen Überdeckungen nur noch nominell zur Schwäbischen Alb gehört. Befestigte Siedlungen sind auf dem Hägelesberg bei Urspring an der Lone, dem Darrendobel im Ippinger Tal, dem Dreifaltigkeitsberg bei Spaichingen, dem Katzenbuckel bei Ebingen, dem Lehenbühl nahe Fridingen oder auch Althayingen bei Indelhausen im Tal der Großen Lauter nachgewiesen.

In der spätkeltischen Zeit, der sogenannten Latènezeit (um 450 v. Chr. bis Christi Geburt), führen anfangs zahlreiche Bestattungen vor allem auf der mittleren Alb (meist Nachbestattungen in älteren Grabhügeln), etliche Siedlungen (etwa Fridingen, Lochenstein, Dreifaltigkeitsberg, Kocherburg oder auch im Brenztal) wie auch Einzelfunde die frühkeltische Epoche oft bruchlos weiter. Erst ab dem späteren 3. Jahrhundert sind kaum mehr Gräber und nur noch wenige Siedlungsplätze bekannt, was möglicherweise auch auf veränderte Gewohnheiten zurück zu führen ist. Eine der landesweit bekanntesten Fundstellen ist das kleine Gräberfeld von Giengen an der Brenz mit dreizehn Brandgräbern und teils reichen Beigaben. Es wurde im späten 3. Jahrhundert angelegt und dürfte zu einer kleineren Hofsiedlung mit wohlhabenden Bewohnern gehören. Einzelne Gräber auf der Münsinger Alb bei Auingen und Gächingen oder auch Hürben in einer alten Brenzschleife nahe Giengen belegen eine gewisse Siedlungskonstanz auch auf der Alb.

Bedeutendere Fundstellen weist nun wieder die späte Latènezeit auf, so werden etwa Höhlen verstärkt und teils recht intensiv aufgesucht. Die wichtigste und weithin bekannte Siedlung ist sicherlich der Heidengraben auf der Albhochfläche (Uracher Alb) zwischen Erms- und Lautertal. Die von Wällen und Gräben geschützte Fläche umfasst rund 1600 ha und ist damit das größte bekannte Oppidum Mitteleuropas. Allein der Teilbereich der Elsachstadt ist mit 150 ha um ein Vielfaches größer als mittelaltcrliche Städte. Wie die zahllosen Funde an verschiedensten Stellen der Siedlung andeuten, war der Heidengraben offenbar ein zentraler Ort in einem Netz weit gespannter Handelswege. Vielleicht hängt eine recht große Dichte von Fundstellen dieser Zeit aus dem Ermstal damit zusammen.

Die lange Zeit rätselhaften spätkeltischen Viereckschanzen, durch moderne Untersuchungen zwischenzeitlich als ländliche Gehöfte interpretiert, sind auf der Schwäbischen Alb wiederum nur im östlichen Teil nachgewiesen. Sie finden sich bei Westerheim und Blaubeuren-Sonderbuch und Dornstadt-Tomerdingen im Alb-Donau-Kreis sowie Ulm-Söflingen und Niederstotzingen am Südrand der Alb. Die große Zahl der Schanzen auf dem

Befestigungslinie am Heidengraben (Wall und Graben) südlich von Grabenstetten (Lkr. Reutlingen), Teil einer riesigen Wallanlage der spätkeltischen Zeit (2. Jahrhundert v. Chr.)

Härtsfeld (um Kleinkuchen, Nattheim, Kösingen und Mergelstetten) sowie am Südrand um Dischingen zwei weitere, kann vielleicht mit der hier prosperierenden Verarbeitung von Bohnerzen in Verbindung gebracht werden. Dicht gestreut liegen sie dagegen im Umfeld der Heuneburg bei Hundersingen zwischen Albrand und Donau oder auch im nordwestlichen Vorland um Aldingen und Trossingen. Eine fragliche Anlage liegt allerdings bei Nusplingen auf der Zollernalb, eine wohl eher neuzeitliche Viereckanlage bei Sonnenbühl-Undingen im Greuthau. Etliche naturwissenschaftliche Datierungen sowie Funde deuten an, dass diese Anlagen zumindest teilweise von der Mitte des 2. Jahrhunderts v. Chr. bis in die römische Epoche hinein in Nutzung blieben.

Unter römischem Einfluss

Nachdem schon wenig nach Christi Geburt im Bodenseeraum und im Hochrheingebiet römischer Einfluss spürbar wurde (Legionslager Dangstetten), entstand um 45-50 n. Chr. der sogenannte Donau-Limes, eine Kette meist kleinerer Militärlager (Kastelle) von Hüfingen über Tuttlingen, Mengen-Ennetach, Emerkingen, Rißtissen bis nach Unterkirchberg an der Illermündung. Um 75 n. Chr. geriet die westliche Alb im Zuge der Eingliederung des oberen Neckarlandes und des Baus der Straße Offenburg-Rottweil-Tuttlingen in das römische Reich. Kastelle in Ebingen-Lautlingen und vielleicht auch schon Burladingen wurden auf den verkehrsstrategisch wichtigen Passhöhen der Talgänge von Starzel/Fehla und Eyach/Schmiecha erbaut. Etliche Jahre später – wohl um 85/90 n. Chr. – folgten Kastellbauten bei Gomadingen, Donnstetten, Ursprung (Lone), Heidenheim und als Abschluss Oberdorf am Ries, eingeschlossen von Weißenburg auf der östlichen Seite. Ob dies tatsächlich gleichzeitig – wie zumeist in der Forschung dargestellt – mit dem Ausbau des Limes von der Wetterau bis an die Donau bei Eining erfolgte, sozusagen als Bestandteil desselben, oder nicht doch etwas früher, sei dahin gestellt.

Diese Kastellkette auf der Alb – als Alb-Limes bezeichnet – war keine feste Sperrlinie wie der spätere obergermanisch-rätische Limes mit Palisade, Mauer und Graben, sondern lediglich eine durch gut ausgebaute Straßen miteinander verbundene Reihe von Kastellen nahe dem Albtrauf bzw. der Wasserscheide. Zeitgleich oder etwas später wurde das kleine Kastell in den Weiherwiesen auf dem Albuch bei Essingen als reine Straßensicherung errichtet (um 100). An allen Plätzen bildeten sich zivile Siedlungen (vici), die oft bis weit ins 3. Jahrhundert Bestand hatten und deren wichtigste sicher Heidenheim (Aquileia) war. Aber auch auf der Hochfläche bei Gomadingen im Großen Lautertal lag neben dem Kastell auf dem Hasenberg eine dorfähnliche Siedlung, die – ebenso wie in Donnstetten am Römerstein mit dem Kastell auf dem Hasenhäuslesberg – als »Mittelzentrum« für die umliegende Region gedient haben dürfte. Die Militärlager der Alb hingegen waren spätestens um die Mitte des 2. Jahrhunderts zu Gunsten des nach Norden vorgeschobenen Limes allesamt verlassen worden, das Reiterregiment (Ala II Flavia) etwa im Kastell Heidenheim wurde nach Aalen verlegt. Politisch gehörte der größte Teil der Alb zur Provinz Rätien mit der Hauptstadt Augusta Vindelicorum (Augsburg), nur die südwestliche Alb etwa zwischen Ebingen, Laiz und Geisingen war der Provinz Germania Superior (Obergermanien) mit Mogontiacum (Mainz) zugeordnet.

Wichtig für die Erschließung der Albhochfläche war sicher die Straße entlang den Kastellen von Ebingen nach Urspring, unterwegs bei Nellingen die vom Albvorland über das Lindach-Tal kommende Straße aufnehmend, ins Lonetal führend. Von hier aus – einem wichtigen Kreuzungspunkt mit ausreichender Quellwasserversorgung – ging die sogenannte Rhein-Donau-Straße einerseits ins Albvorland hinunter und über Cannstatt nach Mainz, andererseits übers Lonetal und Faimingen nach Augsburg, zum Dritten nach Heidenheim die Ostalb durchquerend ins Brenztal und schließlich zum Ries (Oberdorf).

Die Sybillenspur

Schon länger zeichnete sich im Lautertal südlich von Kirchheim/Teck immer wieder eine rätselhafte, dunkle Doppellinie in den Feldern ab, die sogenannte Sybillenspur. Dem Volksmund zufolge soll sie die Spur eines riesigen Wagens sein, auf dem die in einer Höhle unterhalb der Teck wohnende Sibylle aus Gram über ihre drei missratenen Söhne wutentbrannt die Teck für immer verlassen habe – gezogen von drei großen Katzen. 1976 wurde erstmals festgestellt, dass die ominöse Spur drei parallele Gräben und eine durchgehende Palisade verbarg, sogar ein veritables Kleinkastell verbarg sich nahe Dettingen im Boden. Des Rätsels Lösung fand sich dann, als klar wurde, dass damit letztlich eine 24 km lange Verbindung zwischen den römischen Kastellen am Neckar bei Köngen und bei Donnstetten am Albtrauf (Kleinkastell am Hasenhäuslesberg, ebenfalls erst 1976 entdeckt) geschaffen worden war. So zeigte sich die Sibyllenspur allmählich als Bestandteil des Limes zwischen Wetterau, Neckar, Alb und Donau. Wohl wenig vor 100 n. Chr. erbaut, blieb diese Grenzlinie kaum länger als etwa 30 Jahre in Funktion, angelegt auch, um die wichtige Straße vom Rhein über den Neckarraum um Köngen zur Donau mit Günzburg und Augsburg zu schützen. Wohl bald nach 125 n. Chr. wurde sie im Zuge der Vorverlegung des Limes – wahrscheinlich erst ins Fils-, später dann ins Remstal um Lorch – aufgegeben. So weht der Hauch der großen Geschichte auch im Lenninger Tal: immerhin für einige Jahrzehnte an der Grenze des römischen Imperiums gelegen.

Leider sind keine direkten schriftstellerischen Bemerkungen zur vorrömischen Bevölkerung in diesem Raum überliefert. Man geht aber davon aus, dass die römischen Truppen siedlungsarme Landstriche mit verstreuten Einzelgehöften kleinerer Familienverbände antrafen. Spätkeltische Großsiedlungen wie der Heidengraben schienen im 1. Jahrhundert n. Chr. schon länger aufgegeben worden zu sein. Zumindest lautete bislang so die Forschungsmeinung, die Datierung der Keramik etwa ist derzeit aber wieder in der Diskussion. Immerhin brauchten die römischen Truppen vom Bodensee bis zum unteren Neckar fast 100 Jahre. Ist das vielleicht doch mit militärischen Problemen zu erklären?

Oder bestand einfach kein Interesse und keine Notwendigkeit an einer schnelleren Vorverlegung der Truppen?

In römischer Zeit ist jedenfalls erstmals eine recht klare Teilung in weitgehend ungenutzte Hochlagen der westlichen Alb und das Erschließen der hinsichtlich Klima, Böden und Landschaftsgestalt günstigeren Bereiche vor allem der südöstlichen Flächenalb Ostalb zu erkennen. Wohl administrativ gesteuert, spiegelt dies die Möglichkeiten landwirtschaftlicher Nutzung, anders gesagt die Ertragsfähigkeit der unterschiedlichen Naturräume wider. Fehlen auf der südwestlichen Zollernalb und dem Großen Heuberg Nachweise sogenannter villae rusticae, der Gutshöfe aus römischer Zeit, lassen Einzelfunde und unklare Fundmeldungen wie etwa Mauerreste und Münzen bisweilen auch an kleine Viehhöfe und Sennereien denken. Dagegen finden sich Gutshöfe auf der östlichen Alb durchaus, einer der am besten untersuchten etwa in Sontheim an der Brenz. Bekannt sind weiterhin etwa die Ruinen nahe Merklingen im Wald Bannholz (Alb-Donau-Kreis) oder bei Gomadingen und Donnstetten (RT). Diese Höfe müssen nicht immer dem etwa aus Hechingen-Stein im Albvorland bekannten, groß angelegten und mit einer Mauer umzogenen Modell entsprechen, das mit einem repräsentativen Hauptgebäude (Risalit-Villa) ausgestattet ist. Wie ein Beispiel aus Heidenheim zeigt, können es auf der Alb vielmehr auch kleine Gebäude mit rechteckigem Innenhof sein, umgeben auch von keiner Mauer, sondern von einem Holzzaun.

Nur einige wenige exponierte Höhen wurden wie in vorgeschichtlicher auch in römischer Zeit aufgesucht. Dazu zählen etwa der Lochenstein, der Dreifaltigkeitsberg oder der Staufen bei Albstadt-Tailfingen mit jeweils einigen Funden, die vielleicht an eine eher saisonale Nutzung denken lassen. Auf dem Plateau der Schalksburg nahe Burgfelden wurden allerdings sogar typische Fragmente römischer Leistenziegel gefunden, die an einen Steinbau denken lassen.

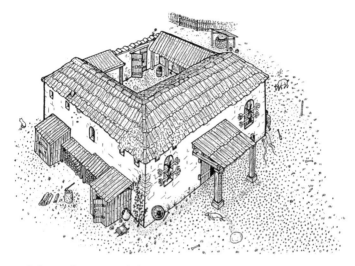

Rekonstruktionsversuch des Haupt(Wohn)gebäudes eines römischen Gutshofes (villa rustica) im Brenztal bei Heidenheim. Da keine Dachziegel gefunden wurden, kommt durchaus – wie hier dargestellt – auch eine Schindeldeckung in Frage.

Anders ist wahrscheinlich das gleichfalls immer wieder einmal festzustellende Aufsuchen von Höhlen zu verstehen. Gerade im Oberen Donautal ist auch an eine rituelle/kultische Nutzung zu denken, sind doch bisweilen Funde in kaum zugänglichen Höhlen in solcher Zahl vorhanden, dass ein nur sporadisches Aufsuchen etwa zu Schutzzwecken schwer vorstellbar ist. Auffällig ist hier die Platzkontinuität an einigen Höhlen und auch Felstürmen mit Spuren spätestkeltischer und römischer Nutzung.

Um 233 n. Chr. fielen erstmals germanische Scharen in größerem Umfang in das römische Reichsgebiet ein, ihre Spuren lassen sich bis an das Alpenvorland heran nachweisen. Zwischen 250 und 260 n. Chr. wird der Limes aufgegeben, Verwüstungen und Zerstörungen sind an vielen Kastellen ablesbar. Die römischen Truppen wurden – bedingt auch durch innerrömische Streitigkeiten – eines guten Teils abgezogen. Entlang von Rhein, Iller und Donau entstand um 290 die neue, deutlich weniger bewachte Grenze, die etwa bis ins frühe 5. Jahrhundert hinein Bestand haben sollte. Bekannt ist der in der Kirche von Hausen ob Lonetal vermauerte Inschriftenstein aus der Zeit des Kaisers Gallienus, der die Anwesenheit römischer Truppen im Langenauer Raum bis mindestens 260 n. Chr. belegt.

Das frühe Mittelalter: Mehrhausgehöfte und erste Kirchen

Über einen Zeitraum von knapp 200 Jahren hinweg hatte das römische Reich im Südwesten Deutschlands eine leistungsfähige Infrastruktur aus Siedlungen, Militäranlagen und Verkehrswegen aufgebaut und unterhalten. Schon seit dem frühen 3. Jahrhundert fielen Gruppen beutesuchender Germanen wiederholt über den Limes in römische Lande ein, 260 n. Chr. sogar über die Alpen bis nach Mailand, wo sie jedoch zurückgeschlagen werden konnten. Reichsinterner Zwist und Bedrohungen im Osten des Reiches sowie die steten germanischen Einfälle führten schließlich zur Aufgabe Südwestdeutschlands: Militär und wohl auch Zivilbevölkerung zogen sich um 260 n. Chr. weitgehend hinter die von Donau, Iller und Rhein gebildete Linie zurück. Allem Anschein nach blieb dieses Gebiet jedoch im Einflussbereich römischer Politik, bis in das 5. Jahrhundert hinein durchquerten römische Truppen – besonders unter Kaiser Valentian 364 bis 375 – sporadisch das Land.

Ab der Mitte des 3. Jahrhunderts zogen immer wieder größere Siedlungsverbände aus der Gegend um Elbe, Havel und Saale gegen Süden und ließen sich hier nieder. Die Ethnogenese (Volkwerdung) der Alamannen – ein Sammelbegriff für die Vielfalt germanischer Stämme – vollzog sich erst in Südwestdeutschland.

Die sogenannte Alamannia (Alamannien) hatte sich im späten 5. Jahrhundert schließlich über Baden-Württemberg, Teile der Nordschweiz, Bayerisch-Schwaben und das östliche Elsass erstreckt. Mehrere Könige (reges), Unterkönige (regales) und Adelige (optimates) beherrschten einzelne Volkschaften und Siedlungsverbände. Um 500 n. Chr. geriet der nördliche Teil Alamanniens nach verlorenen Kämpfen mit den unter König Chlodwig geeinten Franken unter deren Herrschaft, der südliche Teil kam im Jahr 537 hinzu. Für etwa 200 Jahre bestimmte das fränkische Königsgeschlecht der Merowinger die Geschicke des neu errichteten Herzogtums Alamannien.

Trotz aller kriegerischen Auseinandersetzungen sind die Jahrhunderte zwischen der Aufgabe der römischen Siedlungsstrukturen und dem Aufbau einer frühmittelalterlichen Siedlungslandschaft mit größeren Ortsgräberfeldern nicht nur von Zerstörung, Bruch und Wanderung geprägt. In den ersten Jahrzehnten nach der Aufgabe des Limes ist eine Orientierung der nachfolgenden alamannischen Gruppen an römischen Verkehrswegen und Siedlungen klar zu erkennen. Kastellstandorte und Siedlungen aus der Römerzeit wie Ursprung und Heidenheim gehören zu den am frühesten aufgesuchten Plätzen in nachrömischer Zeit, in Burladingen und Gomadingen hingegen zeichnen sich längere Unterbrechungen ab. Bei Wurmlingen im Spaichinger Tal ließen sich germanische Siedler wenige Jahre nach Verlassen des dortigen Gutshofes in und an den Ruinen nieder. Auf der mittleren und östlichen Alb sind etwa aus Münsingen, Treffelhausen, Schalkstetten, Stubersheim, Ursprung und Türkheim sowie im Brenztal um Heidenheim und Herbrechtingen wie auch auf dem Härtsfeld mit Großkuchen Gräber und Siedlungsplätze aus frühalamannischer Zeit bekannt geworden, die teils an römische Strukturen anknüpfen. Zum Teil sind sie sicher auch mit früher Eisenverarbeitung in Verbindung zu bringen, so etwa auf dem Härtsfeld und im Brenztal, wo auch das dafür nötige Wasser zur Verfügung stand.

Gerade die großen Täler etwa von Brenz, Schmicha-Eyach, aber auch Fehla und Bära sind die früh erschlossenen Räume der Schwäbischen Alb. Das Brenztal ragt dabei mit einer ganzen Reihe untersuchter Siedlungsplätze schon der Völkerwanderungszeit, also wenig nach dem Rückzug des römischen Reiches hinter Rhein, Bodensee und Iller, deutlich hervor. In Herbrechtingen zeigte sich etwa ein zumindest während des wohl ganzen 5. Jahrhunderts bewohnter Siedlungsplatz mit einer Fülle von Hüttengrundrissen und Hausrat. Heidenheim selber bietet ein schönes Beispiel für eine Aufsiedlung der Markung nach Abzug der römischen Truppen. In römischer Zeit bestanden Kastell und vicus im Stadtbereich und im Gewann Fürsamen mit einem Gräberfeld am Totenberg. Im Gewann Fürsamen folgt unmittelbar darauf die völkerwanderungszeitliche Siedlung des 4. und 5. Jahrhunderts, in den Seewiesen gegen Schnaitheim hin die Siedlung des 6. bis frühen 8. Jahrhunderts (Niederhofen), schließlich das mittelalterliche Dorf zwischen Totenberg und Kastellbereich und die wohl im 12. Jahrhundert erfolgte Stadtgründung am westlichen Talrand unterhalb der Burg Hellenstein.

Die bekannten frühmittelalterlichen Funde der Schwäbischen Alb zeigen generell eine Besiedlung der günstigeren Höhenlagen der östlichen und mittleren Alb ab dem 4. Jahrhundert an. Die Höfe und Weiler, so etwa in Sontheim im Stubental, Laichingen, Ursprung, Erpfingen oder auch Oberstetten, lagen meist in der Nähe kleiner Wasservorkommen wie etwa Hülen, Schichtquellen, Bäche. Überraschend viele Einzelfunde des 3. bis 5. Jahrhunderts kommen auch aus Höhlen wie etwa im oberen Donautal, dem Venedigerloch bei Urach, der Sontheimer Höhle im Tiefental, der Gerberhöhle bei Althayingen oder der Scheuer am Rosenstein bei Heubach. Viehzucht dürfte auf der Alb eine große Rolle gespielt haben, die kleinen Ansiedlungen bestanden wohl noch nicht allzu lange am selben Ort.

Alter Fürstensitz

Auf dem Runden Berg bei Bad Urach lässt sich schon um die Mitte des 4. Jahrhunderts eine größere Gruppe nieder, die neben dem Plateau selber auch zwei tiefer gelegene Terrassen im Hang besiedelte. Zahlreiche Funde aller Arten – Gläser, Schmuck, Tafelgeschirr, Werkzeuge, Rohfabrikate – lassen auf prosperierendes Handwerk und Wohlstand schließen. Im frühen 6. Jahrhundert endete diese Siedlung wohl gewaltsam, möglicherweise im Zusammenhang mit der Eingliederung Alamanniens in das fränkische Reich. Sie ist wohl nicht zu Unrecht auch als

Der Runde Berg bei Bad Urach trug im frühen Mittelalter (spätes 7. bis 8. Jahrhundert n. Chr.) eine befestigte Siedlung. Der nur über einen schmalen Felsgrat zugängliche Berg war schon in der Vorgeschichte und vor allem in frühalamannischer Zeit (4. bis 5. Jahrhundert n. Chr.) besiedelt und trug im 9. und 10. Jahrhundert wohl eine frühe Adelsburg.

Machtsitz zu bezeichnen und sicher auch im Zusammenhang mit einer Konzentration bedeutender Persönlichkeiten (Familien) im Neckarraum zwischen Alb und Schwarzwald während des 5. und frühen 6. Jahrhunderts zu sehen. Möglicherweise galt es auch Verkehrswege zu überwachen, wenngleich hierzu die versteckte Lage lediglich für einen etwaigen Albübergang durch das Ermstal prädestiniert erscheint.

Erst um die Mitte des 7. Jahrhunderts wurde der Runde Berg erneut aufgesucht, und wieder entstand auf dem Plateau für etwa 100 Jahre eine bedeutende Siedlung einer sozial herausgehobenen Gruppe – wie zahlreiche Metallfunde, Gläser und Reitzubehör sowie größere Holzbauten beweisen. Nach einer weiteren Unterbrechung folgten im 9.–11. Jahrhundert weitere Bauten, die etwa durch Ofenkacheln und wertvolle Funde auf den frühen Herrschaftssitz (Burg) einer bedeutenden Familie schließen lassen.

Erst im 6. Jahrhundert beginnt auch die Erschließung der Westalb, so etwa in Burladingen mit einer Siedlung, deren Bewohner offenbar durch Handel wohlhabend wurden. Mit Geisingen, Tuttlingen, Fridingen, Nusplingen, Truchtelfingen, Ebingen und Burladingen wie auch Gammertingen liegen nach Ausweis der Gräber die ältesten und bedeutendsten Niederlassungen auch hier in den verkehrsgünstigen Talgassen von Donau, Prim-Faulenbach, Bära, Schmeie, Fehla und Lauchert. Die Hochlagen von Großem Heuberg und Zollernalb schließlich werden im 7. Jahrhundert dauerhaft erschlossen, einzig die Geisingen-Spaichinger Waldberge bleiben offenbar bis heute unbesiedelt.

Im Siedlungsgefüge herrscht im frühen Mittelalter das Mehrhausgehöft vor, Wohnstallhäuser in Pfostenbauweise sind begleitet von gestelzten Speicherbauten und kellerähnlichen Grubenhäu-

Mehrhausgehöfte und erste Kirchen 57

Rekonstruktionsversuch eines frühalamannischen Gehöftes
bei Sontheim im Stubental aus dem 4. oder 5. Jahrhundert n. Chr.
mit Wohn-, Speicher und Stallgebäuden

sern für Handwerk und Vorratshaltung. Erst im 13. Jahrhundert kommen Fachwerkbauten in Ständerbauweise mit Steinfundamenten auf, beeinflusst sicher von städtischer Bauweise. Einher geht der einschneidende Wandel von verstreut liegenden Einzelhöfen, Hofgruppen und weilerartigen Ansiedlungen des frühen Mittelalters zum geschlossenen Haufendorf des Spätmittelalters, in dem zahlreiche Kleinsiedlungen aufgehen.

Die angedeuteten Verkehrsstrukturen dürften auch bei der frühen Gründung der sogenannten »Pfortenstädte« am Eingang der Albtäler gegen das Albvorland eine Rolle gespielt haben, so etwa für Balingen, Hechingen, Pfullingen, Metzingen und Geislingen

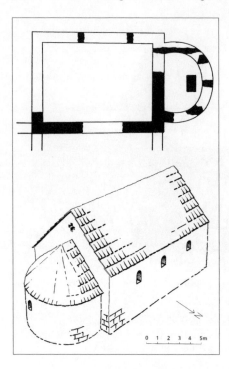

Frühkarolingischer Kirchenbau (spätes 8. oder 9. Jahrhundert n. Chr.) aus Stein unter der heutigen Martinskirche in Pfullingen. Zuvor stand hier im 7. Jahrhundert schon ein Holzbau aus der Zeit der Christianisierung der Alamannen.

an der Fils. Urspring an der Lone etwa, schon in römischer Zeit bedeutender Verkehrsknoten, wurde im frühen Mittelalter wiederum eine wohl bedeutende Siedlung, jedenfalls eine der wenigen archäologisch untersuchten auf der Alb.

Zu guter Letzt sei noch auf eine besondere Fundgruppe hingewiesen, die archäologisch belegten frühen Kirchenbauten ab dem 7. Jahrhundert. Bekannt sind solche zwischenzeitlich aus Nusplingen, Burladingen, Burgfelden, Gruibingen sowie Brenz an der Brenz. Die Rekonstruktion eines frühen Kirchenbaus, freigelegt unter der Martinskirche von Pfullingen, kann eine erste Vorstellung vom Aussehen dieser Kirchen geben. Wahrscheinlich ist damit aber nur ein Teil der frühen Kirchen erfasst, weitere könnten etwa in Gammertingen, Laichingen, Gomadingen oder auch in Münsingen gelegen haben.

Schon früh Aufmerksamkeit erregt hat die Michaelskirche in Burgfelden, gelegen auf einer inselartigen Hochfläche der Zollernalb nahe dem Albtrauf in immerhin 910 m Höhe ü. NN. Als die baufällig gewordene Dorfkirche St. Michael 1892 zu Gunsten eines Neubaues abgebrochen werden sollte, erzwang die Entdeckung eines künstlerisch wertvollen Freskenzyklus an den Seitenwänden deren Erhaltung. Anlässlich dreier eher flüchtiger Bauuntersuchungen (1893, 1942 und 1957) wurden zwei Vorgängerbauten aus Stein aufgedeckt. Innerhalb der Mauern des frühesten Baues wurden 1895 und 1896 mehrere frühmittelalterliche Bestattungen freigelegt, darunter ein Doppelgrab in einer Steinkammer unter der späteren Apsis. Im Fund eines kleinen Goldfolienkreuz in dem Doppelgrab sah die historische Forschung den Hinweis auf ein alamannisches Stifter- oder Gründergrab. Mit guten Gründen glaubte die archäologische Forschung hingegen zuletzt an hoch- oder spätmittelalterlichen Bestattungen, die nur zufällig innerhalb der später erbauten Apsis zu Liegen kamen. Eine unlängst vorgenommene 14C-Datierung beider Gräber hat überraschenderweise die Datierung in das 7. Jahrhundert bestätigt. Allerdings sind Bauforschung und Archäologie wie auch die historische Bewertung dieses Befundes noch lang nicht abgeschlossen. Unbeantwortet bleibt jedenfalls die Frage, was in einer Frühphase der Besiedelung der Albhöhen eine Familie oder einen Siedlungsverband dazu bewegt hat, in dieser abgelegenen Höhe mit dem Bau einer Kirche zu beginnen, an die auch für die umliegenden Orte bis in das 13. Jahrhundert hinein das Pfarrrecht gebunden war.

Burgen, Klöster, Städte: die Durchdringung der Alb im Mittelalter

Alemannen und Franken

Der schwäbische Jura war Teil des alemannischen Siedlungsraumes, und zwar eben jenes von Schriftquellen zunächst wenig berührten »Inneralemanniens«, das die Forschung von den Zentren alemannisch-fränkischer Herrschaft an Oberrhein und Bodensee unterscheidet. Die Sesshaftwerdung der Alemannen wurde durch die Konfrontation mit den fränkischen Nachbarn an der Wende vom 5. zum 6. Jahrhundert befördert. Doch nach wie vor gehörte das Umherziehen von Kriegergruppen zur Lebensweise der Alemannen.

Grabfunde im Tal der Vehla

Aus Berichten oströmischer Autoren wissen wir, dass sich Alemannen in fränkische und oströmische Dienste in Italien begaben. Die Archäologie konnte immer wieder Belege für Kontakte zur mittelmeerischen Welt anbringen. Dazu zählen die Grabfunde aus Gammertingen (LKR Sigmaringen) im Tal der Vehla. In diesem alt besiedelten Passageraum zwischen Neckar und Donau konnte ab 1884 ein etwa 350 Bestattungen umfassendes Gräberfeld untersucht werden, dessen Belegung im 5. Jahrhundert einsetzte. 1902 fand der Landwirt Johannes Dorn ein Steinplattengrab, unter anderem mit Kettenhemd und kostba-

> rem Spangenhelm aus einer byzantinischen Werkstatt als Grabbeigaben. Durch diese weithin einzigartige Grabausstattung erweist sich der Tote als Anführer seiner Sippe, ja wohl mehr noch als fürstengleicher Adelsherr. Der Fund des Bronzehelms oströmischer Herkunft lässt an zeitgeschichtliche Bezüge zum Eingreifen Ostroms in Italien im 6. Jahrhundert denken. Für die Gotenkriege Kaiser Justinians sind auch germanische Hilfstruppen angeworben worden. Geht die Ausstattung mit Kettenhemd und Helm auf ein solches Dienstverhältnis zurück? Ob der Gammertinger Krieger die für seine heimischen Verhältnisse unschätzbar kostbare Ausstattung sich selbst verdiente oder von einem Verwandten ererbte, bleibt Spekulation. Der Fund zeigt jedenfalls eindrucksvoll, dass die Entstehung ortsfester Siedlungen nach wie vor einherging mit Kriegsdiensten in der Fremde, die, so gefahrvoll sie waren, den alemannischen Sippenoberhäuptern reiche Beute einbringen konnten und in jedem Fall für weit gespannte Beziehungen sorgten.

Ein Adeliger, Anführer, Sippenoberhaupt, wie immer man solche Leute wie den Gammertinger Toten bezeichnen möchte, erweisen sich noch durch eine weitere Erscheinung als Haupt der neuen, ortsfesten Siedlungen, die im Kern unsere heutigen Dörfer und Städte begründeten. Die Art und Weise wie die Namen dieser Orte gebildet werden, folgt einem recht einheitlichen Muster. Man muss dabei nicht eigens mit dem Zug von Tübingen nach Stuttgart fahren, um festzustellen, dass eine Vielzahl schwäbischer Ortsnamen auf »ingen« enden. Auf der Alb ist Gammertingen dafür ebenso ein Beispiel wie Ebingen, Hayingen, Laichingen, Herbrechtingen und viele andere Orte mehr. Diese »ingen«-Siedlungen nun folgen einer Wortbildung, die Zugehörigkeit ausdrückt. Und nachdem sich ganz überwiegend im ersten Wortbestandteil ein Personenname verbirgt, im Fall Gammertingens etwa ein »Gamhart«, bedeutet der Ortsname selbst damit »bei den Leuten« oder aber »bei den Verwandten« dieses Mannes. Diese in das 5. und 6. Jahrhundert zu setzende älteste Namensschicht weist mit der im selben Raum ebenfalls häufigen Endung auf »-heim« noch eine zweite einschlägige Gruppe auf. Anders als die »-ingen«- weisen die »-heim«-Orte, die nichts anderes als Wohnplatz, Heimstatt, Siedlung bedeuten, meist auf eine Stellenbezeichnung und seltener auf eine Person hin. Beide Ortsnamengruppen finden sich vorzugsweise in siedlungsgünstigen Lagen, etwa fruchtbaren Talgründen, die Ackerbau zulassen, ebenso wie entlang der alten römischen Straßenzüge.

Alemannien gehörte nach den Teilungen des merowingischen Frankenreichs zu dem Königreich Auster, dem Ostreich mit seiner Kapitale in Reims. Insbesondere die Könige Chlotar II. (gest. 629) und sein Sohn Dagobert I. (gest. 638/639) scheinen bei der Integration Alemanniens eine wichtige Rolle gespielt zu haben. Dagobert hinterließ in Schwaben und auch auf der Alb eine bemerkenswerte, fast einmalige mündliche Tradition. Nicht nur erscheint er in der Memorialüberlieferung des – erst 724 gegründeten – Klosters Reichenau in einer Reihe mit den karolingischen Herrschern in Alemannien und ebenso in den ältesten Quellen des Bistums Augsburg, sondern dieser Merowingerkönig begegnet uns noch im 17. Jahrhundert als sagenhafter Gründer einer Grafschaft Münsingen – damals ein denkbar ärmlicher Ort, der historischen Glanzes offenbar bedurfte, um sich gegen den ungeliebten Nachbarn Urach behaupten zu können.

Herrschaftsräume und ihre Namen

Die merowingische Epoche ist, gerade was den alemannischen Raum angeht, ausgesprochen urkundenarm. Umso mehr spielen in den siedlungsgeschichtlichen Überlegungen neben den Ortsnamen charakteristische, gerade in Inneralemannien anzutreffende Bezirksnamen eine Rolle. Eine intensive Diskussion entspann sich um eine Gruppe von auf »Baar« und »Huntari« endenden Gebietsbezeichnungen, die einen wesentlichen Teil der Alb und der benachbarten Landschaften abdecken. Baar wird heute schlicht als ertragreiches, als fruchtbares Land gedeutet. Spiegelt dies auch eine politische Einteilung? Die heute unter diesem Namen bekannte Landschaft grenzt an die Alb im Südwesten. Historisch gilt sie als Teil der nach einem Bertold benannten, westlich gelegenen Baar, die sich nach Norden bis in die Gäulandschaft erstreckte, die Südwestalb einschloss und ihren geographischen Mittelpunkt am oberen Neckar hatte. Ein »comes« Bertold erscheint in den Quellen bereits 724 im Zusammenhang mit der Gründung der Reichenau. Dieser westliche Bereich wird von einer sehr viel stärker zerteilten »Ostbaar« unterschieden. Ein Schwerpunkt an der Donau zeigt sich an dem dortigen Namensbeleg Alaholfs-(Aulaulfis-)baar, der auf die hier namengebende Familie der Alaholfinger verweist. Diese erscheinen am Ende des 8. Jahrhunderts als bedeutende Förderer St. Gallens mit Besitzschwerpunkt um Marchtal an der Donau, wo sie über eine Kirche verfügten. Mit Recht wurde darauf hingewiesen, dass es sich hier jedoch nicht um rein alemannische Anführer, sondern um Familien handelt, die – sicherlich mit Besitz in Alemannien verankert – über verwandtschaftliche Bezüge in die fränkischen Kernlande verfügen. In beiden Baaren finden sich jedoch auch andere Bezirksbezeichnungen, darunter die Huntaren, die häufig durch einen Personennamen näher bezeichnet werden (Muntarichs-, Ruadolts-, Munigiseshuntare, hingegen Schwerzenhuntare im Gebiet zwischen Schmiech und Lauter). Hans Jänichen hat darauf hingewiesen, dass gerade die Huntare in Lage und Ausdehnung auf das römische Straßennetz hin orientiert sind. Angesichts ihrer Lage und Häufung entlang der

Donau und auf der Alb scheint hinter den Huntaren der Wille zur politisch-administrativen Erfassung eines Raumes zu stecken. Auch hat dieser Begriff womöglich mit der Hundertschaft als militärischer Einheit zu tun, die im lateinischen »Centena« eine Entsprechung hatte.

Weiter finden sich im alemannischen wie im gesamten germanischen Sprachraum Gaue, lateinisch »pagi«, die in gleicher Weise nach Naturräumen oder Personen benannt wurden. So kann z. B. der »pagus« Scherra entlang der oberen Donau sowie auf der Alb zwischen Schmiecha und Bära im Sinne von felsigem, steinigem Land gedeutet werden. Mit Bezug auf die Bodenbeschaffenheit erscheint auch der »pagus« Flina im Gebiet um Laichingen/Blaubeuren. Der 866 belegte Riesgau erinnert an die römische Provinz Rätien und ist so, wie Rudolf Kießling formulierte, ein »Ereignisnahme«, der auf der Begegnung mit der römischen Welt beruht. Gau im ursprünglichen deutschen Wortsinn bedeutet ›wasserreiches Land‹ und ist – wenn auch naturgemäß weniger auf der Alb – oftmals nach Gewässern benannt. Einen Talraum, jedoch mit einem Personennamen als Bestimmungswort, bezeichnet der »pagus« Burichinga um Burladingen im Killertal zwischen 772 und 806. Diese Gaue scheinen also zunächst eher Landschaftsnamen gewesen zu sein, die unter politisch-herrschaftlichen Einflüssen an Ausdehnung und Bedeutung gewinnen konnten. Genannt sei hier der – allerdings erst im hohen Mittelalter erwähnte – »pagus« Swiggerstal, der sich entlang der Erms, aber auch darüber hinaus bis aufs linke Neckarufer erstreckte. Ebenso greift der seit dem 8. Jahrhundert belegte Neckargau bis auf die Albhochfläche aus und schließt den Ort Donnstetten (LKR Reutlingen) mit ein. Der Riesgau wiederum ist keineswegs auf das Becken des Nördlinger Rieses beschränkt, sondern schließt Orte auf der Ostalb bis zum Brenztal ein.

Herzöge und Grafen

Als gestaltende Kraft, die im einen oder anderen Fall hinter den Bezirksnamen vermutet werden kann, kommt neben dem Königtum in erster Linie der Adel Alemanniens in Betracht. An dessen Spitze stand ein Herzog, dessen Herrschaft sich allerdings nicht gleichmäßig über den gesamten Siedlungsraum erstreckte. Als wichtige Stützpunkte begegnen uns im 7. Jahrhundert Überlingen und die Pfalz Bodmann am Bodensee. Doch besitzen wir von dem 709 gestorbenen Herzog Gottfried auch einen urkundlichen Beleg, der den alten Römerort Cannstatt am Neckar als herzoglichen Vorort ausweist. Daraus lässt sich erschließen, dass wenigstens damals auch die Alb zu seinem Machtbereich gehörte. Dieser Herzog war dem fränkischen König verpflichtet. Anders sah dies in dem Moment aus, als sich die karolingischen Hausmeier zur Herrschaft im Frankenreich aufschwangen. Hier scheint es eine alemannische Adelsopposition gegeben zu haben, die 746 just an dem alten Herzogsvorort Cannstatt ihr Ende fand. Erst jetzt verdichten sich die schriftlichen Quellenbelege, die nicht zuletzt über umfangreiche Güterrequisitionen in Alemannien berichten. Wir begegnen nun vielfach fränkischen Magnaten, die Besitzungen und Einkünfte auf der Alb, darunter auch Kirchen, an die fränkischen Reichsklöster Fulda, Lorsch oder die Reichenau schenken. Doch auch das als alemannisches Kloster geltende St. Gallen erfährt eine Förderung unter den Karolingern.

Konfisziertes Land gelangte zunächst an den König, und gerade von Königsbesitz haben wir mit den Orten des Brenztals ein sehr aussagekräftiges Beispiel von der Schwäbischen Alb. Die nach Ortsnamen und archäologischer Evidenz frühe Gründung Heidenheim ist von einem Kranz von Ausbauorten umgeben, die wie ihr Mittelpunktsort alle auf »-heim« enden. Dazu zählen etwa Bolheim, Schnaitheim und Fleinheim. Schenkungen an königsnahe Klöster zeigen diesen Bezirk in karolingischer Zeit als ursprünglich königlichen Besitz. 774 gründete der Vertraute Karls des Großen, Abt Fulrad von St. Denis, eine »cella« in Herbrechtingen. An diesem Ort bestand bereits ein als »fiscus« bezeichneter Königsgutsbezirk. Die Gründung der zunächst dem Märtyrer Veranus geweihten Zelle gelangte nach dem Tod Fulrads (784) an die französische Königsgrablege St. Denis bei Paris. Neben St. Denis ist auch das Kloster Fulda in dieser Zeit mit Gütern im Brenztal ausgestattet worden. Insgesamt entsteht der Eindruck, dass durch die Schenkungen an die Klöster des Reichs der wichtige Albübergang im mittleren Brenztal gesichert werden sollte. Im Kern zeichnet sich hier eine bis in das späte Mittelalter hinein erkennbare Herrschaft um Heidenheim und die spätere Reichsstadt Giengen ab. Eine weitere Nachricht über Königsbesitz in Sontheim an der Brenz 1007 ergänzt diese Belege für die Konzentration von Königsbesitz auf der Ostalb in karolingischer Zeit. Doch deuten verstreute Nennungen weiteren Königsguts etwa im Bereich der nach Münsingen benannten Huntare oder aber entlang wichtiger Straßen in den Tälern von Eyach, Schmeie (Königsgutbeleg in Straßberg 1005) und Schmiech sowie entlang des oberen Neckars (»fiscus« Rottweil um 771) und der Donau (Schwenningen/Heuberg 1005) auf vergleichbare Strukturen auf der mittleren und der Westalb hin.

Die Ausbreitung des Christentums

Bei der herrschaftlichen Durchdringung der Alb ist auf die Rolle der Kirchen und Klöster hingewiesen worden. Der Prozess der Christianisierung Inneralemanniens wird heute dem 7. Jahrhundert zugewiesen. Demnach dürfte auch der Beitrag jener Mönche und Stiftsherren, die in den im 8. bis 9. Jahrhundert im Umfeld der Alb entstandenen Häusern zu Herbrechtingen, Marchtal,

Faurndau bei Göppingen oder Wiesensteig lebten, eher gering gewesen sein, denn die entscheidenden Schritte lagen schon vor diesen Gründungen. Auch die Bistümer Konstanz und Augsburg, die auf der Ostalb aneinander grenzten, dürften damals kaum über die Mittel verfügt haben, die Aufgabe der Christianisierung wahrzunehmen. Anders verhält es sich mit Klostergemeinschaften im fränkisch-burgundischen Raum, die Kleriker ausgesandt haben mochten.

Der reitende Christus

Von der Alb stammt eines der bedeutendsten Sachzeugnisse, das die Annahme des Christentums durch die Alemannen zeigt. 1935 entdeckte man bei der Renovierung der Kirche Kosmas und Damian in Ennabeuren (LKR Alb-Donau) als Altarsepulchrum – als Altarbeigabe – einen kleinen Reliquienbehälter, dessen stempelverzierte Goldblechverkleidung des 7. Jahrhundert dem burgundisch-fränkischen Raum zugewiesen werden

Tragbarer Reliquienbehälter aus Ennabeuren, 7. Jahrhundert. – Die Niederlegung von Reliquien im Altar war bereits in karolingischer Zeit Bestandteil der Altarweihe.

> konnte. Das zentrale Motiv zeigt einen reitenden Christus (?) mit geschultertem Kreuz, einen Gott-Sieger-Typus, der in der germanischen Vorstellungswelt nicht fremd war. Es ist vollkommen offen, zu welchem Zeitpunkt das Stück nach Ennabeuren gelangt ist. Den Nachweis eines gleichermaßen alten Kirchengebäudes, der für einige Orte der Alb durchaus vorliegt, gibt es hier nicht.

Frühe Kirchenbauten zeigen, dass auf der Alb das Christentum keineswegs verspätet, sondern zeitgleich mit anderen Gebieten Inneralemanniens Einzug hielt. Das Patrozinium des bedeutendsten fränkischen Heiligen, Martin von Tours, sowie das auf fränkischem Königsgut entstandene Kirchlein in Brenz auf der Ostalb belegen den Beitrag der Zentralgewalt bei der Durchsetzung des Christentums. Die merowingischen Franken waren es auch, die um 600 den ›alemannischen‹ Bischofssitz in Konstanz am Bodensee schufen, zu dem die Alb mit Ausnahme der östlichen Ausläufer um Heidenheim gehörte.

Bestattungen in Kirchen, die sich zeitlich mit den Reihengräberfeldern überschneiden und zuweilen örtlichen Führungsschichten zugewiesen wurden, lassen daran denken, dass die Gewinnung des lokalen Adels von ebenso großer Bedeutung für die Annahme des Christentums war wie der Zugriff des Königs und seiner Sachwalter. In der Forschungsgeschichte spielt dabei das Konstrukt der »Eigenkirche« eine wichtige Rolle. Dahinter verbirgt sich der Gedanke, dass ein Ortsherr auf seinem privaten Besitz eine Kirche nicht nur errichten, sondern über ihre Einkünfte – darunter später auch den Zehnten – und selbst über den Geistlichen verfügen konnte. Diese Kleriker, darauf deuten Trachtbestandteile hin, waren vielfach Fremde. Dabei scheint das bereits früher christianisierte burgundische Stammesgebiet nach den in Pfullingen und in Gruibingen gemachten Funden eine wichtige Rolle gespielt zu haben.

Von Zollern, Veringern und anderen mehr

In der durch äußere Angriffe (Normannen, Ungarn) und innere Zwistigkeit geprägten Krise der spätkarolingisch-ottonischen Ära des 9. bis 10. Jahrhunderts vermochten sich einige mächtige Adelige in Konkurrenz zum ostfränkischen Königtum zu positionieren. So gelang es nach einem fehlgeschlagenen Anlauf des rätischen Grafen Burchard dem Pfalzgrafen Erchanger mit dem militärischen Sieg bei Wahlwies 915, sich zum Herzog ausrufen zu lassen. Dies begründete das sogenannte jüngere Stammesherzogtum in Schwaben, dessen Stützpunkte westlich des Bodensees und im Hegau lagen. Dort befand sich auf dem Hohentwiel mit Burg und Kloster ein Mittelpunkt der Herzogsherrschaft. Entscheidend dürfte für den Herzog weiter der Zugriff auf Königsgut gewesen sein. Die schwäbische Herzogwürde war, wenn auch von der eigenen Machtbasis und der Zustimmung des Adels im Lande abhängig, doch immer Lehen des Reichs. Mit diesem Lehen war sozusagen auch eine Amtsausstattung verbunden, Reichsgut, das wir auf der Alb nachweisen können. 950 schenkte Herzog Liutolf (gest. 953) Güter unter anderem in Truchtelfingen bei Tailfingen (Zollernalbkreis) an die Reichenau. Eine vorausgegangene Zustimmung König Ottos I. legt den Gedanken nahe, dass es sich dabei um solches Reichsgut, Restbestände des karolingischen Fiskus handelte. Daneben waren auch Grafschaften Bestandteile des Herzogsamtes. Der Vorgänger Liutolfs, Hermann I. (gest. 949) etwa verfügte über den Komitat im Pfullichgau, der nach dem Hauptort Pfullingen im Echaztal benannt war und sicherlich über den Albtrauf hinaus auf die Hochfläche der mittleren Alb reichte. Auch hier ist Königsgut anzutreffen. In Honau und in Engstingen, also am Fußpunkt und Endpunkt eines wichtigen Albaufstieges, erhielt das Bistum Chur 937 durch einen Kleriker namens Hartbert Güter und Rechte, die ganz offenbar auf Sicherung dieses Bestandteils einer bedeutenden Nord-Süd-Verbindung – später als Rheinstraße (»via rheni«) bezeichnet – aus war. Vergleichbaren Zwecken dürfte 960 belegter Churer Besitz in Kirchheim/Teck, wiederum einem Ort mit Bezug zu einem Albaufstieg, gedient haben. Ein weiteres Mal also wird die Rolle Schwabens und der Alb als bedeutender Passageraum des karolingisch-ostfränkischen Reiches deutlich.

Wie schon angedeutet, werden in karolingischer Zeit auch auf der Alb Amtsbereiche von Grafen, »comites« sichtbar, in denen sich die vom König übertragene Amtsgewalt und eigene adelsherrschaftliche Rechte der Großen in Alemannien bzw. Schwaben vermengten. Sicherlich beschleunigt durch die Notwendigkeit, sich der Ungarneinfälle des 10. Jahrhunderts zu erwehren, entwickelten sich adelige Herrschaften eigener Wurzeln, die auf dem Erbwege weitergegeben wurden. Befördert wurde dies durch die im 7. und 8. Jahrhundert nachweisbare weitere Erschließung des Landes durch Rodung und die Anlage neuer Siedlungen. Dieser Landesausbau verbreitete die wirtschaftliche Basis des Adels, denn mehr Menschen lebten nun in demselben Raum und erhöhten damit die Einkünfte des Grundherren.

Diese Entwicklungen können bei weitem nicht in jedem Einzelfall belegt werden. Die Schriftquellen lassen erst im 11., vielfach erst im 12. Jahrhundert einen genaueren Blick auf die örtlichen Verhältnisse zu. Jetzt treffen wir auf adelige Herrschaftsbildungen mit der Burg als festem Mittelpunkt. Die mittelalterliche Adelsburg, eines der entscheidenden Machtmittel in den Händen der Großen, spielte bereits bei den Herzögen von Schwaben im ausgehenden Karolingerreich eine Rolle. Auf einer dieser »urbes«, wie Burgen zuweilen in den Quellen genannt wurden, hatte Pfalzgraf Erchanger Bischof Salomo III. von Konstanz gefangengesetzt. Der St. Galler Chronist Ekkehard berichtet über die Entführung dieses Sachwalters des Königs auf die Feste Erchangers namens »Thietpoldispurch« – einer jetzt wieder ins Feld geführten Anschauung zufolge im oberen Lenninger Tal am Albtrauf gelegenen Feste.

Burgenreiche Region

Seit jeher haben die Menschen die Gunst häufig hoch gelegener, durch natürliche Gräben und Hänge gesicherte Plätze erkannt und zu Verteidigungszwecken genutzt. Die hochmittelalterliche Adelsburg zeichnet sich im Vergleich zu älteren Anlagen dadurch aus, dass dieser Wehrbau auf relativ kleinem Raum funktional dauerhaftes Wohnen und militärischen Schutz zuließ. Die Bedeutung der Burg kommt schon durch die Vielfalt der Bezeichnungen zum Ausdruck. Neben den lateinischen Begriffen »urbs«, »castellum«, »oppidum« oder schlicht »domus« (Haus) stehen im Mittelhochdeutschen neben »burc«, »hus«, »sloz«, »vestin« vor allem der »turn«. Letzteres verweist nicht nur auf den massiven Bergfried, der eine Burg von weither kenntlich macht, sondern auch auf Burg-

Als typische Felsenburg der Schwäbischen Alb zeigt sich die Burg hinterer Wielandstein bei Oberlenningen nach ihrer Neugestaltung in der Mitte des 13. Jahrhunderts

> typen, die als Wohntrakt im Wesentlichen den Turm als Baubestandteil haben. Auffallend ist, dass manche Begriffe sowohl eine (befestigte) Stadt oder städtische Siedlung als auch eine Burg im engeren Sinn meinen können. Die Alb zählt mit wenigstens 200 bekannten Plätzen zu den burgenreichsten Gegenden Mitteleuropas.

Die Burg war, wie es der Verfasser der Welfenchronik ausdrückt, die »certa habitatio«, die feste Wohnung der sich nun häufig danach benennenden Familie. Und gerade die Alb ist hier – in sich mit regionalen Unterschieden – bedeutsam, da sie die beeindruckendste Burgenlandschaft Südwestdeutschlands aufweist. Entlang des Albtraufs mit seinen Spornlagen und Zeugenbergen, an der oberen Donau und in den tief in die Flächenalb eingeschnittenen Seitentälern der Donau wie Lauchert, Großer Lauter und Schmiech findet sich heute noch eine Vielzahl von Burgruinen, die noch durch eine ganze Anzahl »vergessener«, nicht mehr sichtbarer Burgstellen vermehrt werden. Symbolcharakter weit über die Landesgrenzen hinaus erhielten der ab 1850 wieder errichtete Hohenzollern als Wiege des preußisch-deutschen Kaiserhauses und der Hohenstaufen als namengebende Burg des mittelalterlichen Kaisergeschlechts. Doch auch das 1839 bis 1842 nach dem Roman »Lichtenstein« von Wilhelm Hauff und nach Plänen Carl Alexander Heideloffs errichtete Schloss über dem Echaztal erlangte zumindest im südwestdeutschen Raum eine außerordentliche Bekanntheit. Allein dies lässt es sinnvoll erscheinen, die wichtigsten Adelsherrschaften des 11. und 12. Jahrhunderts vorzustellen, waren sie doch der Grundstock für die weitere Entwicklung auf der Alb.

Auf der Westalb, im Raum zwischen Großem Heuberg und Lauchert, bildete sich im 11. und 12. Jahrhundert aus unterschiedlichen Wurzeln die Grafschaft Zollern. 1061 begegnen uns mit Burkhard und Wezel erstmals Adelige, die sich nach dieser Burg bei dem Dorf Zimmern (Gde. Bisingen, LKR Zollernalb) nennen. Da die zollerischen Besitzungen vielfach in Orten lagen, die alte Bindungen zu den Bodenseeklöstern St. Gallen und Reichenau aufwiesen, entstand die Vermutung, dass es sich bei dieser Familie um die Nachkommen einflussreicher Verwalter Reichenauer und St. Galler Güter auf der Alb handelt. Zweifellos aber waren es Angehörige eines hochadeligen Hauses – brachte es doch einer der frühen Zollern zum Abt der Reichenau –, die durch ihre Heiraten mit den mächtigen Adelshäusern in Schwaben verbunden waren. Grafenrechte erhielten die Zollern im ersten Jahrzehnt des 12. Jahrhunderts wohl als Anhänger der Salier, jedenfalls erscheinen sie in deren Gefolge erstmals mit der Bezeichnung »comes«. Für die weitere Geschichte der Zollern wurde die Verleihung des Nürnberger Burggrafenamts 1192 an Graf Friedrich III. wichtig, war dies doch der Grundstein für eine eigene Linie des Hauses, aus der schließlich das brandenburg-preußische Fürstenhaus hervorgehen sollte. Nach und nach vermochten sich die schwäbischen Zollern mit beachtlicher Zielstrebigkeit ein Territorium von der oberen Donau um Beuron bis ins Albvorland aufzubauen. Bedeutender Besitzschwerpunkt war die Herrschaft Schalksburg unweit des alten Herrensitzes Burgfelden. Zu dieser Herrschaft zählte auch die zollerische Stadtgründung von 1255 Balingen, an dem in späterer Zeit »Schweizerstraße« genannten Verkehrsweg entlang des Albtraufs. Die Zollern erwiesen sich als Förderer reformorientierter Klöster und besaßen bis 1254 die Vogtei über das Benediktinerkloster Alpirsbach, das auch Grablege des Hauses war. Alpirsbach wurde danach durch eine zollerische Eigengründung abgelöst. Unterhalb der Stammburg entstand die Stadt Hechingen, dabei in der Siedlung Stetten das von Friedrich V. um 1260 gestiftete Dominikanerinnenkloster Gnadental, das neue Hauskloster der Zollern.

74 Die Durchdringung der Alb im Mittelalter

Bereits im 12. Jahrhundert spaltete sich eine Linie des Hauses Zollern ab, die sich nach der auf dem Oberhohenberg zwischen Schörzingen (Zollernalbkreis) und Deilingen (LKR Tuttlingen) gelegenen Burg benannte, dem am höchsten gelegenen Dynastensitz der Alb. Die Grafen von Hohenberg vermochten bald auch im Albvorland und am mittleren Neckar eine bedeutende Herrschaft zu errichten. Die Hohenberger wurden durch die enge Bindung an die Habsburger in der Zeit des Königtums Rudolfs I. – er hatte eine Hohenbergerin zur Frau – eine der hervorragenden Familien in Schwaben.

Weit herausgehoben: Anna von Hohenberg

König Rudolf I. von Habsburg (1218–1291) heiratete in erster Ehe eine Adelige von der Schwäbischen Alb, Anna von Hohenberg. Ihr Bruder Graf Albrecht II. gilt nicht nur als Stadtgründer Rottenburgs am Neckar (um 1274), sondern war auch Minne-

Grabplatte der Anna von Hohenberg im Basler Münster, die sie und ihren letztgeborenen Sohn Karl mit dem Reichsadler über ihrem Kopf zeigt. Die in Wien verstorbene Anna war, der Überlieferung nach, auf ihren eigenen Wunsch in Basel bestattet worden, wohl als Geste der besonderen Auszeichnung der einst zum Reich gehörenden Stadt am Oberrhein. Ihre Gebeine wurden wie die ihres Sohnes zu einem späteren Zeitpunkt nach Wien rückgeführt.

> sänger, der in die Manessische Liederhandschrift Aufnahme fand – indes aus traurigem Anlass, wird doch hier sein Tod in der Schlacht bei Leinstetten 1298 dargestellt. Die 1281 verstorbene Anna gebar dem König, der 1286 auf dem Oberhohenberg zu Gast war, nicht weniger als zehn Kinder und kann so als Stammmutter des europäischen Adels gelten.

Im Süden des hohenbergischen Einflussbereichs erheben sich der Hohenkarpfen und der Lupfen in strategisch günstiger Lage zwischen der Donau bei Tuttlingen und dem oberen Neckar auf Bergkegeln des Albvorlandes. Während der Hohenkarpfen seit dem 11. Jahrhundert als Reichslehen nachgewiesen ist, erscheint die Burg Lupfen als Herrschaftsmittelpunkt einer gleichnamigen Grafenfamilie, die sich in nachstaufischer Zeit in eine Stühlinger und in eine Lupfener Linie teilt. In eben dieser Zeit – 1258 – treten die Lupfener als Gründer des Dominikanerinnenklosters Gnadenzell bei Offenhausen (LKR Reutlingen) in Erscheinung. Weit entfernt von ihrem Stammbesitz, scheint es sich um eine Exklave zu handeln, die als geistliche Stiftung vor dem Zugriff der hier immer einflussreicher werdenden Grafen von Württemberg gesichert werden sollte.

Dort, wo sich heute das Schloss des Hauses Hohenzollern befindet, in Sigmaringen an der Donau, wird erstmals 1077 eine Burg genannt. Diese frühe, schlaglichtartige Erwähnung verdankt sich der Belagerung der Burg durch Rudolf von Rheinfelden, dem schwäbischen Gegenspieler Kaiser Heinrichs IV. Erst etwa 100 Jahre später lassen sich die Grafen von Sigmaringen in das Verwandtengeflecht der Spitzenberg-Helfensteiner, die auf der Ostalb begütert waren, einordnen.

An der unteren Lauchert bildete sich etwa zeitgleich zur Etablierung der Zollern die Herrschaft der Grafen von Veringen heraus. Man vermutet, dass die erste, namengebende Burg der Veringer die in Veringendorf im Laucherttal war, die dann durch Namensübertragung flussaufwärts nach Veringenstadt ›wanderte‹. Es fällt auf, dass diese Familie, zunächst Parteigänger der Welfen, gleich nach ihrem Erscheinen in den Schriftquellen am Beginn des 12. Jahrhunderts zu den ersten in Schwaben gehörte. Die Veringer sind auch deshalb erwähnenswert, da das weithin bekannte Wappenbild der Grafen von Württemberg, die drei Hirschstangen, nichts anderes als eine Übernahme des Veringer Schildes darstellt. Wie bei der Mehrzahl der sich nun durch feste Herkunftsbezeichnungen zu erkennen gebenden Adelsfamilien fällt es auch hier schwer, die Genealogie des Hauses in ältere Zeiten zurückzuverfolgen. Immerhin ist eine verwandtschaftliche Verbindung zu den einflussreichen Grafen von Altshausen, den Stiftern des Benediktinerklosters Isny im Allgäu, wahrscheinlich. Mittelpunkt ihrer Herrschaft auf der Südwestalb wurde im 13. Jahrhundert Veringenstadt, eine Gründung, die die wirtschaftliche Potenz dieser Familie eindrücklich belegt. 1272 wird der an die Burg angelehnte Ort als »oppidum« bezeichnet. In dieser Zeit vermochte Wolfrad von Veringen durch das reiche Erbe der Grafen von Gammertingen seinen Herrschaftsbereich in deren Kernraum im mittleren Laucherttal auszuweiten. Dieser Wolfrad gilt nicht nur als Stadtgründer Veringenstadts, sondern auch Hettingens und Gammertingens (LKR Sigmaringen).

Die Gammertinger Grafen sind in den Quellen kaum zu fassen. Die namengebende Burg lag verkehrsgünstig in einem zu allen Zeiten genutzten Übergang der mittleren Alb. Deutlich wird jedoch, dass es sich um Verwandte der Grafen von Achalm handelte, deren Klostergründung Zwiefalten sie unterstützten. Für die Geschichte der Achalmer und ihrer Verwandten ist der Gründungsbericht und die Chronik der ersten Jahre dieser Hirsauer Tochtergründung am Südrand der Schwäbischen Alb von größter Bedeutung. So wusste Ortlieb, Zwiefalter Mönch und später Abt

Vorberge der Alb

Einen älteren, weiter nach Norden ausgreifenden Verlauf des Albtraufs ›bezeugen‹ eine Reihe von Bergkegeln, die als Vorberge der Alb durch eine geschützte tektonische Lage der immer noch fortschreitenden Abtragung widerstehen konnten. Aufgrund der günstigen Verteidigungslage und der Nähe zu wichtigen Verkehrswegen wurden vielfach Burgen darauf errichtet, so neben der Achalm etwa auf dem Zollern und auf den Kaiserbergen bei Göppingen.

»Hohenstauffen und Rechberg«, Lithographie von Johann Wölffle. – Hohenstaufen, Rechberg und Stuifen, zwischen Göppingen und Schwäbisch Gmünd gelegen, bilden miteinander die sogenannten Kaiserberge. Ihr Name rührt von dem Hohenstaufen mit der gleichnamigen Burg, von dem aus das hier gelegene staufische Herrschaftsgebiet gut überblickt werden konnte.

Neresheims, von den Gebrüdern Egino und Rudolf zu berichten, die zu Zeiten Kaiser Konrads II. (gest. 1039) eine Burg auf dem der Alb vorgelagerten Zeugenberg Achalm errichtet hatten, auf einem Platz übrigens, der erst mit der Hergabe eines wertvollen Besitzes namens Schlatt erkauft werden musste.

Egino führte das gemeinsam begonnene Werk nach dem Tod seines Bruders fort. Über das weit gespannte hochadelige Verwandtennetz der Achalmer sind in den letzten Jahren eingehende Untersuchungen angestellt worden. Es konnte mit guten Gründen angeführt werden, dass die Achalmer mit Herzog Konrad von Schwaben (gest. 997) sozusagen die erste Garnitur des schwäbischen Adels in der Vorfahrenschaft hatten. Nach ihm soll auch der erstgeborene Sohn Eginos, Konrad (Kuno), benannt sein, während sein Bruder Liutold nach dem Großvater mütterlicherseits, Liutho von Mömpelgard, benannt wurde. Diese beiden gründeten nun 1089 das Benediktinerkloster an der Zwiefalter Ach und statteten es mit Gütern und Einkünften aus, die den regionalen Besitzschwerpunkt der Achalmer widerspiegeln. Es handelt sich um Orte in den Tälern der Echaz und mehr noch der Erms, in Teilen also des im 10. Jahrhundert belegten Komitats Pfullichgau sowie des erst spät belegten Gaus Swiggerstal. In Dettingen an der Erms, so die Klosterchronik, hatten sich Sitz und Grablege der Voreltern der Achalmer befunden. Hinzu kam ein weit gespanntes Gebiet auf der gesamten mittleren Alb. Nach dem erbenlosen Tod Liutolds (den die Klosterchronistik eben darob rühmte, dass er weder Frau noch Konkubine hatte) 1098 und dem durch die Ehe mit Bertha, einer Hörigen des Grafen von Dillingen, bedingten Ausscheiden der Linie Graf Kunos (gest. 1092) fiel der bedeutende Achalmer Besitz zunächst an die Welfen, die bereits 1093 die Schutzvogtei über Zwiefalten erhalten hatten. Vor dem Aussterben der Achalmer hatte sich noch ein Seitenzweig, die nach dem neu entstandenen Marktort Urach im Ermstal benannten Grafen, etabliert. Berühmtester Vertreter war Kardinal Konrad von Urach (gest. 1227), Generalabt des Zisterzienserordens und päpstlicher Legat, Sachwalter des Papstes im Albigenserkreuzzug im Süden Frankreichs. Bedingt durch die Auseinandersetzungen der ausgehenden Stauferzeit mussten sich die Uracher zwar von ihrem Stammsitz zurückziehen, durch die Ehe Graf Eginos V. mit der Zähringertochter Adelheid aber war der Familie eine neue Perspektive geboten. In zähem Ringen mit den Staufern gelang es Egino nach dem erbenlosen Tod Bertholds V. von Zähringen 1218 im Breisgau und in der Baar einen Teil des Zähringererbes für sich zu sichern. Die Familie teilte sich in der Folge in die Grafen von Freiburg und in die nach der Burg Fürstenberg in der Baar genannten Linie. Eben die Fürstenberger sollten später als Herren am oberen Neckar und am Donau-Ursprung sowie als Erben sowohl der Gafen von Werdenberg als auch der Grafen von Helfenstein wieder von Bedeutung für das territoriale Gepräge auf der Alb werden.

Die Grafschaften jener Zeit waren weit davon entfernt, geschlossene Herrschaften zu sein. Nicht nur scheinen die Achalmer mit den Zollern und den Herren von Metzingen – ebenfalls auf der mittleren Alb begütert, der kirchlichen Reformbewegung zugeneigte Hochadelige – Berührungspunkte gehabt zu haben. Auch die Pfalzgrafen von Tübingen waren in denselben Räumen mit altem Besitz vertreten. Einen gewissen Schwerpunkt scheinen die Tübinger um Laichingen und Blaubeuren gehabt zu haben, außerdem um Marchtal, dem einstigen alaholfingischen Platz an der Donau. Sowohl in Marchtal als auch in Blaubeuren traten die Tübinger als Stifts- und Klostergründer hervor. Außerdem statteten sie die von ihnen ebenfalls ins Leben gerufene Zisterze Bebenhausen im Schönbuch mit Gütern auf der Alb aus, die durch Schenkungen ihrer Gefolgsleute vermehrt wurden. In der Übergangszone von der mittleren zur Ostalb waren neben den Tübingern die Grafen von Berg (benannt nach Berg bei Ehingen/Donau) an zahlreichen Orten begütert. Von ihnen heißt es, sie stammten von hoch vornehmer Familie ab, die nach dem frühen Leitnamen Poppo vielleicht bei den Grafen von Lauffen zu suchen ist. Mit den Bergern verbunden waren sicherlich die Herren von Steußlingen, die mit Erzbischof Anno II. von Köln eine politische Schlüsselfigur der Salierzeit stellten.

Am Nordrand der mittleren Alb beeindrucken heute am Ende der Grabenstetter Berghalbinsel die Überreste der Festung Hohenneuffen, eine der am besten erhaltenen Fortifikationsanlagen der frühen Neuzeit. Die Ursprünge der Adelsburg Neuffen konnten die Forschungen Hans-Martin Maurers weitgehend klären. Demnach ist der Erbauer der Burg wohl in jenem Manegold von Sulmetingen zu suchen, den der Chronist des Klosters Zwiefalten als »von edler Geburt und noch edlerem Charakter« schilderte und der 1122 nach einem Hoftag zu Würzburg beim Überfall einer gegnerischen – kaisertreuen – Adelspartei ums Leben kam. Unweit der Burg Graf Eginos von Urach, Manegolds Schwiegervater, hatte sich auf ererbtem Besitz die Chance zum Aufbau einer neuen, geschlossenen Herrschaft geboten. Denn die Sulmetinger waren nicht nur Erbauer des Hohenneuffen, sondern ebenso der Burg Sperberseck oberhalb des Städtchens Gutenberg. Wie ihre Nachbarn, die Zähringer, haben sich die von Sulmetingen-Neuffen auf der reformerischen, antikaiserlichen Seite im Investiturstreit exponiert. Dementsprechend ruhmvoll ist das Oberhaupt auch in die Annalen der Reformklöster eingegangen. Manegold selbst hat dies, wie schon gesehen, mit seinem Leben bezahlt. Seinen Erben, vor allem Bertold von Neuffen, ist es nun gelungen, als Parteigänger zunächst der Welfen und später der Staufer in einflussreiche Ämter zu gelangen und eine grafengleiche Stellung zu erreichen. Durch das Erbe der Grafen von Gammertingen gelangten die Neuffener zu Beginn des 13. Jahrhunderts auch in den Besitz der Achalm, wurden so allerdings auch in die Auseinandersetzung zwischen König Heinrich (VII.) und seinem Vater Kaiser Friedrich II. verwickelt. Nach diesem

Der Hohenneuffen, Ansicht um 1620 aus dem Stammbüchlein des Tübinger Schlosshauptmanns Nikolaus Ochsenbach.

Höhepunkt sank die Bedeutung der Familie rasch. Was aber die Zeiten überdauerte, das stiftete ein Dichter: Gottfried, der Sohn Heinrichs und Enkel Bertolds von Neuffen, der übrigens selbst in die Kämpfe 1235 eingriff und dabei in Gefangenschaft geraten war, gilt heute als einer der originellsten und einflussreichsten Lyriker der spätstaufischen Epoche. Es war auch dieser Gottfried, der 1212 zusammen mit dem Reichsmarschall Anselm von Justingen (LKR Alb-Donau) nach Italien gezogen war, um dem Staufer Friedrich die Nachricht von seiner Wahl zum deutschen König zu überbringen.

Im östlichen Anschluss an das Neuffener Gebiet bildete sich um Kirchheim/Teck und Weilheim ein frühes Machtzentrum jener Bertholde, die sich später nach der Breisgau-Burg Zähringen nannten. Der ehrgeizige Berthold I., seit 1061 Herzog von Kärnten, verstorben 1078, wird als Erbauer der Limburg auf dem der Alb vorgelagerten Vulkankegel angesehen. Ausgrabungen von 1913/14 haben Grundmauern freigelegt, die zeigen, dass es sich dabei um eine große, das gesamte Plateau einnehmende Befestigung gehandelt hat. Wann genau sie entstanden ist, muss offen bleiben, doch ist mit Blick auf andere Burgen der Zeit eine Entstehung in der Mitte des 11. Jahrhunderts denkbar. Berthold war in erster Ehe mit Richwara, der Tochter Herzog Hermanns IV. von Schwaben, verheiratet und verdankte unter anderem diesem Erbe reichen Besitz auf der Alb und im Albvorland. Neben der Burg gehörte zu dem Herrschaftsmittelpunkt Bertholds auch die Stiftung einer »Praepositura«, womöglich ein Kloster, vielleicht auch nur eine Klosterzelle oder aber eine Stiftskirche bei der schon 769 genannten Siedlung Weilheim unterhalb der Burg. (Markt-)Siedlung, Kloster und Burg gehören in diesem wie in anderen Fällen adeliger Herrschaft zusammen.

Die Gründung der Weilheimer Propstei führt auch mitten in die erregendsten politischen Auseinandersetzungen der Zeit, denn nach späteren Quellen übergab Berthold dieselbe an Abt Wilhelm von Hirsau. Hirsau nun war nach dem Abbild des Klosters Cluny in Burgund Vorkämpfer für die »Libertas ecclesiae«, der Freiheit der Kirche von der weltlichen Macht in Schwaben. Der Streit entzündete sich an dem Recht, Geistliche in ihr Amt einzusetzen, zu »investieren«. Diese Auseinandersetzung wurde einerseits zwischen Kaiser und Papst, andererseits aber gerade in Schwaben zwischen papsttreuen Adeligen und Anhängern des Salierkaisers Heinrich IV. ausgetragen. Als Förderer Hirsaus und seiner Bewegung erwies sich Berthold als unzweideutiger Anhänger der päpstlichen Sache. Der Streit wurde keineswegs nur mit geistlichen Waffen ausgetragen.

Streit hieß nicht nur Schlachtenlärm ...

... sondern mehr noch die wirtschaftliche Schädigung des Gegners. Im Albvorland setzte sich Liutold von Achalm in den Besitz salischer Güter. Der Kaiser indes fiel 1078 mit einem Heer in Schwaben ein und verwüstete Dörfer, Felder, Weinberge. An Grausamkeiten wurde auf keiner Seite gespart, doch wie der Chronist Frutolf von Michelsberg einige Jahre nach diesen Ereignissen berichtet, muss man es gerade um Weilheim besonders arg getrieben haben: »Als Berthold von Zähringen, einst Herzog von Kärnten, der sich in seiner durch die natürliche Lage geschützten Burg Limburg aufhielt, sah, wie auf Geheiß des Königs alles ungestraft zerstört wurde, wurde er vor Schmerz darob in einer Weise krank, wie es Ärzte als Irrsinn zu bezeichnen pflegen. Nach sieben Tagen kam er so, eine Menge sinnloser Worte wie irr hervorstoßend, zu Tode.«

Es blieb nicht der einzige Kriegszug in Schwaben. Der vierte Abt des Klosters Zwiefalten, Berthold, berichtet über die Anfangsjahre des 1098 gegründeten Hauses, dass wegen der Zerstörungen die Menschen selbst – bis zu zehn Mann – die Pflüge ziehen mussten, da alles Zugvieh geschlachtet war. Herzog Berthold wurde, seiner Überzeugung gemäß, im Kloster Hirsau begraben; im Tod vorangegangen war ihm sein Sohn Hermann (I.), der als Mönch in Cluny verstarb. Ein anderer Sohn, Gebhard, war Mönch in Hirsau geworden, später wurde er Bischof von Konstanz. Schließlich war es Gebhards Bruder Berthold II. (gest. 1111), der durch die Benennung nach der Burg Zähringen im Breisgau eine Umorientierung der Politik dieses Hauses anzeigte. Und die betraf auch die geistliche Stiftung in Weilheim, denn 1093 gründete man als neues Hauskloster die Benediktinerabtei St. Peter im Schwarzwald. Im Breisgau entstand in der Folge ein durch Burgenbau, Stadtgründung und wirtschaftliche Nutzung von Bergbaurechten ein neuer, gewaltiger Herrschaftskomplex, der die Zähringer zu einer der einflussreichsten Familien im Reich machte.

Die Burg Teck nach ihrer Zerstörung im Bauernkrieg,
Ansicht um 1620 aus dem Stammbüchlein des Tübinger
Schlosshauptmanns Nikolaus Ochsenbach

Während die bedeutende frühe Zähringerfeste Limburg offenbar bereits im 12. Jahrhundert in Abgang geriet, wurde auf einem anderen, nahe gelegenen Albgipfel bereits vor 1100 eine zweite und ebenso prächtige Burg errichtet. Die Teck wird heute durch den 1888/89 erbauten und in den 1950er Jahren umgestalteten Aussichtsturm des Schwäbischen Albvereins geprägt. Sie war der Sitz einer zähringischen Nebenlinie und so vor dem frühen Abgang bewahrt. Mit Adalbert I., einem Bruder Herzog Bertholds IV., wird erstmals jene neue Familie greifbar, die sich seit 1187 als »Herzöge« von Teck bezeichnete – ein Titel ohne Herzogtum, der aber durch sein Ansehen in der weiteren Geschichte noch Bedeutung erlangen sollte. Die Teck verdankt ihre Ersterwähnung 1152 einem Vertrag Bertholds IV. mit dem Stauferkaiser Friedrich Barbarossa, in dem die Burg als Pfand für die geschuldete Kriegsleistung des Zähringers bei Unternehmungen des Kaisers in Burgund und in Italien erscheint. Von der Anlage des 12. Jahrhunderts sind heute nurmehr Spuren erkennbar. Zur Burg Teck gehörten die Städte Kirchheim und Owen. In Owen befand sich die Grablege der Herzöge. Die nur in Form späterer

Abschriften erhaltene Überlieferung der dortigen Peterskirche erinnert an den 1292 verstorbenen Herzog Konrad von Teck und bezeichnet ihn als »gewählten König«, nach dem Tod Rudolfs von Habsburg also als Konkurrenten Adolfs von Nassau. Zuletzt wurde diese Königswahl Konrads wieder in Zweifel gezogen, aber immerhin zeigt der Eintrag, dass die Familie um 1300 nach wie vor zu den Großen in Schwaben zählte.

Im anschließenden Bereich von Ostalb und Ries begegnen uns im 11. Jahrhundert die Grafen von Dillingen und Angehörige der Hupaldingerfamilie mit Besitz entlang der Brenz und östlich davon. Westlich der Brenz ist ein weit verzweigter und im Ursprung kaum zu fassender Familienkomplex der sich nach ihren Burgen benennenden Herren von Stubersheim, Ravenstein und Albeck vertreten. Sie alle sollen von der dort begüterten Adalbertsippe

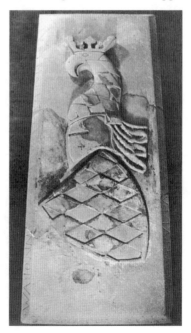

Grabplatte des Herzogs Konrad II. von Teck (gest. 1292) in der Marienkirche in Owen. – Über dem Wappen der Herzöge von Teck mit den Rauten ist ein Adlerkopf mit Krone zu sehen, möglicherweise als Hinweis darauf, dass Konrad kurz vor seinem Tod zum deutschen König gewählt wurde.

abstammen, doch ist die Forschung mit Recht vorsichtig bei der Konstruktion allzu kühner genealogischer Entwürfe im 10. und frühen 11. Jahrhundert geworden. Dort, wo noch im ausgehenden 11. und beginnenden 12. Jahrhundert die der Adalbertsippe zuzurechnenden schwäbischen Pfalzgrafen unangefochten herrschten und als Stifter des bald nach Gründung nach Anhausen (LKR Heidenheim) verlegten Benediktinerklosters Langenau hervortraten, konnten sich in der Mitte des 12. Jahrhunderts die Staufer durch das Erbe der Adela von Vohburg einnisten, jener ersten Gattin Friedrich Barbarossas, von der sich der König kurz nach seinem Regierungsantritt in einem Aufsehen erregenden Verfahren scheiden ließ. Giengen an der Brenz entwickelte sich nun zu einem wichtigen Aufenthaltsort des Kaisers und erlangte Stadtrechte. Es wird auch vermutet, dass der »procurator« Friedrich Barbarossas, Degenhart von Hellenstein, um 1180 mit der planmäßigen Errichtung einer weiteren, nach 1200 ummauerten Stadtanlage bei dem alten alemannischen Dorf Heidenheim begann.

Die Staufer, nach allem wohl mit den in das 11. Jahrhundert gehörigen Grafen im Riesgau zusammenhängend, hatten ihren weiter zurückreichenden Besitzschwerpunkt im östlichen Albvorland an Rems, Fils und im Schurwald. Dort entstand wohl nach 1070 der neue, namengebende Sitz auf dem Staufen, der nach Ausweis der Gründungserzählung des Prämonstratenserstifts Adelberg »die umliegenden Täler überragt, wie es Fürsten und Könige aus diesem Geschlecht vor anderen Herrschern tun«. Auf den benachbarten Bergkegeln, die heute in ihrer Gesamtheit als Kaiserberge bezeichnet werden, befanden sich Burgen staufischer Gefolgsleute. Dazu zählt der Hohenrechberg auf einem der Alb vorgelagerten Sporn, der von dem 1179 erstmals erwähnten Geschlecht beherrscht wurde. Ulrich von Rechberg amtete 1181 als Kastellan auf dem Hohenstaufen und wurde 1194 als Marschall des Herzogtums Schwaben bezeichnet. Daneben entstand die Burg Staufeneck als Sitz von Burgmannen des Hohenstaufen. Diese staufischen Ministerialen, durch Dienst aufgestiegene Niederadelige, waren mit ihren Nachbarn auf Hohenrechberg verwandt.

> ## Unklare Herkunft
>
> Das Kaisergeschlecht der Staufer trägt seinen Namen zwar nach dem der nordöstlichen Alb vorgelagerten Bergkegel, die Herkunft jedoch ist damit keineswegs geklärt. Vielmehr zählen die »frühen Staufer« zu den heiß diskutierten Themen der Landesgeschichte. Trotz jüngst vorgebrachter Zweifel scheint doch viel dafür zu sprechen, dass sich im Ries Vorfahren des ersten staufischen Herzogs als Grafen eine besondere Machtbasis errichten konnten. Weiteren Besitz in Schwaben gelangte dann über die Ehe Friedrichs I. mit der Tochter Kaiser Heinrichs IV. und dann über das Erbe der Vohburger an die Familie. Über weiteren bedeutenden Besitz verfügten die Staufer außerdem im Elsass.

Die Staufer sorgten mit ihren Gefolgsleuten nicht nur für diese eindrückliche Mehrung der Burgen entlang des Albtraufs, sondern beeinflussten das gesamte politische Gefüge der Ostalb. Nach der Erhebung Friedrichs I. (gest. 1105) zum Herzog von Schwaben 1079 durch Kaiser Heinrich IV. in Konkurrenz zur Adelsopposition des Landes wurde der alte Herzogsvorort Ulm an der Donau immer mehr zum Ausgangspunkt staufischer Politik in Schwaben. Dementsprechend geriet dieser Platz mehrfach in kriegerische Auseinandersetzungen und musste immer wieder den Welfen als mächtigsten regionalen Konkurrenten überlassen werden. Dennoch konnten sich die Staufer in der Region halten. Der Alb kam dabei als Passageraum zwischen staufischem Hausbesitz und dem bedeutenden Pfalzort an der Donau Bedeutung zu, die es zuweilen zum Schauplatz der Fehde mit den Welfen werden ließ. Dazu passt eine Episode zur Zeit Herzog Friedrichs II. (des Einäugigen) (gest. 1147), von der uns die Zwiefalter Chronik berichtet und die dem Dorf Ennabeuren (LKR Alb Donau) Kopf und Kragen kostete. Auf einem Zug zur Welfenfeste Ravensburg im Jahr 1129 nächtigte der Herzog auf der Alb. Hier aber verleitete, so jedenfalls sah es der Klosterchronist Berthold, Torheit die Bauern dazu, den Staufer mit Schimpf und Schande zu verjagen. Friedrich, der zuvor schon nur mit Mühe und Not einem Überfall des Welfen Heinrich in Zwiefalten entkommen war, kam wieder und zerstörte das Dorf »mit Feuer und Schwert«.

Doch nicht nur politische, auch wirtschaftliche Gründe machten es in der Folge notwendig, Verkehrswege über die Alb auszubauen. An einer bereits in römischer Zeit benutzten Straße lag die 1241 erstmals als Stadt (»civitas«) bezeichnete Siedlung Bopfingen, die zusammen mit der im Besitz staufischer Ministerialen befindlichen mächtigen Burg Flochberg – ebenfalls Schauplatz welfisch-staufischer Fehde im 12. Jahrhundert – einen strategischen Herrschaftsmittelpunkt zwischen Ries und Härtsfeld bildete. Weiter ist die Anlage der Stadt Geislingen im Rohrachtal durch die Grafen von Helfenstein im Zusammenhang mit der vermuteten Neuanlage der Steige an dieser Stelle zu sehen. 1237 bestätigte ein Aufenthalt Kaiser Friedrichs II. in der Stadt das Interesse der Staufer an der Sicherung des Albübergangs. Zehn Jahre später indes konnte sich das Herrscherhaus der Vasallentreue der Helfensteiner keineswegs mehr sicher sein.

Für die Ostalb sollte der Aufstieg der Grafen von Helfenstein im 12. und 13. Jahrhundert eine besondere Bedeutung erlangen. Die sich wechselweise nach ihren Hauptburgen Spitzenberg und Helfenstein im oberen Filstal sowie Sigmaringen an der Donau benennende Familie vermochte auf altem Zähringer und Diepoldinger Familienbesitz eine umfangreiche Herrschaft aufzubauen. Von den frühen Kernbesitzungen um Geislingen und Wiesensteig war nach Aussterben der Grafen von Dillingen 1257/58 deren

Epitaph Graf Georgs (II.) von Helfenstein in der Schlosskirche in Neufra an der Donau. – Da es den Helfensteinern gelang, zeitweise einen großen Machtbereich aufzubauen, finden sich ihre Spuren an verschiedenen Orten auf der Alb. So etwa auch in Wiesensteig, wo das helfensteinische Wappen mit dem Elefanten sowohl am Rathaus als auch an einer Brunnensäule am Marktplatz angebracht ist.

Erbe, darunter Stifts- und Klostervogteien über Herbrechtingen und Anhausen, hinzugekommen. Durch eine zielbewusste Erwerbspolitik gelang es dem 1291 verstorbenen Grafen Ulrich II., nach dem Untergang der Staufer den gesamten Raum um Heidenheim in seiner Hand zu vereinigen. In wechselhaften und durchaus auch von Niederlagen begleiteten Auseinandersetzungen mit König Rudolf von Habsburg fiel dem Geschlecht überdies Blaubeuren zu, so dass um 1300 der helfensteinische Machtbereich im Osten an Neresheim grenzte und sich im Westen bis auf die mittlere Alb erstreckte.

An die östlichen Ausläufer der Alb grenzt das Nördlinger Ries. Die politische Entwicklung des fruchtbaren Landstrichs bleibt weitgehend im Dunkeln, bis in der ersten Hälfte des 11. Jahrhunderts mehrere Grafen im Ries namens Friedrich auftauchten, von denen einer das Pfalzgrafenamt im Herzogtum Schwaben innehatte. Trotz jüngst angemeldeter Zweifel scheint es nach wie vor plausibel, diese mit den Vorfahren der Staufer zu identifizieren. Am Westrand des Rieses jedenfalls lagen mit der Burg Flochberg und der Siedlung Bopfingen (Ostalbkreis) im 12. Jahrhundert wichtige Stützen staufischer Macht. Am südlichen Ausgang, im Tal der Wörnitz, entstand die Harburg (LKR Donau-Ries) als weiterer fester Platz, die heute als die »am besten erhaltene staufische Reichsveste« (A. Layer) gilt. Dieses Gebiet, das die Staufer als »terra nostra«, als ›unser Land‹ bezeichneten, gehörte 1188 zu jenen Gütern, die Friedrich Barbarossas Sohn Konrad bei dessen Verehelichung mit Berengaria von Kastilien zugesprochen wurden. Als weitere bedeutende Kraft im Ries etablierten sich damals bereits die Grafen von Oettingen, die sich als staufische Parteigänger aus edelfreiem Stand emporarbeiten konnten. Nach dem Untergang der Staufer gelang ihnen zwischen Württemberg, Habsburg und Wittelsbach der Aufbau eines bedeutenden, einigermaßen geschlossenen Territoriums. Durch die dem Hochstift Augsburg 1260/63 in zähem Ringen abgetrotzte Vogtei über

Kloster Neresheim griff das fränkische Geschlecht über das Riesbecken auf die Ostalb aus.

Kirchen und Klöster folgen nach

Mit der Herausbildung von Geschlechtern, die sich nach ihren kühn auf der Höhe errichteten Burgen benannten, entstanden als geistige Pendants als Stätten des Gebets und der Pflege des Totengedächtnisses neue Klöster, die uns vielfach überhaupt erst die Quellen der geschilderten Entwicklung zur Verfügung stellen. Die Gründungen des 11. und frühen 12. Jahrhunderts stehen unter den Zeichen von Investiturstreit und Reform. Dies bedeutet, dass mit jeder neuen Gründung auch der Anspruch des Stifters verbunden war, ein Zeichen der Erneuerung geistlichen Lebens zu setzen. Im Geist abendländischen, und das hieß zunächst benediktinischen Mönchtums war hierfür Hirsau von ganz entscheidender Bedeutung. Zwei bis ans Ende des Alten Reiches für die Alb äußerst bedeutende Klöster entstanden unter Hirsauer Einfluss, zunächst Zwiefalten 1089, dann Neresheim, wo 1106 Benediktiner an die Stelle von Augustiner-Chorherren traten. Anzufügen ist noch Kloster Anhausen (Gde. Herbrechtingen, Ostalbkreis), das 1125 an Stelle einer schon zwanzig Jahre bestehenden Gründung in Langenau bei Ulm durch den schwäbischen Pfalzgrafen Adalbert und seine Brüder in das Brenztal verlegt worden war. Auch hier ist Hirsauer Einfluss über die ersten Äbte des Klosters belegt.

Doch nicht nur innerhalb des Benediktinerordens gab es diese Erneuerung. 1098 entstand in Burgund das Kloster Citeaux mit Robert von Molesme als Haupt einer Schar, die sich abseits der ›Welt‹ auf Gottessuche machte, um im ursprünglichen Geist des Mönchtums eine neue, reine Form der Nachfolge Christi zu leben. Diese später erst in Statuten festgelegte zisterziensische Form des Ordenslebens erfuhr im 12. und 13. Jahrhundert eine Blüte, die auch den deutschen Südwesten erfasste. Die Alb war dabei zu Beginn nur mittelbar berührt: Adelige Grundherren statteten schwäbische Zisterzen wie Bebenhausen im Schönbuch oder Salem unweit des Bodensees mit Gütern auf der Alb aus. Es entstanden die typischen, eigenbewirtschafteten Gutshöfe der Zisterzienser, die »Grangien« in Aglishardt bei Böhringen und Tiefenhülen über dem Schmiechtal. Auf der Ostalb spielte die Gründung der Grafen von Lechsgmünd, Kaisheim bei Donauwörth, eine vergleichbare Rolle. Bis zur Mitte des 13. Jahrhunderts traten religiöse Frauengemeinschaften hinzu, die sich unter die Obhut des Ordens des hl. Bernhard begaben, und unter diesen kleineren Konventen reihten sich einige wie eine Perlenschnur südlich um die Alb: 1222 Rottenmünster unweit der Reichsstadt Rottweil, 1227 Heiligkreuztal an der oberen Donau, erst später kam Lauingen unweit der Brenzmündung hinzu. Bedeutend durch die engen Beziehungen zu den Grafen von Oettingen war die Frauenzisterze Kirchheim im Ries. Angesichts der spärlichen Quellen rätselhaft bleibt die Gründung Kardinal Konrads von Urach »ad lapidem« (zum Stein) im Schatten der Stammburg seines Hauses. Dieses um 1226 und wieder 1254 genannte Haus war wohl kaum über die Gründungsansätze hinausgeraten, auch scheint es nicht gewiss, ob tatsächlich ein eigenständiges Kloster geplant war. Schließlich entstand aber 1303 mit der habsburgischen Gründung Königsbronn an der Quelle der Brenz auch auf der Alb eine Zisterze. Das Kloster hatte trotz allen Schwierigkeiten einer späten Gründung – zu allem Unglück wurde der Stifter, König Albrecht I., wenige Jahre später ermordet – große Bedeutung für die Besiedelung und wirtschaftliche Nutzung der Albhochfläche.

Es gab zu dieser Zeit weitere Anstöße zur geistlichen Erneuerung. Neben den Kartäusern, die damals in der Region keine Rolle spielten, sind reformierte Klerikergemeinschaften wie die Bewegung Norberts von Xanten zu nennen. In seiner Gründung

Prémontré wurde eine neue Form kanonikalen Lebens entwickelt, die vielfach an Klosterkommunitäten erinnert, indes nach wie vor der Seelsorge verpflichtet blieb. Die nach ihrem nordfranzösischen Ursprungshaus als Prämonstratenser bezeichneten Gemeinschaften fanden praktisch zeitgleich mit den Zisterziensern Eingang in Südwestdeutschland. In Bebenhausen etwa lösten 1190 Zisterzienser wenige Jahre nach Gründung die Kanoniker eines Prämonstratenserstiftes ab. Die Gründer, die Pfalzgrafen von Tübingen, verfügten am Südrand der Alb bereits über eine bedeutende, bis 1171 an Stelle eines Kollegiatstifts entstandene Prämonstratensergemeinschaft in Marchtal an der Donau. Weiter entstand im Kernland der Staufer 1178 in enger Anlehnung an das Königshaus Adelberg. Vereinzelt waren auch die oberschwäbischen Häuser Rot an der Rot und Weißenau mit Grundbesitz auf der Alb vertreten. Schon früher wurden vom schwäbischen Adel Reformstifte, die der Augustinerregel folgten, gegründet. Bereits erwähnt wurde Neresheim, das 1095 von den Dillingern ins Leben gerufen, elf Jahre später aber in ein Benediktinerkloster umgewandelt wurde. Das aus der alten Fulradzelle hervorgegangene Herbrechtingen wurde 1171 der Augustinerregel unterworfen. Ebenso Bestand hatte das Augustinerchorherrenstift Beuron an der oberen Donau. Einer jüngeren Überlegung zufolge war die bei Weilheim/Teck entstandene »Praepositura«, die 1093 nach St. Peter im Schwarzwald verlegt wurde, nicht unbedingt ein benediktinisches Kloster, sondern vielleicht ebenfalls eine Heimstatt kanonikaler Klerikergemeinschaft.

Frühe Städte auf der Alb

Neben den Burgen als Herrschafts- und Verwaltungsmittelpunkten und den Klöstern als vielgestaltigen politischen und geistigen Zentren spielten die Städte eine wachsende Rolle als wirtschaftliche, bald auch als administrative, militärische und religiöse Mittelpunkte einer sich verfestigenden Herrschaft. Zuweilen lässt sich eine planmäßige Neuanlage einer städtischen Siedlung an Stelle eines Dorfes belegen, so in der zollerischen Gründung Mühlheim an der Donau (LKR Tuttlingen), wo in der älteren, 1303 »Altstadt« genannten Siedlung weiterhin die romanische Galluskirche bestand, oder im veringischen Gammertingen, dessen alte Pfarrkirche außerhalb des mittelalterlichen Mauergevierts lag und so heute noch ungefähr den Ort des alten alemannischen Dorfes bezeichnet. Auch Geislingen (LKR Göppingen) ist im Zuge der Neuanlage eines Albaufstiegs abseits einer älteren Siedlung gegründet worden.

Mittelpunktsorte, die bereits vor dem 13. Jahrhundert als Stadt angesprochen werden können, lagen an den Rändern der Alb. Dazu zählt Ulm, der alte Herzogs- und Königsvorort an der Donau, im weiteren Umfeld auch Rottweil mit seinem Königshof und – weiter entfernt – Esslingen mit seiner karolingischen Tradition. Auf der Alb selbst prägen kleinere und vergleichsweise spät entstandene Städte das Bild. Im Westen konnte allein die zollerische Gründung Ebingen, verkehrsgünstig an dem von Eyach und Schmeie gebildeten Albübergang gelegen, eine gewisse Größe erreichen. Die weiteren hohenbergischen, zollerischen und veringischen Plätze wuchsen nicht über den Rang einer Kleinstadt hinaus. Auf der mittleren Alb zeigen Trochtelfingen, Münsingen oder Hayingen ein gleiches Bild. Laichingen erhielt zwar 1364 eine Stadtrechtsurkunde, blieb aber dörfliche Siedlung. Kaum stärker konnten sich die in den engen Tälern von Echaz, Erms, Kleiner Lauter und oberer Fils gelegenen Orte entwickeln. Und doch zeigen gerade kleinere Stadtgründungen wie Weißenstein (LKR Göppingen), Veringenstadt oder Hayingen, dass es sich auch für mindermächtige Adelsherren ab dem ausgehenden 13. Jahrhundert sozusagen gehörte, über einen, wenn auch noch so kleinen städtischen Mittelpunkt zu verfügen.

Erst die Anbindung an die Donaulinie im Süden und die größeren Verkehrswege im nördlichen Albvorland schufen die Voraussetzungen für eine prosperierende Entwicklung. Im Albvorland finden wir mit Balingen, Reutlingen und Göppingen Städte, die die Alborte weit hinter sich lassen. Entlang der Donau entwickelten sich Siedlungen auf bereits in römischer Zeit genutztem Kulturland. Als gutes Beispiel kann Tuttlingen dienen, das, 797 erstmals erwähnt, um 1000 Mittelpunkt einer umfangreichen Grundherrschaft des Klosters Reichenau war. Die Ortsherrschaft war in Händen der Vögte dieses Klosterguts, die wohl im ausgehenden 13. Jahrhundert auch für die rechtlichen und materiellen Voraussetzungen einer städtischen Siedlung sorgten. Durch den Übergang an Württemberg um 1377 entwickelte sich der Ort zum Mittelpunkt einer Obervogtei und besaß eine Stützpunktfunktion an den Verkehrswegen entlang der Donau, zum Neckar und in die Schweiz. Mit der Honberg wurde in der zweiten Hälfte des 15. Jahrhunderts eine Festung zur Sicherung von Stadt und Straßen durch Graf Eberhard V. von Württemberg errichtet.

Als Annex, als ›Anhängsel‹ zur gleichnamigen Burg ist die Marktsiedlung und Stadt Sigmaringen entstanden, über die 1266 Graf Ulrich II., ein Helfensteiner, als Stadtherr verfügte. Am Ende des Jahrhunderts aber war der befestigte Platz an der Donau im Besitz der Habsburger. Für die neuen Herren war Sigmaringen zu dieser Zeit wohl weniger aus wirtschaftlichen Gründen bedeutsam. Wesentlich blieb die gute Verteidigungslage unweit wichtiger Verkehrslinien über die Alb. Damit war Sigmaringen auch Ausgangspunkt für die weitere habsburgische Expansion an der oberen Donau.

Ein deutlich anderes Bild indes zeigt die Ostalb mit dem bereits früh gewerblich genutzten Tal der Brenz. Hier entstand an dem staufischen Platz Giengen die einzige Reichsstadt der Alb und unweit davon mit Heidenheim ein bedeutender, durch die Burg Hellenstein auch strategisch wichtiger Platz der Grafen von

Helfenstein. Wie Giengen verdankt auch Bopfingen am Riesrand seinen Aufstieg den Staufern. Der Ort gehörte wie andere staufische Besitzungen im Ries zu der von König Konrad III. abstammenden Linie der Herzöge von Rothenburg. 1188 noch als »burgum« bezeichnet, kann die – durch Verpfändung mehrmals bedrohte – Reichsunmittelbarkeit spätestens Mitte des 13. Jahrhunderts als gesichert gelten. Schließlich ist als östlichster Punkt Harburg als städtische Siedlung zu nennen, die in staufischer Zeit im Schutz der mächtigen Burg vor 1241 entstand.

Im 13. und 14. Jahrhundert, in dem uns erstmals nennenswert Stadtgründungen begegnen, zeigen sich diese Siedlungen auch mehr und mehr als Zentren geistlichen Lebens. Auch dies kann in den Orten des Albvorlandes und entlang der Donau sehr viel reichhaltiger beobachtet werden als auf der Albhochfläche. Immerhin zeigen sich neben adeligen Klostergründungen abseits der Städte wie dem schon genannten Offenhausen oder Mariaberg bei Gammertingen auch in den Albstädten die typischen Erscheinungsformen spätmittelalterlicher Frömmigkeit. Im kleinen Margrethausen auf der Zollernalb fanden sich wie in den württembergischen Städten Geislingen, Ebingen und Gutenberg Männer und Frauen zusammen, die nach der Dritten Regel des Franziskanerordens lebten. In Owen, im Schatten der Teck, gründeten Frauen zu unbekannter Zeit eine Beginenniederlassung. Diese sich vielerorts der Krankenpflege widmenden Frauen nahmen auf Druck der Ortsherrschaft die Augustinerregel an und wurden am Ende des 15. Jahrhunderts durch die Verlegung des Hauses ihrer Tübinger Odensschwestern hierher verstärkt.

Niederlassungen der Kartäuser, des Reformordens des ausgehenden Mittelalters schlechthin, gab es an zwei Stellen der Alb, jeweils gefördert durch einflussreiche Dynasten. Obwohl es sich bei den Kartäusern um einen Eremitenorden handelte, waren die Verbindungen zur Stadt doch unübersehbar. Als Gründung der Grafen von Oettingen entstand 1383/84 Christgarten im

»Karthäusertal«, einem nordöstlichen Ausläufer der Alb. Dabei war von vorneherein die Unterstützung durch Büger der nahen Reichsstadt Nördlingen unerlässlich, ja das bald prosperierende »domus Orti Christi« ist ohne das Vorbild der kurz zuvor entstandenen Nürnberger Kartause, einer rein städtischen Gründung, kaum denkbar. Güterstein, die zweite Niederlassung der Kartäuser, wurde 1439 von den Grafen von Württemberg ins Leben gerufen. Dieses Haus blieb die einzige Kartause in der gesamten Grafschaft und sollte nicht nur für das Totengedenken des Grafenhauses, sondern auch bei den Klosterreformen Württembergs eine Schlüsselstellung einnehmen. Durch die Nähe zu Urach, der Residenz der Grafen in den Jahren 1442 bis 1482, besaß diese Ordensniederlassung auch vielfache Bezüge zum städtischen Leben.

Schließlich ist in der Reichsstadt Giengen ein Deutsch-Ordenshaus zu erwähnen, das bereits im ausgehenden 13. Jahrhundert belegt ist. In Giengen befand sich auch eines der ganz wenigen Benediktinerinnenklöster der Alb, das wie die Terziarinnenkonvente auf eine religiöse Frauengemeinschaft zurückging und sich 1412/13 auf Einwirken des Augsburger Bischofs hin einer Ordensregel unterwerfen musste.

Um 1300 war damit die Stadt ein Bestandteil der Siedlungslandschaft der Alb geworden. Bestimmend war mit den genannten Ausnahmen die Form der Klein- und Minderstadt, die als Mittelpunkt eigenständiger Herrschaftsbildungen auch in wirtschaftlich ungünstiger Lage entstehen konnte. Beispielhaft mögen dafür zwei Orte im Südwesten des Mittelgebirges stehen, Nusplingen an der Bära (Zollernalbkreis), das im Mittelalter über eine eigene Stadtmauer verfügte, und Stetten am kalten Markt (LKR Sigmaringen), wo Graf Albrecht von Hohenberg 1283 urkundete und den Ort als »oppido nostro«, also als ›unsere (befestigte) Stadt‹ bezeichnete.

Dorf und Siedlung

Grundherren, Unfreie und Weistümer

Die kleinen Städte der Alb weisen durch ihre ackerbürgerliche Struktur eine ganze Reihe von Gemeinsamkeiten mit den Dörfern auf, aus denen sie zumeist auch erwachsen sind. Die frühesten Schriftquellen, die uns über die Dörfer unterrichten, sind die Urkundenbestände der großen karolingerzeitlichen Klöster, die mit Fulda, Lorsch, der Reichenau und St. Gallen in weitem Halbkreis um die Alb liegen. Dörfer erscheinen als »villae« in den Quellen, doch oftmals ist nicht vom Dorf selbst, sondern von den grundherrschaftlichen Verbänden, den »marcae« die Rede. In ihnen liegen Bauernstellen, sogenannte Hufen oder Mansen, und hier leben die in der Regel unfreien Leute, die »mancipia«. Die Menschen in den Dörfern haben in den Chroniken und Urkunden keine eigene Stimme. Diese handeln mehr oder minder beiläufig von ihnen, häufig genug als bloße Rechtsobjekte. Die Schenkungsurkunden der Klöster legen den Gedanken nahe, dass auf der Alb wie im gesamten fränkischen Reich damals die ältere Form der Grundherrschaft vorherrschte, die sogenannte Villikation. Das bedeutet, dass neben einem großen herrschaftlichen Fronhof als Mittelpunkt der »marca« einzelne Hufen zur Bewirtschaftung gegen Zinsleistung ausgegeben wurden. Überdies waren diese Bauern auf dem Herrenland zu Fronleistungen verpflichtet. Diese stark auf den herrschaftlichen Hof ausgerichtete Wirtschaftsstruktur löste sich im 11. und 12. Jahrhundert zu Gunsten selbstständiger Bauernstellen auf. Vom einstigen Herrenhof blieb indes ein nach Güterqualität und Umfang bedeutenderes Gut zurück. Der Inhaber konnte zuweilen als Maier oder Schultheiß die Niedergerichtsbarkeit über den Hörigenverband ausüben. Die überwiegende Zahl der Dorfbewohner, so darf für die Zeit der »Verdorfung« im hohen Mittelalter gesagt werden, waren Leibeigene. Heirat, Wegzug, Vererbung einer Hofstelle waren an die Zustimmung der Leib- und der Grundherren gebunden. In einer der sehr seltenen Schriftquellen schildert der Zwiefaltener Mönch Ortlieb aus Sicht des Grundherren den Verband der klösterlichen »familia« zu Beginn des 12. Jahrhunderts: Da waren zunächst die nur zinspflichtigen Bauern, die der Gerichtsgewalt des Klostervogts unterworfen waren. Dann die sehr viel enger an das Kloster angebundenen Leibeigenen, die einer strengeren Aufsicht durch den Vogt unterlagen. Das Verhältnis zwischen den Hörigen und dem Kloster verlief keineswegs ohne Konflikte. Offenbar waren es vorwiegend Abgaben- und Frondienstverweigerungen, die Ortlieb als unnachsichtig zu bestrafendes Vergehen ansah, »damit die anderen Furcht bekämen und keiner der ihren sich so etwas zu tun getraue«. Schließlich schildert der Klosterbruder eine Gruppe, die mit der Herausbildung des Rittertums in salischer Zeit zu tun hat. Es sind solche Leute, deren Dienst die Begleitung des Abtes oder anderer Mönche mit dem Pferd umfasste. Sie erhalten dafür ein »beneficium«, ein Dienstlehen. Ortlieb betont jedoch, dass dies gerade nicht solche Männer seien, die als Ministerialen bezeichnet wurden – obwohl die, über die er redet, das ganz anders sahen und so auch Waffen tragen wollten. Die Schilderung ist ein Reflex jenes sozialen Aufstieges, der eigentlich hörigen Leuten im Dienst geistlicher Grundherren möglich war. Er führte zur Bildung eines neuen Stands, der sich durch das Waffentragen, den Besitz eines Lehens und eines Pferdes, schließlich auch durch einen befestigten Wohnsitz vom restlichen Dorfverband unterschied und zusammen mit alten freien Familien den Ritterstand des Mittelalters bildete. Keine ritterlichen Dienstleute, so führt Berthold, der Fortsetzer der Zwiefalter Chronik, aus, seien auf Rat des Klosterstifters Liutold in den Verband der Klosteruntertanen aufgenommen worden. Ständig verursachen sie Zank, ständig werde Klosterbesitz entfremdet. Ein solcher Prozess des sozialen Wandels wird hier zwar nicht singulär – weitere Belege können aus den Klöstern St. Gallen und Lorch im Remstal angeführt werden –, aber doch selten derart klar reflektiert. Von den Mönchen des Klosters am Fuße der Schwäbischen Alb wurde er, wenn nicht als bedrohlich, so zumindest als nicht förderlich wahrgenommen.

Kleinengstingen – Freiengstingen

Neben den unfreien, leibeigenen Leuten gab es in geringerer Zahl auch persönlich freie Leute. So erzählt eben die genannte Quelle von einer Schenkung, die ein gewisser Hartmann in Engstingen (LKR Reutlingen) dem Kloster getätigt hatte. Anders als die überwiegende Zahl der Schenker handelte es sich keineswegs um einen Adeligen, sondern, so der Chronist, um einen Jüngling »plebeiae libertatis«, also um einen freien Bauern. In Engstingen erhielt auch das Prämonstratenserstift Weißenau von ›freien‹ Leuten Güter übertragen. Damit hängt wohl zusammen, dass dieser Ort noch 1312 Freiengstingen genannt wurde, eine Bezeichnung, die zugunsten des weiteren Bestimmungswortes *Klein*-Engstingen in späterer Zeit verschwand. Die wohl aufgrund königlicher Privilegierung freien Leute saßen sicherlich nicht zufällig an einem wichtigen Verkehrsweg über die mittlere Alb, den sie wohl zu unterhalten und zu sichern hatten.

Am Ende des Mittelalters scheint sich allenthalben eine feste Organisation innerhalb der Dörfer herausgebildet zu haben.

Vielfach wurde der Inhaber des alten Herrenhofs Ammann oder Schultheiß der Dorfgemeinde, damit Vorsitzender des Dorfgerichts. Mehrere Weistümer – Weisungen über geltendes Recht – des Dorfes Laichingen (LKR Alb-Donau) von 1373 und 1468 zeigen exemplarisch die Institutionen des alten Dorfs. Der Ort hatte zu großen Teilen das Kloster Blaubeuren zum Grundherren. Interessant ist zunächst, dass dem Grundherrn das Dorf in Form der Gesamtheit seiner – auch leibherrschaftlich vom Kloster abhängigen – Lehenbauern entgegentritt. Diese »genossami« besaßen als Vertretungsorgan ein Gericht, das zu besonderen Gelegenheiten durch einen Siebenerausschuss erweitert werden konnte. Das Recht, das Gericht einzuberufen, hatte einmal der herrschaftliche Vogt, der nun aber nicht Amtmann des Klosters, sondern des Grafen von Württemberg als Ortsherren war. In diesem Zusammenhang spielt nun der – wiederum grundherrschaftlich Blaubeuren verbundene – Maierhof eine wichtige Rolle, mit dem wir wohl den Restbestand eines herrschaftlichen Fronhofes der älteren Grundherrschaft vor uns haben. Der sollte möglichst ungeteilt bleiben, hatte er doch auch besondere Lasten zu tragen. So war hier der württembergische Vogt während seiner Aufenthalte mit seinem Gefolge zu versorgen, außerdem war der Maier zumindest für einen Teil der Zuchttierhaltung verantwortlich. Der Maier, so das 1373 entstandene Weistum, konnte als Dorfoberhaupt auch das Dorfgericht zusammenrufen.

Dieses Gericht hatte nicht nur, wie der Name schon sagt, judizielle Funktion. Es galt auch, die nach der Dreifelderwirtschaft organisierte Dorfgemarkung samt dem gemeinsam genutzten Allmendland zu verwalten. Der Rhythmus von Saat und Ernte war festzulegen, Wege zu bestimmen, Weidegründe auszuweisen und die Holznutzung zu regeln. Überdies galt es, die Dorfämter zu vergeben, so etwa das des Gemeindehirten.

Gefährdete Dörfer

In vielen Regionen Mitteleuropas vermochte die Forschung für das ausgehende Mittelalter einen auffallenden Siedlungs- und Bevölkerungsrückgang festzumachen. Diese »Wüstungsperiode« vor allem des 14. Jahrhunderts wurde zunächst wesentlich als Auswirkung der großen Pestumzüge in Europa erklärt. Casimir Bumiller sieht die große Zahl von nachweislichen oder vermuteten Wüstungen in der Grafschaft Zollern als Ausdruck des durch Hungersnöte und Seuchen verursachten Bevölkerungsrückgangs. Aufgrund genauerer regionaler Studien konnten diesem Erklärungsansatz Aspekte wie Zentralisierungstendenzen durch Stadtgründungen, Klimawandel, Übernutzung von Grenzböden und zuweilen ganz individuelle Ursachen beigefügt werden. Hermann Grees macht die von ihm umfassend untersuchte Ostalb als die Region mit ausgesprochen hohem Siedlungsabgang aus. Wenn der von Grees ermittelte Anteil der Wüstungen an allen Siedlungen von 40 Prozent zutrifft, wären deutlich mehr als ein Drittel der im hohen Mittelalter bestehenden Dörfer und Weiler wieder von der Landkarte verschwunden. Auch wenn man nicht in jedem Fall in bestimmten Flurnamen einstige Siedlungen sehen möchte, ist der Wüstungsprozess doch unübersehbar. So kommt Bertram Fink in seiner Studie über den rechbergischen Marktort Böhmenkirch (LKR Göppingen) zum Ergebnis: »Die Siedlung Böhmenkirch war im Gefolge der spätmittelalterlichen Wüstungsvorgänge auf dem Boden einer vom Abgang bedrohten Siedlung nach 1350 neu gegründet worden.«

Haus und Hof

Die Dörfer und Weiler bestanden aus einzelnen Gehöften, die in ihrer Art nach Ausweis archäologischer Funde, wie sie vor allem von der Ostalb (Urspring/Lone, Heidenheim-Schnaitheim) vorliegen, bis in das hohe Mittelalter in Gebrauch blieben. Als verbreiteter Haustyp für Wohn- und Wirtschaftsgebäude konnten Pfostenbauten nachgewiesen werden, die eine Grundfläche von durchschnittlich 60 Quadratmetern aufwiesen. Eine häufig zu beobachtende andere Art des Hauses war das in die Erde eingetiefte Grubenhaus, das wenigstens in Teilen der Weberei diente. Haus und Hof waren von einem Zaun umgeben, dessen Gräben bei der Untersuchung abgegangener Siedlungen vielfach nachgewiesen werden konnten. Solche Gebäude aus Holz und – mut-

Ein 1893 entstandenes Bild, das zur Erinnerung an das Einbrechen mehrerer Kinder im Eis einer zugefrorenen Hüle gemalt wurde, zeigt den Dorfteich, der als Feuerlöschteich und zuweilen auch als Viehtränke angelegt wurde und der in keinem Albdorf fehlen durfte.

maßlich – Lehmflechtwerk, die durchweg mit Stroh gedeckt gewesen sein dürften, waren wenig beständig und mussten nach einigen Jahrzehnten erneuert werden. Ein entscheidender Wandel trat erst am Ende des Mittelalters, wohl im 14. Jahrhundert ein. Jetzt entstanden Fachwerkhäuser, vielfach auf steinernen Sockeln bzw. Geschossen. In der Neuzeit finden sich auf den östlichen Ausläufern der Alb ebenso wie im Ries massive Steinhäuser.

Vielfalt der Haustypen

Eine für die Schwäbische Alb insgesamt gültige Form des Bauernhauses gab es nicht. Die Freilichtmuseen in Beuren (LKR Esslingen) und Neuhausen ob Eck (LKR Tuttlingen) zeigen heute noch die vielgestaltigen gebräuchlichen Hausformen, die auf der Alb ebenso vertreten waren wie in den benachbarten Landschaften. Immerhin zeichnet sich ab, dass im Bereich der nördlichen Kuppenalb eine Form des Einhauses mit gemischter Wohn- und Wirtschaftsnutzung vorherrscht, das ein Wohngeschoss ebenerdig oder über einem steinernen Keller oder Stall besitzt. Diese zum Teil »gestelzten« Häuser waren zumeist an der Traufseite durch den Eingang erschlossen. In Gebieten mit bedeutender Hausweberei wie auf der Ulmer Alb finden sich vielfach Gebäude, die in dem Untergeschoss einen Webraum, die »Dunk«, in gewisser Weise eine Fortführung des mittelalterlichen Grubenhauses, besaßen. Es ist augenfällig, wie sich davon die Häuser der Ostalb und der südlichen Flächenalb unterscheiden. Gebäude dieser reichsstädtisch-ulmischen oder aber klösterlichen und reichsritterschaftlichen Gebiete erinnern sehr viel mehr an die in Oberschwaben und entlang der Donau üblichen Hausformen. Hier zeigen sich vielfach funktional differenzierte Gehöfte mit mehrstöckigen Wohnhäusern. Erbsitten und kulturelle Bezüge scheinen hier eine wesentliche

Rolle gespielt zu haben. Aber auch in Gebieten geschlossener Hofübergabe, die auf der Südostalb überwiegen und die größere Gebäude begünstigten, finden sich Haustypen, die wieder sehr stark an die Gebäude in Realteilungsgebieten erinnern. Es sind dies die sogenannten Selden, also Häuser von Leuten ohne volle Hofstelle, die durch Taglohn und Dorfhandwerk ihren Lebensunterhalt erwirtschafteten. Mustergültig lassen sich auf der Ulmer Alb innerhalb der Dörfer zumeist später entstandene Seldnerquartiere von dem alten Ortskern mit den großen Lehenhöfen unterscheiden.

Zeigen die Gehöfte der südlichen Flächenalb vielfach Bezüge zum angrenzenden Oberschwaben, so gilt dasselbe für die Bauernhäuser der Südwestalb und der Kuppenalb in Bezug auf das Albvorland. Westlich von Fehla und Lauchert ist das Einhaus der vorherrschende Haustyp. Sieht man einmal davon ab, dass es durch Wirtschaftsweisen wie Hausweberei auf der Alb oder Weinbau im Neckar- und Albvorland funktionale Unterschiede im Hausbau gab, so lässt sich doch sagen, dass das Bauernhaus auf der Alb kaum eigenständige Ausprägungen kannte, sondern wesentlich durch Erbsitte, Bauordnungen, verfügbare Ressourcen und sicherlich auch durch kulturelle Traditionen beeinflusst war. Wie überall nahm man beim Bauen auf kenntnisreiche Weise Rücksicht auf die Natur. Dies betraf die Ausrichtung der Häuser nach der Hauptwindrichtung und der Sonneneinstrahlung, den Zuschnitt und die Anbringung der Fensteröffnungen ebenso wie die gerade auf der Alb bis ins 19. Jahrhundert hinein übliche Dachdeckung mit Stroh. Dieses organische Material besaß, mit Lehm verbunden, eine hervorragende Isolierwirkung und überdies relative Feuerfestigkeit. Jeremias Höslin (1722-1789), der Böhringer Geistliche, beschrieb die Technik des Strohdachbaus

Eines der letzten Weberhäuser der Schwäbischen Alb kann im Freilichtmuseum in Beuren besichtigt werden. Das Weberhaus aus Laichingen hat zwei Webkeller, die sogenannten Dunken, die mit Handwebstühlen ausgestattet sind. Auffallend ist die große Zahl der Fenster. Typisch ist auch das Strohdach.

eingehend und wusste geradezu ein Loblied auf das Strohdachhaus zu singen: »Strohdächer, dergleichen so viele auf der Alp angetroffen werden, sind wider Regen und Schnee, Hize und Kälte die brauchbarste; und auch, welches am widersinnigsten scheint, wider alle Feuersgefahr die – sichersten.« Allerdings setzte diese Qualität ein gewisses Know how voraus, das im Folgenden genau beschrieben wird. Groß waren dementsprechend die Widerstände gegen die in den feuer- und baupolizeilichen Ordnungen hartnäckig geforderten »Plattendächer« aus Ziegeln, die im Winter den Schnee in den Dachraum einwehen ließen und natürlich auch teurer waren. Immerhin zeigen Nachweise von Ziegelöfen auf der Alb, dass wenigstens bei herrschaftlichen Bauten und in Städten Ziegelbedeckungen seit dem späten Mittelalter nicht unbekannt waren.

Feld, Wald und Weide

Trotz der Höhenlage der Alb und den damit verbundenen geringeren Jahresmitteltemperaturen war Getreideanbau auf den kalkreichen Böden doch möglich. Eben dies scheint schon immer ein besonders bemerkenswertes Faktum gewesen zu sein. So finden wir in den Aufzeichnungen des Geistlichen am Hof Kaiser Maximilians I. Ladislaus Sunthaim ebenso Hinweise auf den reichen Getreideanbau der Alb wie bei Heinrich Bebel, der sich 1502 während einer Seuche in die heimischen Gefilde um Justingen (LKR Alb-Donau) zurückgezogen hatte und bei der Gelegenheit die Landschaft in Versform beschrieb. Dieser Befund bestätigt sich, betrachtet man die Einkünfteverzeichnisse der großen Grundherren, die im Fall etwa der Benediktinerklöster Blaubeuren, Neresheim oder Zwiefalten seit dem 15. Jahrhundert in großer Dichte vorliegen.

Man darf davon ausgehen, dass in den nun ortsfesten Siedlungen Ackerbau auf den guten, ortsnahen Böden in Dreifelderwirtschaft, auf entfernteren Flächen in Feldgraswirtschaft betrieben wurde. Doch führt der Name »Alb« zu einem Merkmal der Wirtschaftsweise der Albdörfer, die uns zwar in den frühen Quellen nicht explizit begegnet, auf die aber doch mit einigem Recht geschlossen werden darf, nämlich die Weidewirtschaft in locker bestockten, parkartigen Hudewaldlandschaften, wie sie allenthalben in Mitteleuropa bis ins 19. Jahrhundert hinein praktiziert wurde. »Alb«, so führte Hans Widmann in seiner grundlegenden Arbeit zur Geschichte und Bedeutung des Namens an, ist wie die »Alpe« als ein Wort mit vorgermanischer Wurzel im Sinne von »Bergweide« zu verstehen. Dies zeigt auch eine Quellenstelle von 1331, die Hans Jänichen angeführt hat. Damals erwarb das Städtchen Schömberg bei Balingen eine Wiese, die der Gemeinde als Allmende für ihr Vieh diente und die in späterer Zeit schlicht »Viehalb« genannt wurde. Nicht weit davon entfernt, auf dem Plettenberg, bestand im 15. und 16. Jahrhundert ein Viehhof, in dem ein Hirte oder Schäfer wohnte. Solche weitläufigen Weidegründe finden sich allenthalben. Auf der Ostalb erhielt das Zisterzienserkloster Königsbronn am Ende des Mittelalters Zugriff auf Gemarkungen abgegangener Dörfer und nutzte diese als Weideflächen für eine ausgedehnte Schaf- und Rinderwirtschaft. Ähnlich wie Schömberg besaß das Dorf Glems (LKR Reutlingen) mit dem »Rossfeld« Allmendland auf der Alb, das mit dem Weidvieh befahren wurde. Mit diesen Hochweiden ist eine Form des einst in Mitteleuropa anzutreffenden Systems der Fernweide angesprochen, die wir von der Heimweide mit dem täglichen Aus- und Eintrieb der Tiere unterscheiden.

Das Münsinger Hardt

Ein gutes Beispiel liegt von der mittleren Alb mit dem Münsinger Hardt vor. »Hardt« bedeutet im Mittelhochdeutschen ›Wald‹, auch ›Waldweide‹. Das nach dem Städtchen Münsingen benannte Gebiet bildete, seit es in den Quellen des 14. und 15. Jahrhunderts erscheint, eine eigene Gemarkung ohne Siedlung. Nur bestimmte Gemeinden waren berechtigt, ihre Ross-, Schweine- oder Rinderherden einzutreiben. Die Hardtorte besaßen eine eigene Verwaltung und ein eigenes Gericht im Vorort Münsingen, der selbst gar nicht an das Hardt grenzte. Nachdem sich so die Notwendigkeit für die Münsinger Hirten ergab, über die Markung des Nachbarorts zu ziehen, einigte man sich nach langer Auseinandersetzung 1569 darauf, nurmehr einmal im Jahr die Herde zur Nachweide einzutreiben, die dann bis zum Abtrieb im Hardt verweilen musste. Flurnamen wie ›Kälberstall‹ und Bezeichnungen von Wasserstellen sind heute noch deutliche Spuren dieser einstigen Landnutzung.

Warum war die Alb als Weideland attraktiv? Einmal ist hier sicherlich die im Vergleich zum Neckartal und zum Albvorland weniger dichte Besiedelung zu nennen, dann aber insbesondere die flachgründigen Böden, die sich eher als Weide-, denn als Ackerland eigneten. Wenigstens im Bereich der nördlichen Kuppenalb waren die in diesem Fall zumeist »Mähder« genannten Wiesen in aller Regel einmähdig, erlaubten also nur das Heuen und nicht das Öhmden. Übrigens war den Menschen des Mittelalters auch die Qualität des Futters auf den Bergweiden bewusst. Der italienische Mönch Petrus de Crescentiis (um 1233 - um 1320), Autor eines verbreiteten Handbuchs der Landwirtschaft namens »Ruralia Commoda« (›Zweckmäßige Landwirtschaft‹), wusste, dass hier »schmackhafte und wohlriechende Kräuter« zu finden sind. Die Alb als Weideland, dies sollten wir uns aber klar machen, entstand erst durch den Eingriff des Menschen, denn natürlicherweise wären die Hänge und Kuppen der Alb zunächst mit Wald bedeckt. Es gibt eine ganze Reihe von Hinweisen, dass mit zunehmender Bevölkerung im Mittelalter und dann wieder im ›langen‹ 16. Jahrhundert der Wald nicht nur zu Gunsten des Ackerlandes, sondern auch zugunsten von Mähdern zurückgedrängt wurde. 1482 klagte der Münsinger Schultheiß Albrecht Veringer, dass »etlich vnnser wälder im hard gelegen abgehowen vnd vsgereitt syen«. Der Bedarf an Weidegründen stieg im überkommenen System der Gemeindeherden kontinuierlich. Und auch ein fataler Bevölkerungseinbruch wie der Dreißigjährige Krieg brachte lediglich einen vergleichsweise kurzen Rückschlag. In Großengstingen etwa wird zehn Jahre nach Kriegsende befohlen: »Die underthonen insgemein sollen alle jahr ein stuck an ihren holzwißen und weiden, wo selbige in wehrenden krieg verwachßen, raumen und außstocken.«

Die Alb war kein von der Natur begünstigter Raum für die Landwirtschaft. Dennoch sind die folgenden Jahrhunderte bis zur Industriellen Revolution durch bemerkenswerte Entwicklungen in der Landnutzung und im ländlichen Gewerbe ausgezeichnet. Die Voraussetzung dafür war der moderne Territorialstaat der frühen Neuzeit, der immer stärker auf das Wirtschaftsleben seiner Untertanen Einfluss nahm.

Im Zeitalter der sich ausbildenden Landesherrschaften

Das mit der Hinrichtung Konradins in Neapel 1268 auf brutale Art vollzogene Ende der Staufer zog eine Reihe von grundlegenden politischen Umwälzungen in Südwestdeutschland nach sich. Im Folgenden etablierten sich zusehends fest abgegrenzte Territorien. Wie sich die politische Landkarte des späten Mittelalters und der frühen Neuzeit auf der Schwäbischen Alb neu zusammensetzte, soll nun in Augenschein genommen werden.

Im Laufe des Mittelalters kann eine zunehmende Konzentration herrschaftlicher und wirtschaftlicher Rechte in Händen geistlicher wie weltlicher Herren beobachtet werden. Auf der Basis unterschiedlicher Herrschaftsmittel wie etwa Grafschaftsrechten, Forsthoheit oder der Schutzvogtei über ein Kloster vermochte der Adel mit Geschick, Geld oder aber nackter Gewalt weitere Rechte an einem Ort, in einem Gebiet anzusammeln. Wesentlich war die Erringung der Hochgerichtsbarkeit, die sich an dem weithin sichtbaren Galgen zeigte. So ließ der Ortsherr der kleinen und gänzlich unbedeutenden Herrschaft Buttenhausen im Tal der Großen Lauter noch 1782 von Handwerkern des nahen - und ›ausländischen‹ - Städtchens Hayingen einen Galgen hoch über dem Dorf errichten, und nur so erklärt sich ein Vorfall in der Ortschaft Katzenstein auf dem Härtsfeld 1562. Hier fielen zweihundert Leute des Grafen von Oettingen ein, nachdem es sich der im Ort durchaus mit Gerichtsrechten versehene Wolf Dietrich von Westerstetten erlaubt hatte, zwei Brandstifter hinrichten zu lassen. Es war dies aus Sicht der mächtigen Nachbarn ein klarer Angriff auf eigene Herrschaftsansprüche in die-

Der Buttenhausener Galgen, wie man ihn sich 1939 in einer Rekonstruktionszeichnung vorstellte.

sem Raum. In dem lang andauernden Prozess der Verfestigung von Herrschaftsrechten und damit auch der Herausbildung geographisch fest umrissener Grenzen eines Landes spielte weiter die Reformation eine bedeutende Rolle, indem die Territorialherren in der Folge die Konfession ihrer Untertanen bestimmen konnten – selbstredend ein Vorgang, der keineswegs konfliktfrei vor sich gehen konnte.

Wenn es nun für das lang gestreckte Mittelgebirge zwischen Hegau und Ries eine Klammer für die Zeit vom ausgehenden Mittelalter bis zum Vorabend der Französischen Revolution gibt, dann ist es sicherlich die zunehmende Marginalisierung dieser Landschaft innerhalb der werdenden Territorialstaaten. Noch in der Stauferzeit konnte man beobachten, dass hochadelige Familien zumindest den Grund für eigene, geschlossene Herrschaften auch auf der Alb legten. Am Ende des Mittelalters jedoch hatten bereits eine Reihe wichtiger Familien aufgehört zu bestehen, andere hatten den Schwerpunkt ihrer Herrschaft verlagert, früh bereits die Zähringer um 1100 und mehr als hundert Jahre später ihre Verwandten, die Grafen von Urach.

Im Ringen um die Vorherrschaft: Württemberg und Habsburg

Auf der Alb schwang sich mehr und mehr eine Familie zu dominanter Herrschaft auf, die hier zuvor überhaupt keine Rolle gespielt hatte. Im Gefolge der Auseinandersetzungen zwischen Papst und Staufern gelang es Graf Ulrich I. (mit dem Daumen) von Württemberg um 1250/1260, sukzessive den gesamten Machtbereich der Grafen von Urach zu vereinnahmen, deren Burg und Stadt im Ermstal wichtiger Ausgangspunkt für eine weitere Expansion auf der mittleren Alb werden sollte. Außerdem kam die Reichsburg Achalm zeitweise in den Besitz der Grafen. Wie wertvoll diese Güter sein konnten, zeigte sich in den Auseinandersetzungen zwischen der erstarkten Grafschaft und der zunächst habsburgischen, dann luxemburgischen Reichsspitze um 1300. Im Krieg gegen König Heinrich VII. (gest. 1313) konnte sich Graf Eberhard I. (der Erlauchte, gest. 1325), praktisch des gesamten Besitzes beraubt, nurmehr auf die Burgen im Ermstal, Hohenurach, Seeburg und Wittlingen, stützen. Einer Verfestigung württembergischer Positionen auf der Alb diente auch die Stadterhebung Münsingens zu Beginn des 14. Jahrhunderts und wohl auch das geplante gleichartige Vorhaben in Laichingen (LKR Alb-Donau). In der Folge gelang der Einbruch in die habsburgische Interessensphäre um die Burg Teck sowie um Sigmaringen und Veringen. Hiervon konnten die teckischen Besitzungen am Nordrand der Alb, vermehrt noch um die Stammburg der Grafen von Aichelberg, dauerhaft gesichert werden.

Am Ende des 14. Jahrhunderts war Württemberg neben Habsburg die dominierende Macht im deutschen Südwesten. Auf tragfähiger politischer und finanzieller Basis folgten weitere Erwerbungen. Schon 1367 war man auf dem Pfandwege in den Besitz der wohl hohenbergischen Stadtgründung Ebingen gelangt, das wenig später jedoch wieder von Habsburg als Besitznachfolger der Hohenberger reklamiert wurde. Endgültig vermochte erst Graf Eberhard V. die Stadt der Grafschaft einzuverleiben. 1403 war die Herrschaft Schalksburg mit der Stadt Balingen von einer aussterbenden Linie der Zollern an Württemberg gelangt.

Die Hirschguldensage

Mit dem Übergang eines großen Teils der zollerischen Herrschaft an Württemberg verbindet sich die Hirschguldensage, die Gustav Schwab nach mündlicher Überlieferung aufzeichnete. Demnach lebten einst drei Brüder, die mit dem Zollern, der Schalksburg und der Burg auf dem Hirschberg drei schöne Sitze hatten. Die reichste Burg aber war die auf dem Hirschberg, deren Herr kinderlos im Sterben lag. Nun kam ihm zu Ohren, wie sehr – und lautstark – sich seine Brüder schon über das Erbe freuten, worauf er »in einen Schweiß« fiel, der ihm das Leben verlängerte. In seinem Ärger verkaufte der Genesene seine Herrschaft, zu

Württembergischer Hirschgulden
aus dem Jahr 1623; der Hirsch steht hier als
württembergisches Wappentier.

der auch die Stadt Balingen gehörte, für einen symbolischen Betrag, einen »elenden Hirschgulden« an die Württemberger, behielt sich aber die Nutzung auf Lebenszeit vor. Als er dann nach Jahren endlich doch starb, traten die nichts ahnenden Brüder auf den Plan, wehklagend, aber »im Herz fröhlich«, um nun allerdings von württembergischen Gesandten nichts als den Hirschgulden und das zugehörige Pergament überreicht zu bekommen. Damit aber nicht genug. Frustriert beschlossen sie, den einen Gulden in Balingen im Wirtshaus auf den Kopf zu hauen, mussten aber nach getaner Zeche in der jetzt württembergischen Stadt erfahren, dass der Hirschgulden nichts mehr galt. Zum verlorenen Erbe, so das Ende der Geschichte, hatten die beiden nun auch noch einen Gulden Schulden und vermutlich eine Menge Spott der Zeitgenossen zu ertragen.

Der Niedergang der Zollern, der sich im frühen 15. Jahrhundert an Besitzteilung und inneren Streitigkeiten zeigte, zeitigte auch die Zerstörung des Hohenzollern durch Truppen der schwäbischen Reichsstädte (1422), für Württemberg sodann die Perspektive weiterer Gebietserwerbungen auf der Westalb und an der oberen Donau. Hier, am Südrand der Alb, war man keineswegs ganz fremd, hatte doch eine im frühen 13. Jahrhundert geschlossene Eheverbindung Graf Hartmanns I. mit einer Veringerin den Württembergern nicht nur Besitz um Grüningen (LKR Biberach) erbracht, sondern auch jenes Wappenbild mit den drei Hirschstangen, das sich künftig als Zeichen des Hauses durchsetzen sollte. Die württembergische Herrschaft konnte sich jedoch nicht dauerhaft etablieren, übrigens nicht zuletzt als Folge einer Liebesheirat. Elisabeth von Württemberg (gest. 1460), eine Schwester des früh verstorbenen Grafen Eberhard IV., machte sich nichts aus der ihr zugedachten Partie mit Herzog Albrecht von Bayern und ehelichte den deutlich niedriger stehenden, zu Trochtelfingen auf der Alb residierenden Grafen Johann III. von Werdenberg, der Elisabeth 1429 regelrecht entführt hatte. Die folgenden, für das Haus Württemberg außerordentlich kostspieligen Verhandlungen führten unter anderem zum Verlust der habsburgischen Pfandschaften um Veringen und Sigmaringen. Anderer-

Siegel Graf Konrads I. von Grüningen, eines Sohns Hartmanns I. aus der Ehe mit Hedwig von Veringen

seits konnte bereits in den 1370er Jahren im Südwesten der Alb mit dem zuvor von den Grafen von Sulz beherrschten Tuttlingen eine verkehrsgünstig gelegene Exklave an der oberen Donau gewonnen werden, die in den Auseinandersetzungen jener Jahre mit der Reichsstadt Rottweil eine Rolle spielte. Mit weiteren Zugewinnen in der Region im 15. und 16. Jahrhundert (Burg Hohenkarpfen 1444, Hohentwiel 1521/1538) war eine Kette militärisch bedeutsamer Posten zwischen Alb und Hegau in württembergischer Hand versammelt.

Noch erfolgreicher waren die Württemberger auf der Ostalb. Hier vermochte Graf Ulrich V. 1448 dank der reichen Mitgift seiner zweiten Gattin, Elisabeth von Bayern-Landshut, umfangreichen Besitz der Grafen von Helfenstein um Heidenheim für 58300 Gulden aufzukaufen. Deren wirtschaftlicher Niedergang sollte überhaupt das territoriale Gesicht der gesamten Region ändern. Zuvor waren bereits weite Teile der Helfensteiner Herrschaft an die Reichsstadt Ulm gelangt, 1447 hatte der Bruder Ulrichs, Graf Ludwig I., die Herrschaft Blaubeuren erworben.

In dieser Zeit war Württemberg in zwei Hälften mit den Residenzen Stuttgart und Urach geteilt. Beide Landesteile erstreckten sich auf die Alb, der ältere Graf Ludwig verfügte im Wesentlichen über die Ämter Urach und Blaubeuren, an Graf Ulrich fielen die Ämter Balingen und Neuffen sowie seine Erwerbung Heidenheim. Gerade diese wichtigen, erst nach der Landesteilung erlangten Brenztalbesitzungen, die damals Reichslehen waren, entglitten Ulrich in den Auseinandersetzungen mit der Pfalz wieder. Ein militärisches Treffen nach der katastrophalen Niederlage bei Seckenheim fand eben hier, am 17. Juli 1462, unweit der Reichsstadt Giengen statt. Schließlich aber konnte Heidenheim 1504 im Landshuter Erbfolgekrieg endgültig gegen pfälzische und bayerische Ansprüche gesichert werden. Das 1482 mit dem zu Münsingen auf der Alb geschlossenen Vertrag wieder vereinte und 1495 zum Herzogtum aufgestiegene Württemberg hatte am Ende des Mittelalters etwa die Hälfte der Alb in seinem Besitz. Hier befanden sich drei bedeutende württembergische Landesfestungen: Hellenstein, Hohenneuffen und Hohenurach. Der Plan Herzog Karl Alexanders, auch die Teck zu einer modernen Festung auszubauen, wurde mit seinem Tod 1737 aufgegeben. An den Südwestausläufern der Alb und im Hegau lagen mit dem Hohentwiel und Burg Honberg bei Tuttlingen wichtige, wenn auch isolierte befestigte Plätze. Mit der Herrschaft Heidenheim verfügten die Herzöge über ein eisenverarbeitendes Zentrum.

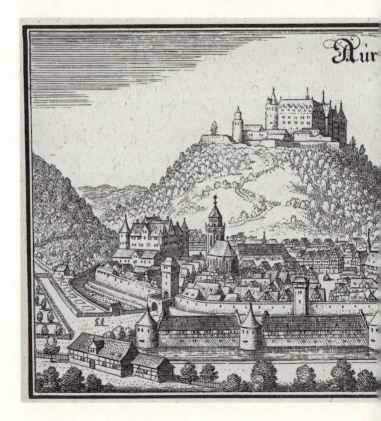

Gleichwohl war die politische Grenzlage der Ämter auf der Alb folgenschwer und behinderte wirtschaftliche Entwicklungen.

Diese Grenzlage war in erster Linie Ergebnis der ebenfalls in nachstaufischer Zeit einsetzenden habsburgischen Expansion. Vor allem auf der mittleren und der Südwestalb schob sie württembergischen Ausdehnungsgelüsten einen Riegel vor. In der Person des 1273 zum König gewählten Rudolf I. vereinte sich das Bestreben, die habsburgische Hausmacht im Südwesten zu stärken mit dem Willen, einstiges Reichsgut wieder herzustellen. Damit

Die Stadt Urach im Ermstal mit der Festung Hohenurach, Kupferstich aus der Topographia Sueviae des Matthäus Merian, 1643. Gut zu erkennen sind die spätgotische Amanduskirche mit ihrem hoch aufragenden Kirchturm und das Uracher Schloss, die Residenz der Württemberger während der Landesteilung 1442 bis 1482, auf der linken Bildhälfte.

waren die Habsburger natürliche Gegner aller in der Spätzeit der Staufer erstarkten territorialen Kräfte, in erster Linie aber Württembergs. Zum Mittelpunkt habsburgischer Hausmacht am Südrand der Alb entwickelte sich die Burg auf dem Bussen. Um 1300 waren die Donaustädte Sigmaringen, Riedlingen und Munderkingen sowie die Grafschaft Veringen in den Besitz Rudolfs bzw. seines Sohnes Albrecht gelangt. Von der Donau aus erfolgte der Ausgriff auf die Alb an Lauchert und Großer Lauter. Bedeutsam wurde der Gewinn des Erbes der Grafen von Berg 1343 mit reichem Besitz um Ehingen und Schelklingen. Hingegen scheiterte letzten Endes der Versuch, sich auch am Nordrand der Alb um die Teck festzusetzen, überdies entglitten die Herrschaft Veringen sowie Burg und Stadt Sigmaringen zeitweise ausgerechnet an die konkurrierenden Württemberger.

Ein Instrument zur Wiederherstellung des zerstreut gelegenen und vielfach entfremdeten Reichsgutes war die Einrichtung von Reichslandvogteien in Franken und Schwaben. An der Spitze dieser Gebilde standen mächtige Vertraute des Königs wie der Schwager Rudolfs, Graf Albrecht II. von Hohenberg. Zentrum der niederschwäbischen Reichslandvogtei wurde die Burg Achalm, die sich bereits als Pfand in den Händen der Württemberger befunden hatte. Es wird vermutet, dass es Albrecht von Hohenberg als Reichslandvogt gelang, Böhmenkirch am Albuch von den Helfensteinern wieder für das Reich zu gewinnen. Kurz nach 1300 jedenfalls befindet sich der Ort in Händen des Habsburgerkönigs Albrecht I. Dieser erwarb außerdem von den Helfensteinern Burg und Herrschaft Herwartstein, die zuvor in die Auseinandersetzungen König Rudolfs mit Württembergern und Helfensteinern einbezogen waren. Am Brenz-Ursprung, bei dem Burgweiler Springen, stiftete der Herrscher 1303 das Kloster Königsbronn, die letzte Gründung einer Zisterze in Schwaben.

Während die Reichslandvogteien in den Auseinandersetzungen mit den Württembergern letzten Endes nicht dauerhaft erfolgreich eingesetzt werden konnten, gelang den Habsburgern 1381 eine für das territoriale Gefüge der Alb und des Albvorlandes entscheidende Erwerbung. Den gänzlich verschuldeten Grafen von Hohenberg kauften sie deren gesamten Besitz für 66 000 Gulden ab. Dazu gehörte die niedere Grafschaft Hohenberg mit der Residenz Rottenburg am Neckar und die obere mit der hohenbergischen Stammburg auf der Westalb und den Städten Schömberg und Ebingen sowie Spaichingen am Südrand der Herrschaft, die hier unmittelbar an die württembergischen Erwerbungen um Tuttlingen grenzte. Ebingen allerdings ging wieder an Württemberg verloren, so dass Habsburg auf der Alb selbst nur über ein begrenztes Territorium verfügte. Allerdings gingen von den österreichischen Vorlanden an Donau und Neckar künftig mannigfache politische, konfessionelle und kulturelle Einflüsse aus. Kennzeichen dieses Teils von Vorderösterreich war eine bunte Ansammlung von Herrschaftsrechten, die gerade nicht wie in Württemberg zu einem einheitlichen staatlichen Gebilde führten. Zudem wurden eine ganze Reihe von Herrschaften wie Hohengundelfingen im Lautertal (LKR Reutlingen), das Hohenbergerstädtchen Fridingen an der Donau (LKR Tuttlingen), aber auch das bedeutendere Sigmaringen als Pfand oder Lehen wieder ausgegeben und dadurch wiederum zur Keimzelle neuer adeliger Herrschaftsbildungen.

Daneben entstehen kleinere weltliche und geistliche Territorien

Ohnedies vermochten sich in den Zonen zwischen den großen Mächten Habsburg und Württemberg, im Osten auch Wittelsbach, wie an anderen Stellen im Südwesten kleinere und größere geistliche wie weltliche Herrschaften zu etablieren. Im Westen an die Alb angrenzend sind die 1664 und 1716/17 in den Fürstenstand aufgestiegenen Fürstenberger zu nennen, die durch werdenbergisches (seit 1534) und helfensteinisches (seit 1627) Erbe auch über Herrschaften auf der mittleren Alb verfügten. Daneben vermochten die Zollern nach einer Phase des Niedergangs am Ende des Mittelalters um Hechingen und später auch um Sigmaringen größere geschlossene Herrschaften aufzubauen. Für die territoriale Integrität war die Verleihung der Hochgerichtsbarkeit 1471 an Graf Jos Niklas I. von Bedeutung, der gegen den Widerstand der Städte an den Wiederaufbau der Stammburg Hohenzollern ging. Einen politischen und kulturellen Höhepunkt erlangte die Herrschaft unter dem 1605 verstorbenen Grafen Eitel Friedrich IV., der seine Residenz Hechingen als Fürstensitz der Renaissance prachtvoll ausgestalten ließ, sie zu einem beachtlichen Mittelpunkt der Musikpflege machte und dabei die wirtschaftlichen Möglichkeiten seines Landes allerdings überdehnte. Die Folge davon waren eine Kette von Untertanenerhebungen, die bis zum Ende des Alten Reiches 1806 nachgerade ein Markenzeichen Hohenzollern-Hechingens werden sollten.

Die Hohenzollerische Hochzeit

Der Renaissancehof Eitel Friedrichs in Hechingen erstrahlte in höchstem Glanz bei der Hochzeit seines Sohnes Johann Georg mit Franziska von Salm-Neuville im Oktober 1598. Das sich über zehn Tage erstreckende Fest war Gegenstand einer auf Deutsch und Latein erschienenen poetischen Darstellung in drei Büchern aus der Feder des Reutlinger Schulmeisters Jakob Frischlin (1547 – ca. 1612), einem Bruder des bekannten, 1590 aus dem Gefängnis Hohenurach zu Tode gestürzten Dichters Nikodemus. Die 1599 in Augsburg im Druck erschienenen »Schönen und lustigen Bücher von der Hohenzollerischen Hochzeit« gel-

> ten heute wenn auch nicht als literarische Meisterleistung, so immerhin als kulturgeschichtliche Quelle ersten Ranges für das Hofleben der Renaissance in Hohenzollern-Hechingen.

Sigmaringen kam 1535 als österreichisches Lehen mit Veringen an Graf Karl I., der zeitweilig alle zollerischen Besitztümer in seiner Hand vereinte. Nach dem Tod dieses bedeutenden Zollern 1576, der als kaiserlicher Rat an den großen Habsburgerhöfen in Madrid und Wien zu Hause war, wurden die Herrschaften unter den drei Söhnen Karls geteilt, so dass neben dem Hechinger und dem Sigmaringer Landesteil noch ein dritter aus den kleineren Herrschaften Haigerloch, Wehrstein und Schloss Ensisheim (LKR Tuttlingen) gebildet wurde. Die enge Anlehnung an Habsburg erbrachte 1623 den beiden Linien Hohenzollern-Hechingen und Sigmaringen die Erhebung in den Reichsfürstenstand. Gerade Sigmaringen vermochte sich jedoch zu keiner Zeit völlig aus der habsburgischen Oberhoheit zu lösen und hörte zeitweise auf, Herrschaftsmittelpunkt zu sein.

Die Grafen von Helfenstein blieben nach rasantem wirtschaftlichem Niedergang, der den Verlust eines Großteils ihrer Herrschaft an Württemberg und die Reichsstadt Ulm zeitigte, auf ein Restterritorium um Wiesensteig und dem aus gundelfingischem Erbe stammenden Besitz an Donau und auf der mittleren Alb beschränkt. Beides fiel nach ihrem Aussterben 1627 an Fürstenberg und Bayern. In das Härtsfeld um Neresheim ragte die Grafschaft Oettingen mit den Ämtern Neresheim und Katzenstein herein. Diese Grafen vermochten im ausgehenden Mittelalter in dem bis ins 13. Jahrhundert staufisch dominierten Raum des Nördlinger Rieses auf der Basis von Vogteirechten und einer gezielten Erwerbungspolitik das vergleichsweise geschlossene Territorium der – so Dieter Kudorfer – »jüngeren« Grafschaft Oettingen aufzubauen. Die auf die Alb ausgreifenden Besitzungen gelangten nach den Erbteilungen des Hauses an die Linie Wallerstein. Eine wesentliche Änderung trat mit der Verleihung der Reichsunmittelbarkeit an die Abtei Neresheim 1764 ein. Bei den Oettingern verblieben die östlich gelegenen Ortschaften des alten Neresheimer Amtes.

Dies führt zu den Territorialbildungen geistlicher Gemeinschaften, die ebenfalls die politische Landkarte der Alb auszeichneten. Erwähnenswert sind das Prämonstratenserstift Marchtal an der Donau, die Benediktinerklöster Zwiefalten und Elchingen am Südrand der Alb sowie eben Neresheim auf der Ostalb. Ähnlich den Reichsstädten agierten die Klöster von den Rändern der Alb her, im Wesentlichen vom südlichen, dem katholischen Oberschwaben zugewandten Raum aus. Dabei vermochte sich das von Landsässigkeit und Reformation eine Zeit lang existenziell bedrohte Zwiefalten in einer zielstrebigen, langfristig angelegten Politik von der württembergischen Abhängigkeit zu lösen und erlangte 1750 die Reichsstandschaft. Den Benediktinern an der Zwiefalter Ach folgten ihre Ordensbrüder des Härtsfeldklosters Neresheim vierzehn Jahre später. In beiden Fällen waren die Bemühungen um politische Eigenständigkeit von einem beeindruckenden Bauprogramm begleitet, das heute noch das Bild der beiden spätbarocken Klosterkirchen prägt.

An Neresheim grenzten im Nordwesten die südlichen Ammanämter der Fürstpropstei Ellwangen, die das obere Kochertal und ein wirtschaftlich sehr wichtiges Stück entlang des Albtraufs zwischen Wasseralfingen und der Deutschordenskommende Kapfenburg (Ostalbkreis) umfassten. Das alte, karolingische Benediktinerkloster hatte sich unter dem Eindruck der spätmittelalterlichen Klosterreform in ein weltliches Chorherrenstift gewandelt und in den Krisen von Reformation und Dreißigjährigem Krieg behauptet. Gelingen konnte dies mit einflussreichen Pröpsten wie Otto Truchsess von Waldburg (Propst 1552-1573) oder, im

Kleinere weltliche und geistliche Territorien 125

Steinmetze bei der Herstellung des Wappens des Neresheimer Abtes Michael Dobler (1787–1802) als Hoheitszeichen des Klosterstaates, im Bildhintergrund links ist eine Siedlung mit den Tagelöhnerhäuschen zu sehen.

17. und 18. Jahrhundert, mit Gliedern der Häuser Pfalz-Neuburg und Schönborn, ja zuletzt des sächsisch-polnischen Königshauses. Das Resultat war eine zeitgemäße, der Aufklärung verpflichtete Verwaltung und eine bemerkenswerte politische Stellung: Als einziges geistliches Territorium Südwestdeutschlands gehörte Ellwangen dem Reichsfürstenrat an. Voraussetzung für die Ausbildung eines eigenständigen frühneuzeitlichen Staates war auch hier die Behauptung gegenüber dem weltlichen Vogt, im ausgehenden Mittelalter gegen die Grafen von Oettingen und ab 1470 gegen die von Württemberg. Dies gelang, anders als im Falle Adelbergs, Anhausens, Blaubeurens und Königsbronns, deren

ausgedehnte Herrschaften auf der Alb mit der Reformation an das Herzogtum Württemberg fielen.

Nur wenige Reichsstädte verfügten über nennenswerte Gebiete auf der Alb. Am oberen Neckar liegt das von den Staufern geförderte Rottweil, das endgültig 1434 den Status einer reichsunmittelbaren Stadt errang. Rottweil behauptete sich in Auseinandersetzung mit dem Niederadel und auch mächtigeren Herren wie den Habsburgern im Städtekrieg. Eine Territorialbildung erfolgte unter anderem durch Übernahme des königlichen Pürschgerichts als Reichslehen. Dieses Rottweiler Gebiet im engeren Sinn berührte die Alb praktisch nicht. Allerdings war das vermögende Patriziat der Reichsstadt einflussreicher Grundherr in einer Reihe von Orten der vorderösterreichischen Grafschaft Oberhohenberg oder trat direkt als Ortsherr in Erscheinung, wie etwa die Ifflinger im Donaustädtchen Fridingen (LKR Tuttlingen). Der Besitz Reutlingens, Esslingens, Schwäbisch Gmünds, Aalens und Bopfingens blieb im Wesentlichen auf das Albvorland beschränkt. Mit Abstand am einflussreichsten war der alte königliche Pfalzort Ulm. Das 14. Jahrhundert war trotz Rückschlägen die Zeit eines atemberaubenden Aufstiegs der Donaustadt, der heute noch an dem 1377 begonnenen Bau des Ulmer Münsters deutlich wird. 1396 erlangte das damals bereits 9000 Einwohner zählende Handelszentrum Schwabens durch den Ankauf der verpfändeten Herrschaft Helfenstein den größten Teil der beträchtlichen Besitzmasse der Grafen, darunter die Stadt Geislingen. Nachdem sich zuvor schon die Gelegenheit geboten hatte, den verschuldeten Werdenberg-Sargansern die Herrschaft Albeck abzukaufen, wurde Ulm nicht nur zum wichtigsten städtischen Landesherrn auf der Alb, die Donaustadt besaß damit neben Nürnberg auch das größte städtische Territorium im Deutschen Reich. Der reichsstädtische Rat baute konsequent ein mehrstufiges, streng zentralistisches Regiment mit dem Herrschaftspflegamt an der Spitze auf. Die umfassende Versammlung von Herrschaftsrechten in der Hand der Stadt griff tief in die sozialen Verhältnisse der Dörfer ein und sorgte etwa dafür, dass hier ähnlich wie in den oberschwäbischen Anerbengebieten eine ungeteilte Vererbung der Höfe überwog. Ganz anders als Ulm vermochte die einzige auf der Alb selbst gelegene Reichsstadt, Giengen an der Brenz, nur ein bescheidenes eigenes Herrschaftsgebiet aufzubauen.

Einzelnen ritterschaftlichen Familien gelang ebenfalls der Aufbau kleinerer Territorien, wobei die Aufzählung auf solche Familien beschränkt bleiben soll, die auch am Ende des Alten Reiches noch nennenswerte eigenständige Herrschaften innehatten. Auf der Westalb sind mit Lautlingen und Margrethausen die Schenken von Stauffenberg sowie an der Donau die Herren von Enzberg zu nennen. Sie vermochten sich zwischen württembergischem, habsburgischem und zollerischem Gebiet zu behaupten, wobei die Enzberger seit 1409 mit Mühlheim an der Donau einen städtischen, von den Zollern im 13. Jahrhundert neu geschaffenen Mittelpunkt besaßen. Im Tal der Lauchert und auf der Zwiefalter Alb gelang den aus dem Niederadel aufgestiegenen Speth mit Gammertingen-Hettingen und Zwiefaltendorf der Aufbau eines beachtlichen, dem Ritterkanton Donau zugehörigen Herrschaftskonglomerats. Der schon in den zeitgenössischen Chroniken viel beachtete Dietrich Speth (gest. 1536 bei Marseille), zunächst in württembergischen Diensten Herzog Ulrichs und Obervogt von Urach, später Gegenspieler des Herzogs, erwarb Gammertingen und Hettingen 1524. Zuvor schon war Ehestetten (LKR Reutlingen) in den Händen der Familie, wo das spethische Schloss durch eine neuzeitliche Bastion verstärkt wurde. In den Auseinandersetzungen mit Herzog Ulrich wurden gerade diese Orte Ziel württembergischer Attacken. Trotz aller Schäden konnten die Besitzungen an Lauchert und Donau für die Speth dauerhaft gesichert werden.

Auf der Ostalb befand sich das reichsritterschaftliche Rechberg mit den Städten Donzdorf und Weißenstein. Vielfach standen die Rechberger im Dienst ihrer mächtigeren Nachbarn, der Grafen und Herzöge von Württemberg, ebenso der Habsburger und der Herzöge von Bayern. Trotz mehrfacher Teilung des Familienbesitzes gelang es bis 1805, zwischen den Reichsstädten Ulm und Schwäbisch Gmünd einerseits und den württembergischen Ämtern Heidenheim und Göppingen andererseits die Eigenständigkeit zu bewahren. Wesentlich war wie schon andernorts gesehen die Verleihung der Hochgerichtsbarkeit, die Graf Ulrich II. von Rechberg 1473 von Kaiser Friedrich III. erlangte.

Zwischen der Grafschaft Oettingen und Pfalzbayern am Ostrand der Alb vermochten die Fürsten von Thurn und Taxis im 18. Jahrhundert durch Ankäufe eine nennenswerte Herrschaft mit eigener Ämterstruktur aufzubauen. 1723 wurde die Herrschaft Eglingen erworben, mit der die Aufnahme der Thurn und Taxis in die Grafenbank des Reichstages verbunden war. 1734 folgte der Kauf von Dischingen an der Egau von den Schenken von Castell, 1741 der von Trugenhofen. In dem Marktort Dischingen wurde eine Poststation eingerichtet, die Pfarrkiche St. Johannes Baptista wurde 1769 bis 1771 großzügig neu erbaut. Zusammen mit dem Schloss war am Ende des Alten Reiches ein eindrucksvolles, repräsentatives Ensemble adeliger katholischer Herrschaft auf der Ostalb entstanden. Der Herrensitz bei Trugenhofen erhielt 1819, also lange nach dem Verlust der Selbstständigkeit, als »Schloss Taxis« den Namen seiner Eigentümer verpasst, offenbar ein Versuch, verlorenen Einfluss auf diese Weise zu kompensieren.

Kleinresidenzen und Mittelpunktsorte: Landschaft kleiner Städte

Die Stadtgründungen des ausgehenden Mittelalters gingen in erster Linie auf den Versuch zurück, Adelsherrschaften einen administrativen und wirtschaftlichen Mittelpunkt zu geben. An der Wende zur frühen Neuzeit entwickelten sich eine Reihe dieser Gründungen zu repräsentativen Residenzstädten weiter. Andere, die Teil größerer Territorien wie etwa des Herzogtums Württemberg geworden waren, wahrten ihre städtische Mittelpunktsfunktion als zentrale Stadt eines herzoglichen Amtsbezirks. Wie schon gesehen, konzentrierten sich mittelgroße Städte im Albvorland und entlang der Donau, wobei hier mit Ulm eine nach den Vorstellungen der Zeit ausgesprochen große Stadt lag. Mit wenigen Ausnahmen darf die Albhochfläche als Region kleiner, ja »Minderstädte« gelten, die vor 1800 kaum einmal die Grenze von 1000 Einwohnern überschritten. Andererseits, auch das eine Folge der politischen Zersplitterung, entwickelten sich diese kleinen Orte in einigen Fällen zu Residenzstädten und besaßen dadurch einen ganz eigenen Reiz in der Spannung zwischen zentralörtlich-repräsentativem Anspruch und den schieren wirtschaftlichen Möglichkeiten.

Von den Städten der Westalb ging die Mehrzahl auf die Gründungstätigkeit der Zollern und der mit ihnen verwandten Hohenberger zurück, in zweiter Linie auf die Grafen von Veringen. Von den zollerischen und hohenbergischen Städten entwickelten sich lediglich die Orte im Albvorland, so Hechingen und das an Württemberg gefallene Balingen zu einiger Bedeutung, auf der Alb selbst kann noch das ebenfalls württembergisch gewordene Ebingen angeführt werden, das durch seine Textilproduktion eine schon seit dem Mittelalter bestehende wirtschaftliche Bedeutung besaß. In Sigmaringen, obwohl bis ans Ende des Alten Reiches österreichisches Lehen, entwickelte sich im 16. und 17. Jahrhundert der Hof der Linie Zollern-Sigmaringen. Graf Karl I. war Mäzen einer weithin beachteten Hofmusik. Doch der eigentliche Schritt zur Residenzstadt konnte erst im 19. Jahrhundert nach dem Ende der österreichischen Oberhoheit getan werden.

Unter den veringischen Gründungen entwickelten sich Hettingen und mehr noch Gammertingen zu Mittelpunkten eigenständiger Herrschaften des Hauses Speth. Hier findet sich die für die Kleinresidenzen der Alb geradezu typische Topographie mit dem Schloss der Ortsherrschaft, der Pfarrkirche St. Leodegar und einem ackerbürgerlich-handwerklich geprägten Bezirk. Handwerk und Marktrecht dienten der Emporbringung dieser Kleinresidenzen, die jedoch neben den Reichsstädten und den größeren Amtsstädten bedeutenderer Landesherren kaum Chancen auf wirtschaftliche Entwicklung hatten. Dennoch konnten auch hier beeindruckende Bauzeugnisse entstehen, in diesem Fall der Neubau des Spethischen Schlosses von 1776/77 und, nach Plänen des für die Entwicklung des Klassizismus bedeutenden, ab 1764 am Hechinger Hof wirkenden Pierre Michel d'Ixnard (1723-1795), der Neubau der Kirche St. Leodegar 1803-1804. Schon verschiedentlich wurde Mühlheim an der Donau (LKR Tuttlingen) als Beispiel einer Gründungsstadt des 13. Jahrhunderts erwähnt. 1409 wurde Mühlheim Residenz der Herren von Enzberg, die an Stelle der mittelalterlichen Burg 1751 bis 1753 ein Schloss nach Plänen Franz Anton Bagnatos errichten ließen. Bereits im ausgehenden Mittelalter etablierte sich an der Pfarrkirche St. Gallus die Grablege des Hauses. Diese Pfarrkirche allerdings lag nach wie vor in der zu Gunsten der Stadtgründung aufgegebenen, Altstadt genannten abgegangenen Siedlung.

Eine Entsprechung zu den beiden Residenzen des Laucherttals besitzt die mittlere Alb mit der Residenz der Grafen von Werdenberg, Trochtelfingen, und der gundelfingischen Gründung Hayingen (beide LKR Reutlingen). In Trochtelfingen prägt unweit der Martinskirche ein ansehnliches renaissancezeitliches Stadtschloss noch heute das Bild der Gemeinde. Die Stadt mit ihren Fachwerkbauten, der zu großen Teilen erhaltenen Stadtbefestigung und den als Grünanlage erhaltenen Vorwerken ist eines der wenigen Beispiele für ein intaktes Ensemble einer historischen Altstadt. Demgegenüber fehlt in Hayingen, dem Gustav Schwab ein liebevolles dichterisches Denkmal als »Städtchen auf der Alb« gesetzt hat, heute das alte Gundelfingerschloss. Immerhin vermitteln großzügige Bauten wie die Pfarrkirche St. Veit und das von Schweikhart von Gundelfingen gestiftete Hospital noch einen guten Eindruck von der Mittelpunktfunktion des Marktortes, der sich am Ende des Alten Reiches auf dem Erbwege genau wie Trochtelfingen im Besitz der Fürsten von Fürstenberg befand. Sehr viel geringer ist die Zahl solcher Kleinresidenzen auf der von Württemberg dominierten Ostalb. Immerhin können die Helfensteiner-Residenz Wiesensteig im oberen Filstal, die rechtensteinischen Städte Weißenstein und Donzdorf sowie Dischingen an der Egau herangezogen werden, letzteres aller-

Die Stadt Heidenheim mit Schloss Hellenstein, Kupferstich aus der Topographia Sueviae des Matthäus Merian, 1643

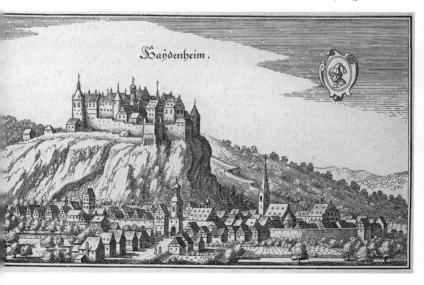

dings erst nach Übergang an die Fürsten von Thurn und Taxis, die 1768 hier die zentrale Verwaltung ihrer Härtsfeldbesitzungen einrichteten.

Unter den landesherrlichen Städten Württembergs ragt zunächst Urach heraus, das in den Jahrzehnten der Landesteilung zwischen 1442 und 1482 Residenz einer der beiden gräflichen Linien war. Die damals entstandene Residenzentopographie aus Schloss, Stiftskirche und anderen Herrschaftsbauten ist heute noch eindrucksvoll erfahrbar. Auch nach Wiedervereinigung der Grafschaft Württemberg blieb die Stadt ein beliebter Aufenthaltsort, Hauptgrund waren wohl die vielfältigen Jagdmöglichkeiten auf der nahen Alb. Auf der Ostalb kam Heidenheim zwar nicht der Rang einer Residenz zu, doch war die Stadt im Schutz der Burg und späteren Festung Hellenstein eine Amtsstadt mit unübersehbar herrschaftlicher Prägung. Die vormals helfensteinische Burg wurde nach ihrer Zerstörung 1530 schrittweise als neuzeitliche Festung wieder aufgebaut, um dann unter Herzog Friedrich I. zwischen 1595 und 1614 eine repräsentative Erweiterung zu erhalten. Weithin berühmt wurde Schloss Hellenstein durch die 1606 von Werkmeister Johann Kretzmaier geschaffene »Wasserkunst«, die mittels Pumpwerk knapp 90 m Höhendistanz überwand und so das Schloss ständig mit Frischwasser versorgte. Die Feste war Amtssitz des württembergischen Vogtes, damit auch administrativer Mittelpunkt der württembergischen Ostalb. Bedeutung kam Heidenheim durch die Lage an der wohl wichtigsten Albquerung zu. 1750 wurde die Route durch das Brenztal als »eine der gangbarsten« beschrieben, »weilen alles was von der Schweiz, dem Bodensee und dem Teil des [Schwäbischen] Kreises diesseits der Donau nach Nürnberg und Leipzig geht, solchen passiert.« Dabei konnten sich Wirtschaft und Handel überdurchschnittlich entwickeln. Die Eisenverarbeitung in Königsbronn und in Heidenheim war für das Herzogtum von größter Wichtigkeit. Doch weit entfernt davon, einer wirtschaftlichen

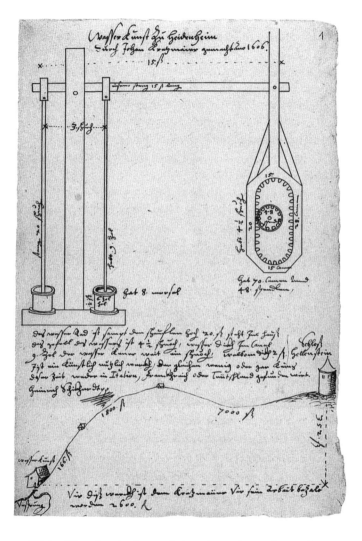

Mit der »Wasserkunst«, einem zwischen 1603 und 1606 erbauten Brunnenwerk, wurde das Wasser der Brenz fast 90 m zum Schloss Hellenstein hochgepumpt, Zeichnung und Entwurf von Heinrich Schickhardt.

Monokultur zu verfallen, erwies sich der Ort als Mittelpunkt einer differenzierten Textilproduktion, die von der Schafhaltung auf der Alb ebenso lebte wie vom Flachsanbau. Die Stadt erhielt im 18. Jahrhundert wie Urach eine eigene Zunftlade der Schäfer. Das Vorhandensein von – vor allem im Vergleich zu den anderen Städten auf der Alb – nennenswerter Wasserkraft beförderte neben den für die Eisenverarbeitung wichtigen Hammerwerken auch andere wasserkraftabhängige Gewerbe wie die Papiermacherei, die hier bereits im ersten Drittel des 16. Jahrhunderts belegt ist.

Die durch Eisenverarbeitung und Leinwandhandel geprägte Situation in Heidenheim darf nicht darüber hinwegtäuschen, dass die Städte der Alb Ackerbürgerstädte waren. Wohnhäuser mit Stallungen und Scheunen bestimmten das Bild der Kleinresidenzen ebenso wie das der Landstädte des Herzogtums Württemberg. Sogar für die wesentlich größere und gewerbereiche Reichsstadt Giengen an der Brenz galt, dass die eigene Landwirtschaft allen Einwohnern ein überlebensnotwendiger Einkommensbestandteil blieb.

Die hier nur in groben Umrissen nachgezeichnete herrschaftliche Zersplitterung mit großen und kleinen, weltlichen und geistlichen Herrschaften auf der Alb war ein Strukturmerkmal des deutschen Südwestens. Insofern ist die Schwäbische Alb ein getreues Abbild des Schwäbischen Reichskreises insgesamt. Immerhin führte die Tendenz, möglichst abgerundete Territorien mit allen wesentlichen Herrschaftsrechten zu bilden, dazu, dass sich zumindest bei den Bewohnern der größeren Territorien ein Gefühl der Zugehörigkeit entwickeln konnte. Der habsburgische Untertan auf dem Großen Heuberg war Teil des vielgestaltigen Gebildes Vorderösterreich, auch die Einwohner der fürstenbergischen Dörfer in den Ämtern Trochtelfingen und Neufra wurden durch die im Geist der Aufklärung modernisierte Verwaltung zusehends in einen einheitlichen Untertanenverband einbezogen. Der in bayerischen Diensten stehende letzte Landesherr des Hauses Rechberg, Maximilian Emanuel (1736-1819), sorgte 1781 für eine eigene Schulordnung seines Territoriums, die bald eine ganze Reihe von Volksschulbauten zeitigte. Sicherlich ist der Rechberger mit seinem persönlichen Einsatz für eine möglichst breite Schulbildung seiner Landeskinder und dem engen Anschluss an bayerische Aufklärer eine außergewöhnliche Erscheinung. Doch zeigt der Blick auf Neresheim und Zwiefalten, dass auch kleine, überschaubare Klosterstaaten in der Lage waren, ein Bildungswesen für die Bauernkinder vergleichbar zu wesentlich größeren Territorien aufzubauen. Zwiefalten besaß mit seinem Gymnasium in Rottweil und später in Ehingen/Donau gar ein mehrstufiges Schulsystem.

Das Armenhaus bei Tigerfeld

Ein auffälliges, außerhalb des zwiefaltischen Dorfes Tigerfeld (LKR Reutlingen) gelegenes Gebäude verweist heute noch auf die soziale Organisationsfähigkeit der ›Klosterstaaten‹. In diesem 1774 unter Abt Nikolaus Schmidler errichteten Armenhaus fanden bis zu sechsunddreißig Unterstützungsbedürftige aus der gesamten Klosterherrschaft Aufnahme. Die Schaffung einer Waisenkasse in der Mitte des 18. Jahrhunderts nahm außerdem Gedanken für eine Vermögensbildung ländlicher Schichten vorweg, die in weiterem Umkreis erst gut einhundert Jahre später flächendeckend umgesetzt wurde. Sowohl die Waisenkasse als auch das Armenhaus wurden nach der Säkularisierung des Klosters 1802 aufgelöst.

Konfession, Herrschaft und Untertan in der Frühen Neuzeit

Die Bindungen zwischen Herrschaft und Untertan waren im Mittelalter denkbar vielfältiger Natur. Neben dem Leibherrn gab es den Grund-, den Zehnt- und für die Kirche den Patronatsherrn. Forst, Geleitrecht und Gerichtsherrschaft kamen als übergeordnete Gewalten hinzu, und es war keineswegs gewiss, dass all dies in einer Hand vereinigt war. Genau zu einer solch einheitlichen Herrschafts-Untertanenbeziehung entwickelte sich die Geschichte indes am Ausgang des Mittelaltes immer mehr. So nutzten die Grafen von Württemberg die leibherrliche, also persönliche Abhängigkeit der Untertanen im 14. Jahrhundert, um die Menschen an eine Stadt bzw. an ein Amt zu binden. Vergleichbares lässt sich auf der Ostalb im Einzugsbereich des Hochstifts Augsburg beobachten. Unter den Vorzeichen wirtschaftlicher Krisen und des Bevölkerungsrückgangs dieser Zeit eine folgenreiche Maßnahme, die mit dazu führte, dass ein eigentlich auf Personen bezogenes Recht eine raumbezogene, territoriale Geltung erlangte. Größeren Gebieten wie den österreichischen Vorlanden oder dem Herzogtum Württemberg fiel die Durchsetzung solcher Maßnahmen im allgemeinen leichter als kleineren geistlichen oder weltlichen Herrschaften. Diese Entwicklung, die letzten Endes zu einem Staat moderner Prägung führte, erscheint im Nachhinein als etwas ganz Einleuchtendes, Folgerichtiges. Unumkämpft war das alles aber keineswegs. Auch aus Städten und Dörfern der Alb lassen sich eine Reihe von eindrücklichen Beispielen zusammentragen, die die Durchsetzung des modernen Staates, aber auch Widerständigkeit des ›gemeinen Mannes‹ gegen den zunehmend allumfassenden Zugriff der Herrschaft auf die Lebensverhältnisse der Menschen zeigen.

Unruhige Zeiten: »Armer Konrad«, Bauernkrieg und Reformation

Am 8. Juli 1514 wurde in Tübingen jener berühmte Vertrag zwischen Herzog Ulrich von Württemberg und den Ständevertretern seines Landes abgeschlossen, der den Untertanen Grundrechte wie ein ordentliches Gerichtsverfahren und den »freien Zug« gewährte. Dafür und für nun verbriefte Mitspracherechte der landständischen Vertretung – unter anderem bei der Steuererhebung – übernahm das Land die horrenden Schulden des Herzogs. Es war dies indes auch ein Bündnis der »Ehrbarkeit« genannten Führungsschicht mit dem Herzog gegen Dritte, die gar nicht erst geladen waren: den ›gemeinen Mann‹, der sich zuvor in der Bewegung des »Armen Konrad« bemerkbar gemacht hatte.

Der »Arme Konrad«

Die Bezeichnung »Armer Konrad« hatte die 1514 im Remstal ausgebrochene Untertanenerhebung bereits in zeitgenössischen Quellen. Der Name, der wohl einfach ausdrücken sollte, dass es sich bei den Unzufriedenen um einfache Leute und nicht um die etablierte Schicht der untereinander versippten »Ehrbarkeit« handelte, scheint im Kreis der Aufständischen selbst entstanden zu sein. Dabei bedeutete »Konrad« oder »Kunz« einfach soviel wie »jedermann«, ähnlich wie wir heute noch »Hinz und Kunz« verstehen. Andreas Schmauder sieht die Bezeichnung auch als Ausdruck eines breiten, organisierten Widerstands gegen die Herrschaft. Der erste bekannt gewordene Unbotmäßige, der

> zuweilen mit dem armen Konrad gleichgesetzt wurde, hieß übrigens keineswegs so, vielmehr handelte es sich um einen »Gaispeter« genannten Beutelsbacher Metzger, der neu verordnete Gewichte in die Rems beförderte.

Dieser Aufstand war wegen immer höherer Abgabenlast – konkret der Einführung neuer indirekter Steuern – und zunehmender Einflussnahme herzoglicher Amtleute in die bäuerliche Wirtschaftswelt wie Wald und Allmende ausgebrochen, insofern eine unmittelbare Reaktion auf den sich formierenden modernen Territorialstaat. Im Mai 1514 breitete sich der »Arme Konrad« vom Amt Schorndorf in Windeseile auf das ganze Land aus. Einer der besonders aktiven, »Ratschlag« genannten konspirativen Zirkel befand sich im Amt Urach. Unter Führung des »Singerhans« aus Würtingen auf der Alb versammelten sich aus den umliegenden Dörfern des »Kirchspiels« Leute, die in ihren Orten durchaus über Vermögen und Einfluss verfügten. Der herzogliche Sachwalter in Urach, Stephan Weiler, bezeichnete den Singerhans als »des armen Conrats houptman uf der Alb« und setzte ihn erst einmal fest. Die Bauern rückten darauf vor die Mauern der Stadt und forderten seine Freilassung. Obwohl es zu keinen Gewalttätigkeiten kam, schien dem besorgten Uracher Rat nurmehr ein Funke für eine Eskalation zu fehlen. Noch waren die Bauern aber nicht bereit, Leib und Leben aufs Spiel zu setzen. Vielmehr ging es um die Verteidigung alt hergebrachter Rechte an Wald und Weide, um die Bewahrung gemeindlicher Autonomie gegen die Amtleute des Herzogs. Im Kirchspiel, dem Wirkungskreis des Singerhans, beklagte man »vil schmachs und uberdrangs« durch die württembergischen Forstleute. Diese »Forstner«, so an anderer Stelle, »handeln ouch dermaßen mit uns, daß wir sollichen hochmut (...) nit gedulden konden noch mögen«. Außerdem, so die vielfache Klage, schädigte das der herzoglichen Jagd vorbehaltene Wild nicht nur die Feldfluren der Alb, sondern schränkte auch althergebrachte Weidegründe ein. Diese Belastungen trafen auf der Alb Dörfer, die unter besonders prekären Bedingungen zu wirtschaften hatten, mit den Worten der Bauern aus Böhringen, Donnstetten und Zainingen: »Dann wir uff der Alb ungevarlich am ruhesten [= rauhesten] gesessen, da wir lang winter und kurz sommer haben und uns der winter unsere frucht mermals verspätt uberylt, die hinnemen und zu nichten machen ist.«

Einer Durchsetzung der bäuerlichen Forderungen stand das Bündnis von bürgerlicher ›Ehrbarkeit‹ und Herzog am Ende entgegen. Dennoch zeigen viele Reaktionen der Obrigkeit, angefangen von der Rücknahme der besonders verhassten neuen Steuer bis hin zur Einberufung eines Landtages, dass letzten Endes ein Ausgleich zur Vermeidung weiterer Unruhen angestrebt wurde. Dieser Ausgleich nun sollte zehn Jahre später, im großen deutschen Bauernkrieg nicht mehr möglich sein.

Im Grunde führten die nämlichen Probleme, die den Aufstand des »Armen Konrad« auslösten – Steuer- und Abgabenlast sowie ein herrschaftlicher Zugriff auf gemeindliche Nutzungsrechte – auch diesmal zur Erhebung. Dieser Konflikt aber erhielt durch die beiderseitige Eskalation der Gewalt, seine räumliche Ausdehnung, durch eine bislang ungekannte politisch-ideologische Fundamentierung in den zwölf Artikeln der Bauernbewegung und schließlich durch die Gleichzeitigkeit zur Reformation in Deutschland eine außergewöhnliche Stellung in der Geschichte der Untertanenrevolten. Und er erreichte auch die Herrschaften auf der Alb. Ausgangspunkt war einmal das nördliche Oberschwaben, wo sich die Bauern 1524 zum Baltringer Haufen zusammengeschlossen hatten. Der zu Emeringen (LKR Alb-Donau) gesessene Adelige Bernhard vom Stein schrieb im Februar 1525 an den Uracher Vogt Dietrich Speth, dass die Bauern auf einer Versammlung die Verweigerung des Kleinzehnten beschlossen

Georg von Waldburg (1488–1531),
Holzschnitt von Hans Burgkmair dem Älteren

hätten, zudem weder Frondienste noch Leibeigenschaftsabgaben zu leisten gedächten. Noch bedrohlicher hörten sich künftige Pläne an, wollten die Bauern doch »ain schloss (...) abwerfen und ain kloster us der wurtz ruß rissen«. Zwar erlangte der Baltringer Haufen zeitweilig Einfluss bis in das Ries hinein, doch betrafen seine Aktionen in erster Linie die Herrschaften am Südrand der Alb. Dazu zählte etwa das Kloster Zwiefalten, das wie eine ganze Reihe oberschwäbischer Klostergebiete im Frühjahr 1525 vom Zug bewaffneter Bauern heimgesucht wurde. Ihnen dicht auf den Fersen war der »Bauernjörg« Truchsess Georg von Waldburg, der am 31. März in Zwiefaltendorf an der Donau sein Lager aufschlug. Er war es auch, der dem Baltringer Haufen bei Leipheim wenige Tage später eine Niederlage bereitete. Die größte Gefahr für die Grundherren auf der Alb war nun vorüber. Heute bewahrt eine bemerkenswert vielschichtige Erinnerungskultur das Andenken an diese Tage. Dazu zählt ein jüngst wieder belebter Versammlungsort, die Sattlerkapelle zwischen Tigerfeld (Gde. Pfronstetten) und Kettenacker (Stadt Gammertingen), ebenso wie eine Gedenktafel an der Tigerfelder Kirchhofmauer oder die Erzählung vom Lauffenmüller Ignaz Reiser im Lautertal.

Ignaz Reiser

Mit einem der lauschigsten Orte des Großen Lautertals verbindet sich die von Karl Pfaff ausgeschmückte Überlieferung vom Laufenmüller Ignaz Reiser. Dieser Gastwirt und Müller fand sich in den Wirren des Bauernkriegs, die das Klostergebiet Zwiefaltens nicht unberührt ließen, an der Spitze der Bewegung wieder. Im burgenreichen Lautertal gab es genügend Feudalherren, gegen die es sich zu ziehen lohnte. Nach anfänglichen Erfolgen wurden die übermütig gewordenen Bauern schließlich doch geschlagen, und Reiser fand bei der Heimkehr Haus und Hof

> in Flammen. Nachdem er zumindest den verräterischen Widersacher noch erledigen konnte, fiel er im finalen Kampf gegen eine Übermacht, »… und der nächste Morgen fand an der Stelle, wo einst die Laufenmühle stand, nichts als rauchende Trümmer und eine kalte, blutige Leiche«. Nachdem Mühle samt Gasthaus aber längst wieder stehen, lebt die Erinnerung an diese unruhigen Tage im Tal unter der Burg Reichenstein weiter.

In ähnlicher Weise waren die Herrschaften an der oberen Donau berührt, wo sich die von Schwarzwald und Hegau ausstrahlende Bewegung auswirkte. Das württembergische Tuttlingen schien im Mai 1525 akut bedroht, wurde jedoch nicht angegriffen. In der benachbarten österreichischen Grafschaft Hohenberg gelang es dem habsburgischen Vogt, gewalttätige Ausbrüche zu verhindern. Gefährdeter schienen da kleinere Herrschaften wie die spethischen Orte im mittleren Laucherttal oder Enzberg an der Donau gewesen zu sein. Hier mochte der wirtschaftliche Druck die Bauern eher zum Widerstand motiviert haben, jedenfalls kam es zu gemeinsamen Aktionen der Bauern.

Vereinzelte Meldungen über befürchteten Aufruhr der Bauern am Nordrand der Alb um Urach waren wohl grundlos, jedenfalls berichtet ein Klosterbruder aus der Kartause Güterstein bei Urach Jahre später, dass es »kein Überfall« gegeben habe. Anders allerdings sah es um Kirchheim/Teck und Weilheim sowie im Amt Göppingen aus, in das Bauern des »Gaildorfer Haufens« einfielen und nach der Plünderung Lorchs unter ihrem Anführer Jörg Bader aus Böbingen der Stammburg der Staufer den Garaus bereiteten.

Diese Zeit war jedoch noch unter ganz anderen Gesichtspunkten von Bedeutung. Herzog Ulrich von Württemberg, Hauptgegner der Aufständischen des »Armen Konrad«, war nach einem

Überfall auf die Reichsstadt Reutlingen 1519 von Truppen des Schwäbischen Bundes aus dem Land gejagt worden. Der militärische Zug der Bundestruppen ging von Ulm aus, musste also den Weg über die Orte auf der Alb nehmen. Erstes Ziel war Heidenheim mit der Festung Hellenstein und weiter ging es durch das Brenztal ins Landesinnere. Nach der Übergabe Stuttgarts öffneten auch die meisten anderen Orte des Herzogtums ihre Tore. In Urach kam es dabei zu einer spektakulären Gewalttat. Die Bürger der Stadt erzwangen die Übergabe gegen den Willen des bereits erwähnten Forstmeisters Stephan Weiler, der dabei kurzerhand umgebracht wurde. Dort wurde nun jener Dietrich Speth Obervogt, der als Vertrauter Herzogin Sabines zu einem Intimfeind Ulrichs geworden war. Der Herzog unternahm mehrere Versuche, sein Land zurückzuerobern. Gelegenheit bot ihm die Bindung vieler Kräfte des Schwäbischen Bundes im Bauernkrieg. Bereits im Februar 1525 zog Ulrich von der erst wenige Jahre zuvor okkupierten Feste Hohentwiel mit Hilfe schweizerischer Söldner, aber auch mit aufständischen Bauern aus dem Hegau über Tuttlingen und Spaichingen bis vor Balingen, das er sogleich gewann. Verfolgt vom Feldherrn des Schwäbischen Bundes Georg von Waldburg und schließlich von seinen Söldnern verlassen, musste sich Ulrich aber wieder zurückziehen. Erst 1534 und nun mit Hilfe Landgraf Philipps von Hessen gelang die Rückeroberung; im Mai fand bei Lauffen am Neckar das entscheidende Treffen statt, schon Tage später schlugen die verbündeten Fürsten in der Kartause Güterstein ihr Hauptquartier auf, um von hier aus die wichtige Feste Hohenurach zu belagern.

Vertreibung und Rückeroberung des Landes haben in Württemberg zu einer ganz eigenen Erzähltradition geführt. Nicht nur waren die atemberaubenden Vorgänge schon zu Lebzeiten Ulrichs Anlass für eine Fülle von Reimpaargedichten und Liedern, unsterblich wurde die – frei erfundene – Erzählung »Lichtenstein« von Wilhelm Hauff, die letzten Endes den Anlass zum

Neubau der Burg über dem Echaztal durch Graf Wilhelm von Württemberg-Urach gab. Kern der Erzählung war das Versteck Herzog Ulrichs in der Nebelhöhle und seine nächtliche Einkehr in der nahen Burg Lichtenstein, deren Burgherr in unverbrüchlicher Treue zu seinem angestammten Herren hielt. Möglicherweise inspirierte das geschichtlich verbürgte Fürstenlager in Güterstein einen weiteren sagenhaften Erzählstrang, wonach Herzog Ulrich bei seiner Vertreibung vergeblich bei den Kartäusern um Unterschlupf bat und beim Weggehen schwor, aus dem Haus bei seiner Rückkunft ein »wahres Jerusalem« zu machen – eine Drohung, die man mit Aufhebung der Männerklöster in der nun folgenden Reformation für eingelöst hielt.

Als Ulrich zurückkehrte, kam er ebenso wie sein Verbündeter Landgraf Philipp als Parteigänger des neuen Glaubens in das Land. Als Folge davon wurden wie schon zuvor in den Reichsstädten die Klöster aufgehoben, blieben jedoch einer eigenen Vermögensverwaltung unterstellt. Dies brachte dem Herzogtum Württemberg auch auf der Alb einen gewaltigen territorialen Zuwachs, gelangten doch die großen Herrschaftsbereiche des Prämonstratenserstiftes Adelberg, der Benediktinerklöster Anhausen und Blaubeuren, 1552 auch der Zisterze Königsbronn in den unmittelbaren Zugriff des Herzogs. Ebenso waren die Stiftskirchen mit ihren Klerikergemeinschaften betroffen, auf der Alb etwa Herbrechtingen und das schon 1514 in ein weltliches Chorherrenstift umgewandelte vormalige Uracher Haus der Brüder vom gemeinsamen Leben. Etwas mehr Langmut bewies man bei den ohnedies ärmeren Frauenkonventen. Das Dominikanerinnenkloster Offenhausen am Quelltopf der Großen Lauter (LKR Reutlingen) blieb – allerdings nicht ohne die Auswirkungen der Niederlage evangelischer Fürsten im Schmalkaldischen Krieg (1546/47) – noch bis 1613, das Haus der Franziskanerinnen zu Weiler bei Blaubeuren bis 1619 bestehen. Dem Benediktinerkloster Zwiefalten gelang es durch die Berufung auf die habsburgische Obervogteiherrschaft gerade noch, der württembergischen Landeshoheit und damit der drohenden Aufhebung zu entgehen. Dies gelang auch der Abtei Neresheim, die trotz erheblicher Lasten im Gefolge des Schmalkaldischen Krieges mit Hilfe der katholischen Linie des vogtherrlichen Hauses Oettingen eine Aufhebung verhindern konnte.

Die württembergischen Ämter auf der Alb gehörten in der praktisch-seelsorgerlichen Durchführung der Reformation zum Landesteil ob der Steig, der der geistlichen Führung Ambrosius Blarers aus Konstanz anvertraut wurde. Nach Zusammenkünften der Geistlichen in den Landkapiteln wurde in kurzer Zeit ein Wechsel hin zum evangelischen Gottesdienst erreicht, noch schneller ging die Vermögensinventarisation der Kirchen und Klöster vonstatten. Als reformationsgeschichtlich bedeutendes, am Übergang der oberdeutsch-zwinglischen und mitteldeutsch-lutherischen Richtung gelegenes Land, kam Württemberg eine wichtige Mittlerrolle in strittigen theologischen Fragen zu.

Der Uracher Götzentag

Dazu zählte die Debatte um die Duldung von Bildwerken, also ebenso Heiligenfiguren wie Altartafeln in den Gotteshäusern, die Luther unter bestimmten Voraussetzungen geneigt war zu akzeptieren, während sie vom Schweizer Reformator Huldrich Zwingli radikal abgelehnt wurden. Ein Theologengespräch unter Beisein der württembergischen Reformatoren Erhard Schnepf und Ambrosius Blarer am 10. September 1537 in Urach, der sogenannte Uracher Götzentag, sollte eine Klärung für das Herzogtum erbringen. Wie so oft konnten sich auch hier die Theologen nicht einigen. Das weitgehende Verschwinden mittelalterlicher, nicht fest mit dem Kirchengebäude verbundener Kunstwerke aus den württembergischen Kirchen, ebenso

> die Zerstörung von Feldkapellen und Bildstöcken zeigt, dass sich die oberdeutsche, bilderfeindliche Richtung bei der herzoglichen Regierung durchsetzen konnte.

Die Reformation im Land wurde durch die militärische Niederlage der evangelischen Fürsten gegen Kaiser Karl V. 1548 noch einmal in Frage gestellt. In dieser Zeit, wohl im Herbst 1548, erschien in Basel eine Psalmerklärung aus der Feder eines gewissen »Johannes Witlingius«, Johannes von Wittlingen also. Es handelte sich aber nicht um den Herren dieser Burg im oberen Ermstal inmitten der Alb, sondern um Johannes Brenz (1499-1570) aus

Johannes Brenz,
Bildnis von Jonathan Sauter, 1884

Schwäbisch Hall, einem der wichtigsten Reformatoren in Südwestdeutschland. Der Haller Prediger war 1535 von Herzog Ulrich ins Land gerufen worden, um zunächst an der Landesuniversität Tübingen als theologischer Kopf die Durchführung der Reformation im Herzogtum zu begleiten. Der Landesherr ließ den Reformator auf die abgelegene Burg Wittlingen bringen, da nach der Niederlage der im Schmalkaldischen Bund zusammengeschlossenen evangelischen Fürsten die Verfolgung führender Köpfe der Reformation drohte. In der Abgeschiedenheit führte Brenz – hierin Luther vergleichbar auf der Wartburg – seine theologischen Arbeiten fort und unterhielt eine lebhafte Korrespondenz mit Gesinnungsfreunden. Diese Briefe haben heute noch ihren besonderen Reiz, da sie verschlüsselte Namen in Form von biblischen und antiken Figuren – Herzog Ulrich etwa erscheint als »Abdias«. 1552 war die Gefahr vorbei und Brenz kehrte, nach einem Aufenthalt auf dem Trienter Konzil, wieder in allen Ehren zurück und wirkte seit 1554 als Propst an der Stuttgarter Stiftskirche.

Vom Zufluchtsort zum Gefängnis ...

... so ging die Geschichte Hohenwittlingens weiter. Denn nirgendwo anders als hier wurden zwischen 1560 und 1617 Wiedertäufer, die aufgrund der von ihnen praktizierten Erwachsenentaufe auch im lutherischen Württemberg als irrgläubig verfolgt wurden, eingekerkert. Ihre Nachfahren, die heute vor allem in den USA leben und sich »Amish People« nennen, kennen die Burgruine im Ermstal duchaus. Der Name ist in dem ›Märtyrerbuch‹ der Gemeinschaft verzeichnet, und es gibt bis heute Besuche dieser gänzlich einfach und aller modernen Technik abhold lebenden Menschen aus den USA und auch aus Polen. Wer heute auf der nach Südosten gelegenen Schildmauer, die als Aussichtsplattform dient, steht und ins Tal blickt, ahnt vielleicht noch etwas von den Gedanken des bedrängten Reformators ebenso wie der gefangenen Täufer um den Pfarrer Paul Glock.

Die Reformation verlieh der Beziehung zwischen Herrschaft und Untertan, ebenso dem territorialen Gefüge Südwestdeutschlands eine neue, ganz wesentliche Qualität. Die auf dem Reichstag von Augsburg 1555 sanktionierte, de facto aber schon zuvor geübte Praxis, dem Landesherrn die Wahl der Konfession seiner Untertanen zu überlassen, führte langfristig zu religiösen, geistigen Grenzziehungen, die bis heute sichtbar sind. Der Herzog von Württemberg vermochte in der Folge durch die Einrichtung von Kirchenkonventen, örtlichen geistlichen Aufsichtsgremien, und nicht zuletzt durch die Etablierung eines deutschen Schulwesens in ganz neuer und intensiverer Weise Einfluss auf das Leben ihrer Untertanen zu nehmen. Doch zuvor warf diese scheinbar

Zentrale Fragen der Reformation im Bild: Das um 1600 entstandene Ölbild der Stadtkirche St. Blasius in Bopfingen zeigt die protestantischen Fürsten (links) und Vertreter evangelischer Reichsstädte (rechts) beim Empfang des Abendmahls. In der Bildmitte betonen der Gekreuzigte und die Heilige Schrift auf dem Altar eine der Grundlagen der Reformation, nämlich die Unmittelbarkeit des Wort Gottes zu den Gläubigen.

klare Regelung konfessioneller Zugehörigkeit viele Fragen auf – wem kam nun im Einzelfall das »ius reformandi« zu, was bedeutete Landesherrschaft? Eine Reihe von Beispielen veranschaulicht das Dilemma. Am Rand des Zwiefalter Klosterterritoriums auf der Alb gab es vielfache Überschneidungen von Herrschaftsrechten zwischen Württemberg und dem Kloster. Mal war der eine Ortsherr, der andere besaß den »Kirchensatz«, mal war es umgekehrt. Vielfach war es das Recht des Stärkeren, das über die Einführung oder Nichteinführung der Reformation entschied. Kleinere Herrschaften mussten sich da eher zurückhalten. In dem ritterschaftlichen Eglingen (LKR Heidenheim), in dem vom protestantischen Nachbarn Pfalz-Neuburg entsandte lutherische Geistliche predigten, wehrten sich die Grafen von Grafeneck als Ortsherren ausschließlich auf dem Rechtsweg, indem sie sich an das Reichskammergericht wandten – mit Erfolg. Nach den großen, gewalttätigen Konflikten konnte man immerhin das Nebeneinander des Verschiedenen akzeptieren. Orte geteilter, auch konfessionell geschiedener Herrschaft waren nun denkbar, so die nahe gelegenen Orte Magolsheim (LKR Reutlingen) und Ennabeuren (LKR Alb-Donau), wo Württemberg jeweils nur einen Teil des Dorfes besaß, der andere Teil aber in den Händen katholischer Herrschaft verblieb. Was das nun für das Alltagsleben der Menschen bedeutete, steht auf einem anderen Blatt, die Akten jedenfalls berichten von Konflikten über Gottesdienstzeiten, Einhaltung von Feiertagen und der Zugänglichkeit der gemeinsam genutzten Kirchen.

In Sachen Reformation zwischen Sonderweg und Anpassungsdruck

Württembergs Eintritt in die reformatorische Bewegung war für den süddeutschen Raum von erheblicher Bedeutung. Die Situation auf der Alb war nun dadurch geprägt, dass hier das Gebiet des Herzogtums an die Vorlande des altgläubig gebliebenen Hauses Habsburg stieß, das in seinem Machtbereich alle Regungen des neuen Glaubens, die etwa in der Grafschaft Hohenberg großen Widerhall gefunden hatten, brutal unterdrückte. Zeitlich an erster Stelle der Reformationsgeschichte stand allerdings nicht das Herzogtum Württemberg, sondern die Reichsstädte. Beidseits der Alb, in Reutlingen ebenso wie in Ulm, setzten die Räte der Stadt schon früh reformatorische Prediger ein. Auch in Giengen an der Brenz vermochte, dies allerdings erst ab 1529, die Reformation Fuß zu fassen. Rottweil war eine der ganz wenigen oberdeutschen Reichsstädte, die beim alten Glauben verblieb.

Insbesondere Ulm mit seinem ausgedehnten Territorium auf der Alb und einer Reihe von Klostervogteien strahlte in sein Umland aus. Außerdem war die Stadt auch für eine ganz eigenständige reformatorische Bewegung von Bedeutung, denn hier hielt sich der schlesische Adelige Caspar Schwenckfeld (1490-1561) ab 1535 immer wieder auf und konnte erfolgreich für seine Vorstellungen werben. Schwenckfeld lehnte sowohl die katholische als auch die lutherische Auffassung des Abendmahls ab, ebenso die Kindstaufe. Hingegen betonte er die persönliche Frömmigkeit und Gottsuche, so dass zu Recht Verbindungslinien zum Pietismus gesehen wurden. Martin Luther, der sich bekanntermaßen zuweilen drastischer Ausdrücke bediente, nannte den Schlesier polemisch schlicht »Stenkfeld« und verweigerte sich jeder, von diesem durchaus angestrebten Verständigung. Die endgültige Zuwendung des Ulmer Kirchenregiments zur lutherischen Richtung der Reformation machte Schwenckfelds Position in der Stadt zusehends unhaltbar, so dass er sich unter den Schutz des ihm schon lange wohlgesonnenen Georg Ludwig von Freyberg begeben musste, der über die nicht weit von Ulm gelegene Herrschaften Justingen im Schmiechtal und Öpfingen (LKR Alb-Donau) verfügte. Seit 1540 war hier das Refugium Schwenckfelds und die freybergische Herrschaft ein Beispiel religiöser Toleranz in Zeiten sich immer mehr verhärtender Religionskonflikte. Unter dem Druck des übermächtigen Nachbarn Habsburg allerdings konnte sich Schwenckfeld nurmehr in geheimen Zusammenkünften zeigen, die freybergischen Orte wurden zur Gänze wieder dem katholischen Glauben zugeführt.

Dass sich die geistlichen Herrschaften gegen die Einführung der Reformation zur Wehr setzten, ist verständlich. Doch auch für die kleineren weltlichen Herren war der Weg der Herren von Freyberg keineswegs üblich, vielmehr lehnten sich hier viele an das katholische Haus Österreich an, das ihnen als Garant eigener Selbstständigkeit erschien. Einen besonderen Weg nahm die Herrschaft Wiesensteig im oberen Filstal. Hier führten die Grafen von Helfenstein – auch unter dem Einfluss Caspar Schwenckfelds – zunächst die Reformation ein, kehrten dann aber zum alten Glauben zurück. Dieser Schritt Graf Ulrichs XVII. im Jahr 1567 geschah nicht nur unter dem Eindruck des hinhaltenden Widerstandes der Chorherren des Wiesensteiger Stifts St. Cyriacus, sondern ging wesentlich auf das Wirken des für die Gegenreformation in Süddeutschland bedeutenden Jesuiten Petrus Canisius (1521-1597) zurück. Canisius, damals Vorsteher der oberdeutschen Provinz seines Ordens, entfaltete seine Wirkung in Predigt und Katechese, wirkte dabei auch in den wittelsbachischem Einflussbereich nicht allzu entfernt gelegenen Herrschaften wie der Fürstpropstei Ellwangen oder eben dem helfensteinischen Wiesensteig. Die katholischen Teile der Ostalb, die ihren Glauben in besonders hartnäckiger Auseinandersetzung bewahrten, sollten dann sehr viel später noch eine gewichtige, schillernde Rolle innerhalb der katholischen Kirche Württembergs spielen. Ein Kreis von Geistlichen vor allem aus dem Dekanat Deggingen formierte sich in den 1850er Jahren zur »Donzdorfer Fakultät«, die, so der Kirchenhistoriker Rudolf Reinhardt, als »radikal-ultramontane

Protestbewegung« sowohl die liberale Tübinger theologische Fakultät als auch die als zu staatstragend angesehene Leitung des Rottenburger Bistums mit aller Schärfe angriff.

Doch zurück in die Zeit, in der die konfessionelle Landschaft sich erst herausbildete. Kam im Fall der Herrschaft Wiesensteig den Jesuiten eine zentrale Rolle bei der Wiedergewinnung des Landes für den Katholizismus zu, so spielten diese Rolle in der Grafschaft Zollern die aus Bayern herbeigerufenen Franziskaner, die 1585 auf Bitten des Landesherrn das bereits verwaiste Frauenkloster bei der Hechinger Pfarrkirche St. Lucius wieder besiedelten. Hier entstand in den Folgejahren eine der bemerkenswertesten Renaissancekirchen des deutschen Südwestens.

Während die Reformation ebenso wie das Verharren beim alten Glauben keinen nennenswerten Widerstand der Untertanen provoziert zu haben scheint, sah es mit anderen Neuerungen ganz anders aus.

Bürger und Bauern contra Ortsherrn: die »Böhmenkircher Rebellion«

Eine gut mit dem helfensteinischen Wiesensteig vergleichbare Herrschaft war das rechbergische Weißenstein auf der Ostalb. Hauptort war Böhmenkirch, das zwischen dem württembergischen Amt Heidenheim im Osten und reichsstädtisch-ulmischem Gebiet im Westen lag. Vor 1580 war es unter Haug von Rechberg zu einer schrittweisen Erhöhung der Abgaben, in erster Linie der Fronlasten gekommen. Außerdem löste der Ortsherr wegen der Widerständigkeit der Einwohner das örtliche Gericht und damit das wichtigste gemeindliche Gremium auf. Die Reaktion der Bauern darauf erscheint als mustergültiger Beleg für eine neue Bewertung der Ergebnisse des Bauernkrieges: Zwar waren die Bauern militärisch unterlegen, doch scheint sich seitens der

Herrschaften die Erkenntnis durchgesetzt zu haben, dass man Konflikte besser auf dem Verhandlungswege löst. Dazu dienten Institutionen des Reichs und der Territorialstaaten, die von den Bauern selbstbewusst angerufen wurden. Eben dies passierte auch in Böhmenkirch, wo man 1579 mit 150 Mann förmlich auszog und sich – der Ort galt als habsburgisches Lehen – direkt an die vorderösterreichische Regierung, dann an den Reichshofrat wandte, um sich über den eigenen Herrn zu beschweren. Eine vom Reichshofrat eingesetzte Kommission schien indes dem Rechberger zuzuneigen, worauf der Ort mit Unterstützung eines Notars vor das Reichskammergericht in Speyer zog. Dies wurde als Missachtung des Kaisers aufgefasst und man reagierte mit der Festsetzung praktisch der gesamten männlichen Bevölkerung. 1582 kam es dann schließlich zu einem Schiedsspruch, der zwar dem Ortsherrn im Wesentlichen Recht zu geben schien, in der Praxis aber doch auf Ausgleich zielte. Die Strafen für die als aufständisch geltenden Bauern blieben moderat, ihre eigentlichen Ziele, eine herrschaftliche Eigenwirtschaft auf Kosten bäuerlicher Nutzungsrechte zu verhindern, schien tatsächlich erreicht. Ein herrschaftlicher Schafhof etwa, der andernorts zu erbitterten Streitigkeiten über die Verfügung von Weidegründen führte, war in Böhmenkirch verhindert worden. Der gelehrte Unterstützer der Bauern aber, Samuel Letscher, war härter betroffen. Ihm wurde das Notariat entzogen und ein Aufenthalt diesseits des Rheins verboten. Lange zu tragen indes hatte die Gemeinde an den ihr alleine aufgebürdeten Gerichtskosten von 10 000 Gulden.

Die Anrufung mächtiger Herren und Fürsten, ebenso von Gerichten des Reichs, der demonstrative Auszug aus dem Ort offenbaren ein Arsenal von Handlungsmöglichkeiten, das sich keineswegs nur in Böhmenkirchen beobachten lässt. 1584 kam es in der Grafschaft Zollern zu Auszügen der gegen Fronlasten protestierenden Bauern. In dem reichsritterschaftlichen Ort Ehestetten (LKR Reutlingen) geschah dies 1600. Für diesen wegen drohenden militärischen Eingreifens »Ehestetter Krieg« genannten Konflikt war wohl die besonders undiplomatisch auftretende Persönlichkeit des Ortsherrn, Wilhelm Dietrich Speth, ursächlich, der auf dem Höhepunkt des Konflikts den ausgezogenen Bauern Frauen und Kinder gleich hinterherschickte. Die einflussreichen benachbarten weltlichen Herren, Graf Eitel Friedrich von Zollern und die württembergischen Räte, drangen auf eine Einigung, die durch eine württembergische Beteiligung an der Verwaltung der Herrschaftseinnahmen möglich wurde. Gerade in Zollern-Hechingen entwickelte sich von dem schon genannten Bauernprotest bis in die Zeit der Französischen Revolution eine Kette von Untertanenerhebungen, die sich ebenfalls gegen wachsende Fronlasten und gegen die fürstliche Jagd wandten. 1618 führte dies zur »Generalrebellion« im Land, die weit über eine spontane Erhebung hinausging. Vertreter der Dörfer formierten sich zur »Landschaft«, die dem Grafen entgegentrat. Der Konflikt drohte auch hier zu eskalieren und wurde schließlich durch eine militärische Übermacht des Grafen erstickt.

Wenn im weiteren Verlauf – mit Ausnahme der Grafschaft Hohenzollern-Hechingen – keine Aufstandsbewegungen mehr sichtbar werden, heißt das noch lange nicht, dass die Bauern duldsam unter dem Joch ihrer Herren darbten. Vielmehr war es ein Ergebnis der Untertanenkonflikte des 16. und frühen 17. Jahrhunderts, dass Mechanismen der Konfliktregelung gefunden wurden. Neue Nöte entstanden nun aus einem bald halb Europa erfassenden Konflikt zwischen Reich und Fürsten, zwischen Habsburg, Schweden und Frankreich, zwischen evangelischen und katholischen Mächten.

Während des Dreißigjährigen Kriegs

Hatten der Aufstand des »Armen Konrad«, Bauernkrieg und die Rückeroberung des Herzogtums Württemberg durch Herzog Ulrich die Alb letzten Endes keineswegs flächendeckend berührt, so verhielt sich dies im Verlauf des Dreißigjährigen Krieges (1618-1648) grundlegend anders. Zwar lässt sich für die ersten Jahre dieses europäischen Mächtekonflikts noch sagen, dass die Alb weitgehend an der Peripherie des Geschehens lag, unberührt aber blieben die Städte und Dörfer keineswegs. Die frühen Phasen des böhmischen Krieges und des Feldzugs gegen die protestantischen Fürsten Nord- und Mitteldeutschlands hatten den Südwesten nur in den nördlichen Landstrichen tangiert. Der territorialen Grenzziehung entsprechend stießen aber auch auf der Alb die Gegensätze aufeinander; die Erhebung der zollerischen Grafen in den Reichsfürstenstand geschah 1623 unter den Vorzeichen der engen Anbindung der Grafen Johann Georg von der Hechinger und Johann von der Sigmaringer Linie der Zollern an die katholische Sache. Der Nachbar Württemberg indes war nach der Niederlage der Pfalz wichtigste verbliebene protestantische Macht im Südwesten. Nun war das damals vormundschaftlich regierte Herzogtum von den Erfolgen Wallensteins im Norden Deutschlands auch ohne direkte Kriegshandlungen betroffen, denn Kaiser Ferdinand II. fühlte sich nun dazu in der Lage, das Rad der Reformationsgeschichte noch einmal zurückzudrehen und verfügte im Restitutionsedikt vom 6. März 1629 die Rückerstattung aller säkularisierten Klöster. Tatsächlich zogen in dem alten Benediktinerkloster Anhausen (LKR Heidenheim) wieder katholische Mönche aus Augsburg und Elchingen unter Führung von Abt Karl Stengel ein. In Blaubeuren war der Einzug der Mönche mit dem Wechsel der weltlichen Herrschaft verbunden. Blaubeuren galt als tirolisches Lehen und wurde so zu den österreichischen Vorlanden geschlagen. Auch in der ehemaligen

Zisterze Königsbronn kam es zu einer Restituierung, die bis zum Jahr des Westfälischen Friedens 1648 Bestand hatte.

1631 erlebten die Bewohner der Albdörfer erstmals hautnah die Geisel des Krieges. Unter der Führung Graf Egons von Fürstenberg-Heiligenberg (gest. 1635), einem der ersten Militärs Ferdinands II., zog ein kaiserliches Heer von 24 000 Mann von Italien kommend über Ulm, Münsingen und Reutlingen nach Tübingen. Auch ohne direkte Kampfhandlungen waren Plünderung, Erpressung und Gewalt an der Tagesordnung. Vorausgegangen war der Kriegseintritt König Gustav Adolfs von Schweden auf Seiten der Protestanten 1630. Den Schweden und ihren Verbündeten gelang die Verlagerung des Kriegsgeschehens in den Süden bis in die habsburgischen Erblande hinein. Auch nach Gustav Adolfs Tod in der Schlacht von Lützen lehnte sich Württemberg mit dem Heilbronner Bund (1633) eng an die Großmacht im Norden an und verbuchte mit der Eroberung des Hohenzollern im selben Jahr auch militärisch Erfolge. Am 6. September 1634 aber kam es zum Schicksalstreffen für die süddeutschen protestantischen Lande bei Nördlingen, vor den Toren der Alb. Für Württemberg endete die größte Schlacht des Dreißigjährigen Krieges in einer schieren Katastrophe. Vom 6000 Mann zählenden Heer des Herzogtums gingen manchen Quellen zufolge zwei Drittel verloren. Das Land lag schutzlos dem an der Grenze stehenden Feind offen. Zuallererst galt dies natürlich für die angrenzenden, durch Straßen gut erschlossenen Bereiche der Ostalb. Viele evangelische Orte im Brenztal gingen in Flammen auf, so auch die von spanischen Soldaten besetzte Reichsstadt Giengen. Die württembergische Amtsstadt Heidenheim mit der im 16. Jahrhundert neu entstandenen Festung Hellenstein wurde zu einem Zufluchtsort für die Menschen aus einem weiten Umkreis. Die berühmte »Wasserkunst« des Schlosses wurde damals zerstört und auch nach Kriegsende nicht wieder aufgebaut. Ein Zeichen von drei Kanonenschüssen, abgefeuert von den großen

Festungen, sollte die herannahenden Feinde ankündigen und das Landesaufgebot zusammenrufen. An einen wirklichen Widerstand war angesichts der Kräfteverhältnisse jedoch nicht zu denken. Unterdessen floh der junge Herzog Eberhard III. außer Landes ins protestantische Straßburg. Einige der württembergischen Ämter wurden fremder Herrschaft unterworfen, so erhielt Erzherzogin Claudia von Tirol neben dem Amt Blaubeuren, das schon zuvor als Lehen eingezogen worden war, Teile des Amtes Urach, der Hofkriegsratspräsident Heinrich von Schlick die Ämter Tuttlingen, Balingen, Ebingen und Rosenfeld zugesprochen. Doch noch war nicht das ganze Land besetzt. Immer stärker gerieten die württembergischen Höhenfestungen in den Blick der Auseinandersetzung, darunter Hohenurach und Hohenneuffen, ja auch der Hohenzollern, der erst kurz zuvor durch württembergische Truppen eingenommen worden war.

Der im 16. Jahrhundert ausgebaute Hohenurach unterstand dem Kommando des in schwedischen Diensten stehenden sächsischen Offiziers Gottfried Holtzmüller, der Festung und Stadt mit 150 Dragonern zusammen mit der württembergischen Besatzung »bis zum letzten Mann« verteidigen sollte. Urach selbst aber wurde bereits am 2. November 1634 an Oberst Butler – einer der Mörder Wallensteins – nach einem erbitterten Gefecht um die bei Dettingen/Erms aufgeworfenen Schanzen übergeben. Zuvor war in der Stadt das Pulverdepot in die Luft geflogen, ein weiterer Widerstand war damit sinnlos. Der Hohenurach war weit weniger leicht einzunehmen, so dass den Belagerern nichts anderes übrig blieb, als die Besatzung auszuhungern. Und diese Zeit wurde reichlich genutzt, um in den umliegenden Dörfern zu marodieren. In seiner »Beschreibung der wirtembergischen Alb« berichtet Pfarrer Jeremias Höslin aus seinem Wirkungsort Böhringen im Amt Urach von den Folgen, die er selbst, über 100 Jahre nach dem Geschehen, noch ermessen konnte. Dem Totenbuch der Gemeinde entnahm er, dass im Jahr 1635 nicht weniger als 500 Menschen der Pest zum Opfer gefallen waren. Und im Jahr darauf wird von den ersten Hungertoten berichtet, die es wegen der dem Krieg folgenden Verwüstung und der allgemeinen Teuerung gab. Noch zu seiner Zeit, so Höslin, zeugten »Brandstätten« von den Zerstörungen des mehr als einhundert Jahre zurückliegenden Krieges. Im Frühjahr 1635 begann die Lage auf Hohenurach unerträglich zu werden. Essen war lange schon rationiert, und was es gab, war alles andere als appetitlich – der Uracher Bürger Bernhard Schwan schrieb später, er habe auf der Festung »viel unmenschlich Speisen« gegessen – unter anderem das Fleisch der ohnedies kaum mehr mit Futter zu versorgenden Pferde. Ein Husarenstück vom April 1635, bei dem sich auf ein verabredetes Zeichen hin verbündete Truppen aus Ulm und vom Hohenneuffen mit der ausgebrochenen Besatzung des Hohenurach vereinigten, sicherte fürs Erste den Nachschub. Allerdings büßte der Festungskommandant bei diesem Scharmützel seine Sehkraft ein. Die Befehlsgewalt behielt Holtzmüller gleichwohl, ja der Erblindete schaffte es noch, sich im Juni, als fast alle Vorräte aufgebraucht waren, zum Hohenneuffen durchzuschlagen. Die Uracher Festung wurde von seinem Bruder Johann am 19. Juli übergeben.

Einen ganz anderen Verlauf nahm die Belagerung des unter württembergischem Kommando stehenden Hohenneuffen. Die militärisch mit damaligen Mitteln nicht zu bezwingende Anlage wurde von Burghauptmann Johann Philipp Schnurm verteidigt, der, anders als Holtzmüller auf Hohenurach, auf Ausfälle verzichtete und während der Bindung kaiserlicher Truppen im Ermstal seine Leute reichlich mit Vorräten versehen konnte. Dennoch war man auch hier im November 1635 soweit, die Festung zu übergeben. Angesichts der hoffnungslosen militärischen Unterlegenheit der Protestanten bleibt das Ausharren der Besatzungen auf Hohenurach und Hohenneuffen ein bemerkenswertes Beispiel zäher Ausdauer und logistischer Leistung.

Konrad Widerholt

Für die Südwestalb war der von Konrad Widerholt (1598–1667) verteidigte Hohentwiel im Hegau als württembergische Exklave von vergleichbarer Bedeutung. Der im hessischen Ziegenhain geborene legendäre Soldat erhielt 1634 das Kommando über die Festung übertragen. Mit seinen Reitern machte er auch nach der Niederlage bei Nördlingen Oberschwaben unsicher und veranstaltete mit der achtzig bis hundert Dragoner zählenden Truppe Plünderungszüge sogar über die Alb hinaus bis in das österreichischer Regentschaft übergebene Echaztal und nach Blaubeuren. Widerholt trotzte nicht weniger als fünf Belagerungen, so dass der Hohentwiel das bis ans Kriegsende einzige württembergische Refugium rechts des Rheines war, das nicht von katholischen Truppen besetzt werden konnte. Militärisch war die Festung auf dem Vulkankegel kaum zu nehmen, so versuchte man es mit Aushungern. Diese Not machte wahrlich erfinderisch – zur Mehlproduktion, aber auch zum Betrieb einer Pumpe und einer Schmiede entstand damals eine Windmühle, wohl die erste, die in Südwestdeutschland errichtet wurde. In Friedenszeiten, ab 1650, war Widerholt als Obervogt in Kirchheim/Teck nach wie vor in württembergischen Diensten.

Für die Südwestalb wurden Truppendurchzüge und Quartiernahmen entlang der wichtigen Straßen am oberen Neckar und der Donau eine immer drückendere Last. 1633 führte ein Zug des schwedischen Generals Gustav Horn über die Südwestalb. Die Stationierung der Soldaten an der oberen Donau traf die katholischen Orte wie Spaichingen und Nusplingen besonders hart, doch wurden auch evangelische Glaubensbrüder keineswegs verschont. Zusätzlich war diese Region durch den Kriegseintritt Frankreichs 1634 und die Militäroperationen Herzog

»Belagerung der Vestung Hochen Twiel im Jahr 1641«, Kupferstich von Matthäus Merian. – Die 500 Mann starke Besatzung des Hohentwiel, der ab Oktober 1641 belagert wurde, war den Gegnern weit unterlegen. Die Wende im Kriegsgeschehen brachte ein französisches Entsatzheer, das im Januar 1642 heranrückte.

Während des Dreißigjährigen Kriegs 161

Bernhards von Sachsen-Weimar sowie bayerischer Truppen betroffen, wobei es meist um die Eroberung verkehrsgünstiger befestigter Plätze wie Balingen, Tuttlingen oder Rottweil ging. In diesen Zusammenhang gehört der spektakuläre Überfall bayerischer Truppen auf das große französische Winterquartier im November 1643. Die in Tuttlingen, Mühlheim und der Umgegend verteilten etwa 16 000 Soldaten wurden bei Schneetreiben von den Generalen Mercy und Werth völlig überrascht und eingeschlossen. Von Artillerie bedroht und gänzlich abgeschnitten,

mussten die Franzosen am 25. November aufgeben. Der St. Georgener Abt Georg Gaisser wusste von den Überresten dieser Armee zu berichten, die Tage danach barfuß, zerlumpt und hungernd die Gegend durchstreiften und von den Dorfbewohnern – sicher nach einschlägigen Erfahrungen – unter Verwünschungen davongejagt wurden. »Homo homini lupus«, der Mensch ist des Menschen Wolf, so Gaissers Fazit, der noch hinzusetzte, dass mit Tieren wohl besser verfahren worden wäre als mit jenen Bedauernswerten.

Militärische Durchzüge und Plünderungen waren das eine, die durch Soldaten eingeschleppten Seuchen das andere. Schon 1626 hatte die Pest das Land heimgesucht, doch war dies nur ein Vorspiel dessen, was sich gerade in den überlieferten Totenbüchern der Albpfarreien 1635 an Bevölkerungsverlusten nachweisen lässt.

Der westfälische Friedensschluss 1648 stellte die territoriale Integrität des Herzogtums Württemberg wieder her. Auch die konfessionelle Situation war unter Berücksichtigung des »Normaljahres« 1624 praktisch wieder dieselbe wie vor dem Krieg. Künftige territoriale Änderungen sollten daran auch nichts mehr ändern, deshalb blieben die Einwohner der freybergischen Herrschaft Justingen (LKR Alb Donau) auch dann noch katholisch, als das protestantische Württemberg die Herrschaft 1751 erwarb. Gravierender waren die wirtschaftlichen und sozialen Folgen. Das Land, ungeachtet der jeweiligen Konfession, war entvölkert und verwüstet. Die Zusammenstellungen für das Herzogtum Württemberg, die auf andere Herrschaften übertragen werden können, weisen für viele Orte auf der Alb einen Rückgang der Einwohnerschaften um zwei Drittel aus. Beinahe stereotyp findet sich in Steuerunterlagen der Nachkriegszeit die Wendung, dass die Leute nicht wüssten, welche Äcker zu ihren Höfen gehörten, da von den alten Bewohnern niemand mehr da wäre, der Auskunft geben könnte.

Fremde Zungen auf der Alb

Die gravierenden Bevölkerungsverluste brachten für die großen und kleinen Territorien die Notwendigkeit mit sich, für eine schnelle Wiederbesiedlung der verwüsteten Dörfer und Städte zu sorgen. Andernfalls drohten die Steuerkraft des Landes und damit die Grundfesten der Herrschaft erschüttert zu werden. In Zeiten eines Religionskrieges hielt man aus nahe liegenden Gründen zunächst in Regionen gleichen Glaubens nach Menschen Ausschau. Für das evangelische Württemberg kamen hier die evangelischen Kantone der Schweizer Eidgenossenschaft und die protestantischen Einwohner der habsburgischen Alpenländer und des Hochstifts Salzburg in Frage. Es ist auffallend, dass aus Herrschaften wie Sax im Hochrheintal eine Vielzahl zumeist ärmerer Immigranten vor allem in das württembergische Amt Urach einwanderte. Praktisch dasselbe Muster lässt sich für katholische Herrschaften belegen. Auch für die von Edwin Ernst Weber untersuchten Grafschaften Veringen und Friedberg-Scheer gilt, dass es großenteils ärmere, jüngere Zuzügler aus der Schweiz und der Habsburgermonarchie waren, die sich nun auf der Alb verdingten. Die Zuwanderungsbewegung klingt mit den langsam wachsenden Bevölkerungszahlen wieder ab, ja wechselt mancherorts fast nahtlos in die frühe, meist Südosteuropa zustrebende Auswanderungsbewegung. Reminiszenzen an die Einwanderer jener Zeit haben sich vielerorts in Gassen- und Quartierbezeichnungen erhalten, so in den »Schweizerwegen« und -gassen oder dem sowohl in Veringenstadt als auch in Münsingen belegten Viertel »Tirol«.

Die lange Dauer bis zum Ausgleich der kriegs- und seuchenbedingten Bevölkerungsverluste lag auch an den Rückschlägen, zu denen neue Kriege beitrugen. Die Alb war in erster Linie während der ersten Jahre des 1700 ausgebrochenen Spanischen Erbfolgekrieges betroffen.

Die Alblinien

Noch heute zeugen im vormals Zollerischen und auf der mittleren Alb, etwa um den Rossberg bei Sonnenbühl-Genkingen, Überreste eines Verteidigungsbollwerks vom Spanischen Erbfolgekrieg. Diese »Alblinien« sollten den gesamten Albtrauf von der Geislinger Steige bis zur Zollernalb sichern. Sie bestanden aus Verhauen und Erdbefestigungen, die nun keineswegs wie etwa jene ominöse »Albrandverteidigung« der letzten Monate des Zweiten Weltkrieges dazu gedacht war, einen von Westen heranrückenden Feind vom Albaufstieg abzuhalten, sondern, genau anders herum, den Einfall bayerischer und französischer Soldaten über die Alb ins württembergische Kernland hinein zu verhindern.

Rekonstruktionszeichnung einer Schanze der Alblinien bei Genkingen. Ein Gefecht hat dort niemals stattgefunden.

Die Orte auf der Alb selbst waren den von Ulm und Ehingen ausgehenden Plünderungszügen ausgeliefert. Bereits im Oktober 1702 war es zu einem Überfall bayerischer Soldaten auf kaiserliche Husaren bei Münsingen gekommen, der in eine Plünderung der Ortschaft mündete. Bis 1704 gingen einige Albdörfer in Flammen auf. Ähnlich erging es den Alborten im Amt Balingen, die im Frühjahr 1703 von französischen Reitern heimgesucht wurden sowie den Dörfern um Heidenheim und Giengen, wo im selben Jahr gewaltige Truppenmassierungen zu verzeichnen waren. Im Januar 1704 wurde die Reichsstadt Giengen von französischen Einheiten besetzt, die »lang sehr übel« in der Stadt hausten. Erst der spektakuläre Gewaltmarsch des Herzogs von Marlborough vom Rhein über die Alb bei Geislingen im Mai 1704 bereitete dem Spuk ein Ende. Der englische Feldherr vereinigte sein 26 000 Mann starkes Heer bei Westerstetten (LKR Alb-Donau) mit den Soldaten Markgraf Ludwigs von Baden und zog von da in gebührendem Abstand zu den bayerischen Truppen an der Donau nach Nordosten weiter. Wenige Tage später folgte die Niederlage des bayerischen und französischen Heeres bei Höchstädt.

Pietismus und Aufklärung: das 18. Jahrhundert

Der Pietismus hält Einzug

In der neu formierten Gesellschaft nach dem Dreißigjährigen Krieg schufen sich je nach politischer und konfessioneller Zugehörigkeit neue Formen von Religiosität und Frömmigkeit Bahn. Für das evangelische Herzogtum Württemberg ist in erster Linie die mächtige Bewegung des Pietismus zu nennen, die im 18. Jahrhundert allenthalben sichtbar wird und mit Philipp Matthäus Hahn einen seiner hervorragenden Vertreter als Geistlichen in dem Albdorf Onstmettingen hatte.

Religion des Herzens

Der Pietismus wird nach der programmatischen Schrift Philipp Jakob Speners (1635–1705) »Pia desideria« bezeichnet. Was waren diese ›frommen Wünsche‹? Es ging um eine affektiv, ›mit dem Herzen‹ nachvollziehbare Annäherung an Gott durch Schriftlesung, Gesang und praktische Tätigkeit. Der Pietismus, in Württemberg erst relativ spät im Laufe des 18. Jahrhunderts heimisch geworden, wurde weltweit zu einer der bedeutendsten Strömungen im evangelischen Christentum mit keineswegs nur religiösen Auswirkungen. Eine Vielzahl sozialer Einrichtungen, Verlage, Bibeldruckanstalten, ja die Einführung der Konfirmation in Württemberg (1732) hatten hier ihre Wurzeln. Im Herzogtum Württemberg wurde der neuen Bewegung zu Beginn mit Miss-

> trauen und Verboten begegnet, sparten die in Privatversammlungen sich treffenden »Stundenleute« – so benannt nach der »Stunde«, in der sie gemeinsam in der Bibel lasen – doch nicht an auch zum Teil harscher Kritik an der Amtskirche. Gar mancher landete so im Gefängnis, wie etwa der Zaininger Pfarrer Johann Jakob Kuhn, der 1735 auf den Hohenasperg kam, dann aber seinen Lebensabend doch wieder in Freiheit auf einer Pfarrstelle in Dapfen im Lautertal (LKR Reutlingen) genießen durfte.

Im Ermstal und auf der Alb lag einer der Schwerpunkte des Pietismus in Württemberg. Häufig waren es einzelne Familien, Pfarrer oder Lehrer, die für eine solche Prägung den Grundstein legten. Ein schönes Beispiel liegt dafür aus Hülben bei Urach vor, wo die Familie Kullen, im 17. Jahrhundert aus dem benachbarten Erkenbrechtsweiler zugewandert, über zweihundert Jahre, von 1722 bis 1939, das Schulmeisteramt innehatte – dies vermutlich nicht nur ein württembergischer Rekord! Seit etwa 1768 traf man sich im Haus des Schulmeisters Wilhelm Kullen, der biblische Texte las und auslegte. Wie bei vielen Gestalten dieser Frömmigkeitsbewegung erzählt auch hier eine Anekdote, wie die Familie ›erweckt‹ wurde. In diesem Fall ging der Anstoß von der Frau des Dorfschullehrers aus, Anna Katharina Kullen. Bei ihrem Seelsorger, dem Hülbener Pfarrer Johann Ludwig Fricker, suchte sie Rat und erhielt den lakonischen Bescheid »Lese Sie die Römer-Epistel!« – Dies schien zunächst nicht weiter zu führen, denn bekanntlich steht in diesem Paulusbrief am Beginn zunächst einmal die Feststellung, dass alle Menschen dem Gericht Gottes verfallen sind und sein »heiliger Zorn« all die treffen werde, die ihn nicht ehren. Die rechtschaffene Lehrersfrau konnte sich darin nicht recht wieder finden und meinte denn auch, dass diese Epistel eher etwas »für die Dettinger« als für die Hülbener sei, denn Hülben war damals Filial der Ermstalgemeinde. Auf diese Vorhaltung wurde sie indes wieder auf die gleiche Bibelstelle verwiesen, und kam schließlich zu dem Schluss: »Herr Pfarrer, die Römer-Epistel ist doch etwas für die Hülbener, und auch für mich.«

»Stundenhalter«, also Leiter des gemeinsamen Lesekreises, wurde aber nicht die Frau, das wäre gänzlich ungewöhnlich gewesen. Die Versammlungen neben der Kirche schienen einen glücklicheren und reibungsloseren Verlauf zu nehmen als anderswo. Bald kam der Wunsch auf, sich mit Gleichgesinnten zusammenzutun, gemeinsam den Austausch über die Schrift auf eine gesichertere Grundlage zu stellen. Zu Beginn des 19. Jahrhunderts trafen sich die »Brüder«, wie sie sich nannten, aus der Region regelmäßig in dem Albdorf zu mehr und mehr wachsenden »Konferenzen«. Diese Zusammenkünfte der altpietistischen Gemeinschaft an Silvester und am Kirchweihmontag im Herbst sind bis heute ein Großereignis und tragen zum unverwechselbaren Profil der evangelischen Kirche in Württemberg bei. Das Hülbener Schulhaus mit seinen »alten, ausgetretenen Treppenstufen«, die zu Beginn des vorigen Jahrhunderts einer Verwandten der Kullens aus der Großstadt »wie alte Krieger mit ehrenvollen Narben« erschienen, ging bald in den Besitz der Familie über. Es ist eines der wenigen Häuser des alten Dorfs, das bis heute überdauert hat.

Der grüblerische Eigensinn der Stundenleute war keineswegs nur weltabgewandt. Zwar war man strikt gegen Wirtshäuser, doch erschien eine wirtschaftliche Betätigung als durchaus erstrebenswert. Bekanntlich wurden die Arbeiten Philipp Matthäus Hahns in Onstmettingen zum Ausgangspunkt einer hoch spezialisierten industriellen Produktion von Uhren und Messgeräten, und auf der Ulmer Alb kann beobachtet werden, dass in den protestantischen Gemeinden aus der Hausweberei mehr und mehr protoindustrielle Kleinbetriebe erwuchsen.

Katholische Frömmigkeit und barocke Pracht

Man ist versucht, für die katholische Seite primär auf die bewusst nach außen getragenen Zeichen eines gelebten Glaubens hinzuweisen. Die Verehrung typischer Heiliger der Barockzeit wie Johannes Nepomuk schlägt sich heute noch sichtbar in Kapellen, Altären und Bildstöcken nieder. Einer der wenigen neuen Heiligen der Zeit war das zollerische Landeskind Markus Roy (um 1577/78-1622), nach seinem Ordensnamen Fidelis von Sigmaringen, der als Kapuzinerprediger in Graubünden erschlagen wurde. Der vor allem in den zollerischen Landen hoch verehrte Märtyrer wurde 1746 heilig gesprochen. Die Bedeutung der Viehwirtschaft spiegelt sich in der Errichtung vieler Altäre und Kapellen zu Ehren Wendelins, des Schutzheiligen gegen Viehseuchen wider. Hinzu kommt eine stupende Bautätigkeit über ein ganzes Jahrhundert hinweg, vom ausgehenden 17. bis zum ausgehenden 18. Jahrhundert. Ausgangspunkt waren die gewaltigen Bauleistungen der großen Klöster, etwa Neresheims ab 1747 und zuvor schon Zwiefaltens und Marchtals, die alle weit in die Region ausstrahlten. Neresheim etwa schuf auf dem Härtsfeld ein sprichwörtliches »Bauernland der Zwiebel-

Statue des Hl. Fildelis in Sigmaringen am Geburtshaus des Markus Roy. – Am Todestag des Heiligen, dem 24. April, wird alljährlich in Sigmaringen das Fidelisfest begangen.

türme«. Im Auftrag dieses Klosters arbeitete der Maler Johann Michael Zink (1694-1765) aus Eichstätt, dessen Arbeiten zuweilen Bezug auf überwundene Schreckenszeiten nehmen. In der 1722 ausgemalten Kirche zu Kösingen (Ostalbkreis) findet sich eine Darstellung des brennenden Dorfs im Dreißigjährigen Krieg. Lokale Handwerkertradition konnte zuweilen auch über Konfessionsgrenzen hinweg ausstrahlen. Friedrich Oelhafen gelang der Nachweis, dass bei der Erneuerung der evangelischen Albanskirche in Laichingen (LKR Alb-Donau) Stukkatoren aus Deggingen beschäftigt waren, die im benachbarten katholischen Teil des Filstals arbeiteten.

Bautätigkeit konnte sich auch auf bestimmte Frömmigkeitsformen beziehen. Auf der Südwestalb erfuhr die bereits im Mittelalter belegte Pilgerstätte auf dem Dreifaltigkeitsberg bei Spaichin-

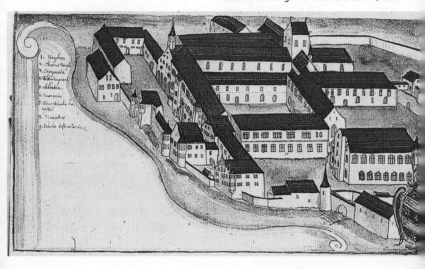

Ansicht des Klosters Zwiefalten, Federzeichnung von Gabriel Buzelin, 1628

gen großen Zulauf. 1673 wurde eine neue Kapelle geweiht, und in dem später erweiterten Chorraum fand ein prächtiger barocker Altar seinen Platz. Neu entstand die Wallfahrtskapelle Maria-Hilf auf dem Welschenberg bei Mühlheim. Ein gutes Beispiel für die Intensivierung der Wallfahrten ist auch die Marienkapelle auf dem Rechberg (LKR Göppingen). Die dort bereits im Mittelalter bestehende Wallfahrt erfuhr in nachreformatorischer Zeit immer stärkeren Zulauf. Möglicherweise war es die glückliche Heimkehr des Landesherrn Franz Albert von Rechberg von der Belagerung Wiens durch die Türken 1683, die den unmittelbaren Anstoß für einen grundlegenden Neubau in den Jahren 1686 bis 1696 gab. Das von dem Vorarlberger Baumeister Valerian Brenner geplante und dem Tessiner Stuckator Prospero Brenno ausgeschmückte Gotteshaus bildete einen eindrücklichen Rahmen für die Pilger, die alljährlich zur »Schönen Maria« auf den Rechberg wallfahrteten. Weiter widmeten sich Bruderschaften der Pflege geistlicher Übungen und Gebete. Wie auf dem Rechberg war es auch in Stetten ob Lontal (LKR Heidenheim) die adelige Ortsherrschaft, die tatkräftig Bauwesen und Wallfahrt förderte. Nach der Rückübertragung des bereits reformierten Ortes 1723 an die katholischen Herren von Riedheim, ließ Marquard Anton eine Marienkirche an Stelle der älteren Schlosskapelle errichten. Der architektonisch bemerkenswerte Zentralbau besaß eine Gnadenkapelle zur Aufnahme einer der schwarzen Muttergottes von Einsiedeln nachgebildeten Figur. Sie wurde Ziel einer Wallfahrtsbewegung, die nach der Rekatholisierung des Ortes entstanden war. An der Südseite zeigt ein Bild die Übergabe des Skapuliers an Simon Stock auf dem Berg Karmel, ein Hinweis auf eine hier bestehende Bruderschaft, die zeittypisch ist. So besitzt auch die 1736, also kurz nach der Stettener Marienkirche neu errichtete Kirche St. Gallus in Bichishausen (LKR Reutlingen) in ihrem Entwurf und Bildprogramm Bezüge zu der dort 1722 entstandenen Skapulierbruderschaft. So waren auch solche Orden Träger der

Erneuerung, die gar nicht mit einem eigenen Haus auf der Alb vertreten waren. Dazu zählten neben den Jesuiten in erster Linie die Karmeliter und Kapuziner, die Bruderschaften und Wallfahrten tatkräftig beförderten. Schließlich spielten auch die weltlichen katholischen Herrschaften als Orts- und Patronatsherren eine wesentliche Rolle. Sowohl die schwäbischen Zollern als auch die Fürstenberger schufen an ihren Städten Kirchenbauten und traten als Stifter hervor. Teil dieser Erneuerung war der zunächst von den Jesuiten, dann aber auch von den anderen Orden vorangetriebene Aufbau eines Schulsystems in den geistlichen Territorien. Das Kloster Zwiefalten etwa unterhielt ein Gymnasium im vorderösterreichischen Ehingen. Zugleich entstanden Dorfschulen, so dass sich das Schulsystem durchaus mit dem des wesentlich größeren Nachbarn Württemberg messen konnte. Neresheim war unter seinem letzten Abt Michael Dobler als Stätte naturwissenschaftlicher Bildung berühmt und konnte sogar für wenige Jahre sein Gymnasium unter der Herrschaft des befreundeten Fürsten von Thurn und Taxis über die Säkularisation hinaus retten.

Hochdero Wildsauen: Spuren des fürstlichen Absolutismus auf der Alb

In bemerkenswerter Offenheit kritisierte der angehende Pfarrer Friedrich August Köhler anlässlich einer Wanderung von Tübingen nach Ulm im Jahr 1790 die Auswüchse der Fürstenherrschaft auf der württembergischen Alb. Vor allem die traditionell hoheitliche Jagd, diese »wahre Landplage eines großen Theils der Einwohner Wirtenbergs« war ihm ein Dorn im Auge, denn der Wildschaden auf den Feldern der Bauern war beträchtlich. Auch die Vielzahl der Untertanenproteste seit dem 16. Jahrhundert hatten daran nichts grundlegend ändern können. Nun war 1763 inmitten der Alb mit dem schon zuvor als Jagdschloss genutzten Grafeneck unweit des Gestüts Marbach ein höfisches Zentrum inmitten ländlicher Idylle entstanden, dem weder »Hirschplan« noch Theaterhaus fehlten, ja eine katholische Kapelle war für Herzog Karl Eugen errichtet worden. Die Grafenecker Aufenthalte des Herzogs hielten sich schließlich in Grenzen, sehr viel wichtiger und einfacher zu erreichen waren die Solitude und Hohenheim. Doch bleibt bemerkenswert, mit welch rücksichtsloser Energie die zahlreichen neuen Bauten und die notwendigen Versorgungseinrichtungen in kürzester Zeit errichtet wurden. Da wurde von Urach aus eigens eine neue Steige zur direkten Verbindung mit dem ›Lustschloss‹ angelegt, eine kilometerlange Wasserleitung wurde von dem vulkanischen Bergkegel Eisenrüttel bei Dottingen (LKR Reutlingen) an das Schloss herangeführt, die indes bald ihren Dienst versagte.

Auch andere weltliche und geistliche Residenzen wurden damals mit neuen Bauten und Einrichtungen versehen. Dies war auch möglich in einer langen, 1714 eingekehrten Friedensperiode. Der fürstlichen Jagdleidenschaft wurde keineswegs nur in den Wäldern des Amtes Münsingen gefrönt. Im Fürstentum Hohenzollern, zumal in dem Hechinger Teil, entspannen sich im Lauf des 18. Jahrhunderts harte und langwierige Auseinandersetzungen zwischen Herrschaft und Untertan wegen des übermäßigen fürstlichen Jagens. Das Problem wurde erst im hohenzollern-hechingischen Landesvergleich vom 26. Juni 1798 gelöst. Dieser Vertrag zwischen Herrschaft und Untertan, so wurde oft betont, folgte noch den alten Mustern der Konfliktlösung, indem einzelne Streitpunkte gelöst wurden, ohne dass eine verfassungsmäßige oder programmatische staatliche Veränderung intendiert war. Doch geschah die Einigung bereits unter Einfluss der turbulenten Vorgänge im Gefolge der Französischen Revolution, die alsbald auch in Südwestdeutschland und auf der Alb spürbar werden sollte.

Die Alb in der Wahrnehmung der Aufklärung

Wenn in der politischen und wirtschaftlichen Geschichte der großen Territorien wie Württemberg oder Vorderösterreich die Alb zusehends an die Peripherie geriet, stellt sich die Frage, ob sie überhaupt als etwas Eigenständiges, als zusammengehöriger Raum gesehen wurde. Mit Blick auf die in den Weltbeschreibungen des Humanismus enthaltenen frühen Erwähnungen der Alb, die von Ladislaus Suntheim oder Sebastian Münster überliefert sind, lässt sich dies recht klar sagen: Die Alb galt aufgrund ihrer naturräumlichen Eigenheiten – Gebirgslage, Wassermangel, Vorherrschen von Wald, Viehhaltung und Ackerbau – als recht präzise zu beschreibende Landschaft. Allerdings wurde sie nicht immer mit dem gleichgesetzt, was man heute darunter versteht. So finden sich zuweilen Regionen der Ostalb wie das Härtsfeld oder der Albuch als eigene Landschaften neben der Alb beschrieben.

Sehr viel genauer schauten die der Aufklärung verpflichteten Pfarrer der württembergischen Albdörfer und die Mönche der großen, den Wissenschaften aufgeschlossenen Klöster hin. Neben der Beschreibung von natürlichem Relief, Gesteinen, Vegetation und Tierwelt der Alb stand die Beobachtung von Klima und landwirtschaftlicher Praxis. An erster Stelle dieser Autoren ist der 1722 in Wippingen (LKR Alb-Donau) geborene Jeremias Höslin zu nennen, der von 1759 bis 1789 als Pfarrer in Böhringen (LKR Reutlingen) wirkte und dort auch verstarb. Höslin ist mithin das beste Beispiel für den Typ eines ›aufgeklärten‹ Pfarrers, der Interessen für Naturkunde, Landwirtschaft und Geschichte mit seinem geistlichen Auftrag vereinte. Unter seinen Veröffentlichungen, darunter wetterkundliche Beobachtungen und Verbesserungsvorschläge für die Landwirtschaft, ragt die erst nach seinem Tod 1798 erschienene »Beschreibung der wirtembergischen Alp« heraus. In einer Abfolge von Ortsartikeln von Blaubeuren über die Münsinger Alb bis zum heutigen Sonnenbühl verbirgt sich weit mehr darin als nur Geschichtlich-Geographisches. Höslin wollte für seine Ideen zur Verbesserung der Lebensverhältnisse der Albbewohner werben. Als ein taugliches pädagogisches Instrument erschien ihm die Veranschaulichung einzelner Themen an einem bestimmten Ort. So wird einmal seitenlang Verbesserungswürdiges für die Waldbewirtschaftung aufgeführt, dann geht es um die Förderung der Viehzucht durch Anbau von Futterkräutern. Mancherlei Ratschläge Höslins haben sich als Missgriff erwiesen, doch bleibt seine Albbeschreibung eine faszinierende Quelle für das Leben von und mit der Natur auf der Schwäbischen Alb vor mehr als 200 Jahren.

Ein Zeitgenosse und Kollege Höslins war Johann Gottlieb Steeb (1742-1799), dem 1787 die Pfarrstelle Grabenstetten (LKR Reutlingen) übertragen wurde. Steeb darf wohl als einer der Väter der wenig schmeichelnden Bezeichnung »Schwäbisch Sibirien« für die Alb gelten, verglich er doch einmal die Alb mit dem südlichen Teil jener russischen Provinz. Sein Thema war vor allem die Optimierung der Bodennutzung, denn die Bevölkerung war gewachsen und die Erbsitte der Realteilung hatte im Württembergischen dafür gesorgt, dass das Auskommen der Menschen in schlechten Jahren kaum gesichert werden konnte. Eine größere Einwohnerschaft und begrenzte Bodenressourcen ließen alle Anstrengungen vergeblich erscheinen. Steebs Idee war der Anbau von Pflanzen auf dem Brachland, welche einesteils die Erholung des Bodens beschleunigten und andererseits Futter für das Vieh bereitstellten.

Er plädierte dabei für die Verwendung von Esparsette (Onobrychis vicifolia), ja Steeb galt nachgerade als »Apostel des Espers«, in Anlehnung an seinen Kupferzeller Amtskollegen Johann Friedrich Mayer (1719-1798), der als Förderer der Felderdüngung mit Gips den Ehrennamen »Apostel des Gipses« erhielt. Der Vorteil des Espers: Er gedeiht auch auf trockenen Feldern und mageren Wiesen. Steeb schreibt dazu: »Der Esper kann entweder auf ganz ungebaute Pläze, Allmanden, steinigte verlassene Hügel gebaut werden, oder auf die sogenannten steinigten und schlechten Wechsel- oder Ausruhäcker.« Der Geistliche führte auf seinen eigenen Feldern den Bauern des Orts praktisch vor, dass seine Vorstellungen nicht nur graue Theorie waren. Tatsächlich erhöhte sich der Futterertrag, und bald wurde der Esperanbau für die gesamte Alb durch die herzogliche Regierung verordnet. Daneben warb Steeb mit eigenen Schriften für seine Vorstellungen weit über die Grenzen des Dorfs hinaus. 1792 erschien sein Büchlein »Von der Verbesserung der Kultur auf der Alp«. Bis in sein Todesjahr 1799 war er als praktischer landwirtschaftlicher Schriftsteller produktiv. Steebs Bedeutung wurde im 19. Jahrhundert erkannt, so dass er es als einer der wenigen Landpfarrer der Alb zu einem Artikel in der Allgemeinen Deutschen Biographie brachte, in der er »als Mann von ausgezeichneten Charaktereigenschaften und als wahrer Patriot«, zudem als »pflichttreuer und toleranter Seelsorger« gewürdigt wurde.

Von Pferden, Schafen, Flachs und Eisen

Pferdezucht als spezialisierte Weidewirtschaft

Bereits bei der Betrachtung des mittelalterlichen Dorfes ist deutlich geworden, dass der Alb bei der Weidetierhaltung eine besondere Rolle zukommt. Das Bestreben des frühmodernen Staates, hier besonders des Herzogtums Württemberg, zielte auf eine Intensivierung und Spezialisierung der Viehwirtschaft. So kann seit dem 16. Jahrhundert auf der mittleren Alb eine systematisch betriebene Pferdezucht des württembergischen Landesherrn belegt werden. Die wichtigste Einrichtung, das Landgestüt in Marbach, zählt zu den ältesten heute noch bestehenden Einrichtungen dieser Art in Deutschland. 1491 bereits soll es im Oberfeld unweit Marbachs Weiden für die Pferde Graf Eberhards im Bart gegeben haben, die aus dem 1460 eingerichteten Gestüt Einsiedel bei Tübingen stammten. Wasservorkommen, ohne die eine Weidetierhaltung nicht möglich wäre, sind dort nachgewiesen. Als eigentlicher Begründer Marbachs aber gilt Herzog Christoph, wiewohl mittlerweile ein früherer Quellenbeleg für eine Gestütsanlage aufgetaucht ist, der in die Zeit Herzog Ulrichs weist. Jedenfalls erscheint 1554 ein Marbacher »Stutenknecht« und wenige Jahre später finden sich die ersten Belege über die hier gezüchteten Pferderassen, die sich am damals wichtigsten Hof Europas orientierten, dem der spanischen Habsburger. Das eigentliche Gewicht der Pferdezucht erschließt sich jedoch erst nach Betrachtung der heutigen Außenstellen Marbachs bei Güterstein, St. Johann und Offenhausen. In all diesen Fällen waren es die in der Reformation den klösterlichen Grundherren entzogenen ausgedehnten Weiden und Baulichkeiten, mit denen seit dem ausgehenden 16. Jahrhundert die Pferdezucht ausgebaut wurde. Bei der Bedeutung der Pferde für Wirtschaft, Militär und Hof verwundert es nicht, wenn auch die zugehörigen Stallungen und Verwaltergebäude repräsentativ ausgestaltet wurden. Dafür stehen die großen barocken Anlagen des vorderen Fohlenhofs St. Johann, die Gestüts- und Forsthäuser in St. Johann und Marbach mit ihren Wappenzeichen. Für die Zeit Herzog Karl Eugens (1728-1793) beschreibt dies Pfarrer Carl Christian Gratianus: »Indem der Herzog Carl das neue Jagdschloß zu Grafeneck erbauete und zu einem wahren Hoflager erweiterte (...) bevölkerte er 1763 und 1764 die Herrschaftsgestüte zu Marbach, Urach und St. Johann und Offenhausen mit Pferden von den edelsten Racen meistentheils fremder Nation, so daß die Herrschaftsgestüte eine Höhe erreichten, welche sie später nie mehr erreicht haben.«

Den Schlusssatz darf man getrost als Übertreibung ansehen, erblühte doch das staatliche Gestüt unter König Wilhelm I. – zu Lebzeiten Gratianus' – in bemerkenswerter Weise.

Schäferei auf der Alb

Das Bild der Alb wird heutzutage jedoch sehr viel stärker von der Wacholderheide bestimmt, einem Landschaftstyp, der durch Schafbeweidung entstanden ist. Die Schafweide hatte auf der Alb Tradition, ja laut Gottlieb Friedrich Rösler sind »die Schaafe auf der Alp vorzüglich zu Hause«. Dass Schafe schon früh zum Viehbesitzes der Bauern zählten, darf angenommen werden. Große, viele hundert Tiere umfassende Herden indes konnten nur von bedeutenden Grundherren, die auch über Weide- und Triebrechte verfügten, gehalten werden. Dabei ist zunächst an die auf der Alb begüterten Zisterzen zu denken, die intensiv Wollproduktion und -verarbeitung betreiben. Das Beispiel Königsbronn mit seinem ausgedehnten Besitz auf dem Albuch wurde schon genannt. Die Zisterze besaß in Söhnstetten (Gde. Steinheim am Albuch) einen Schafhof. Auch der Gutshof Aglishardt, der dem Zisterzienserkloster Bebenhausen gehörte, darf ins Feld geführt werden, denn spätestens in der frühen Neuzeit wurde dieser als Schafhof genutzt.

Nach den Klöstern spielten auch die großen Territorialherren eine Rolle, hier in erster Linie die Grafen, später Herzöge von Württemberg. Bereits im Teilungsvertrag des Landes von 1442 sind Schafhöfe erwähnt, und es ist gut belegt, dass Herzog Friedrich von Württemberg am Ende des 16. Jahrhunderts zeitgleich zu dem Bemühen, den Flachsanbau und die Flachsverarbeitung im Land zu intensivieren, auch Schafhöfe in größerer Anzahl auf der Alb errichtete. Der württembergische Hof ist auch deshalb besonders erwähnenswert, da die staatliche Förderung der Wollproduktion zusammen mit dem vergleichsweise großen Territorium, das damals ja bis an die burgundische Pforte reichte, die Transhumanz beförderte.

Wanderschäferei als Normalfall

»Transhumanz«, ein französischer Forschungsbegriff für die jahreszeitliche Wanderung der Herden, hieß in Württemberg »Landgefährt«. Gemeint war damit also die Bewegung der großen Herden von den Winterweiden im Unterland auf die Sommerweiden der Alb und wieder zurück. Eigene »Landgefährtsbriefe« sorgten für Weide- und Überfahrtsrechte in den württembergischen Dörfern. 1723 etwa wurden in Tübingen neun solcher Dokumente ausgefertigt und das Landgefährt ein Jahr lang angewiesen:

> – Hans Georg Recker zieht mit 525 Hämmel und Jungtieren von Nürtingen über Vaihingen, Wangen, den Sirnauer Hof »auf die Alpp«
> – Veit Haug mit 525 Tieren von Mössingen über Einsiedel, Pliezhausen nach Schlaitdorf und von da auf die Alb
> – Michael Boll mit gleich großer Herde von Mössingen über Tübingen, Pfäffingen, in den Schönbuch und von da auf die Alb
> – Hans Jakob Wälder mit seiner Herde vom Balinger Amt über Bodelshausen in das Steinlachtal und von da auf die Alb
> – Hans Georg Wälder mit 625 Tieren von der Achalm ins Amt Neuffen, von da auf die Alb
> – Johannes Haas zieht mit 500 Tieren von Grötzingen ins Nürtinger Amt, von da auf die Alb
> – Balthas Wälder mit 550 Stück von Nürtingen über Amt Kirchheim auf die Alb
> – Michael Schneeberger mit 580 Tieren von Gutenberg über das Amt Göppingen in das Filstal und von da auf die Alb
> – Alexander Pfeffer mit 550 Tieren von der Achalm über Pfullingen und Grafenberg auf die Alb

Neben der rechtlich-sozialen Sicherung dieser Wanderbewegung förderte das Herzogtum die Schäferei schließlich nach dem Muster anderer Staaten durch die Verbesserung der Zucht. In der Sitzung vom 3. Juli 1783 fasste die Schäfereideputation der herzoglichen Rentkammer in Stuttgart die Problematik der bisherigen Schafhaltung im Land zusammen: Zwar »habe die württembergische Schaafzucht keine Verbesserung durch eine ausländische Race nöthig, dann die diesseitige Alp-Schaafe seien gross, werden auf den inländischen Stechwaiden fett und ihr Fleisch seie schmackhaft«, allerdings, die Wolle: »Die Landwolle seie bekanntlich größtenteils so grob, daß daraus nur solche Tücher gefertiget werden können, welche zu Bekleidung der niedrigsten Classen des Volcks dienen (...).« Deswegen sollten nach dem Vorbild Sachsens oder Preußens fremde Rassen mit besserer Wollqualität eingeführt werden. Dafür wurden spanische Schafe – Merinos – ausersehen, unter anderem weil die württembergische Form der Schäferei »der Spanischen unter allen bekannten Schäfereieinrichtungen anderer Länder am nächsten komme«. Gemeint war damit das jahreszeitliche Wandern der Herden zwischen Mittelmeer und Pyrenäen.

In einem legendären Zug brachen württembergische Schäfer, nachdem eine Herde von etwa 100 Tieren in Spanien und Südfrankreich zusammengekauft worden war, im Frühjahr 1786 in Spanien auf und erreichten trotz etlicher Widrigkeiten im September desselben Jahres die Alb. Hier wurde die Herde zunächst

Merinoschafe der
Königlichen Schäferei Achalm

nach Münsingen gebracht, später zur Sommerweide in die erst 1751 erworbene Herrschaft Justingen (LKR Alb-Donau). Die Einführung der mediterranen Rasse war zwar keine geradlinige Erfolgsgeschichte, aber 1789 konnte Schäfereiinspektor Stängel melden: »Kein Staat in Deutschland hat in einer solchen Kürze so weit gebracht als es das Institut [der spanischen Schafzucht] gebracht hat, und ich will mit meinem Leben darvor einstehen, daß es in der Wollen Verbesserung so weit als Spanien und Engelland treiben kann (...)«. In der Folge erfuhr auch der Wollhandel im Land einen Aufschwung, der in Heidenheim und später in Kirchheim/Teck ein Zentrum besaß. An dem durch herzogliche Edikte geförderten Umschlagplatz entstanden im 19. Jahrhundert auch wollverarbeitende Unternehmen.

Der Organisation und sozialen Absicherung der Schäfer dienten Zunftladen, die an wenigen Orten des Herzogtums errichtet wurden. An die Zunftversammlungen schloss sich die Sitte des Schäferlaufs an, der heute noch in Jahren mit ungerader Zahl in Urach stattfindet. Den seit der Zeit Herzog Eberhard Ludwigs gepflogenen Brauch gab es seit 1724 ebenso in Heidenheim auf der Ostalb und zuvor schon in Markgröningen.

Vom Lein zur Leinwand

Auf den Feldern der Alb spielte neben dem Anbau von Brotgetreide auch die Kultivierung von Faserpflanzen eine Rolle, die zur Textilherstellung genutzt wurden. Hanf und mehr noch der blau blühende Flachs (Lein) wurden vor allem im Umfeld der Weberzentren Urach, Ulm und Heidenheim abgebaut. Mancher Flurname erinnert heute noch an den arbeitsintensiven Anbau und die Verarbeitung von Flachs, der nach der Ernte in mehreren Arbeitsschritten zunächst von den Samenkapseln befreit, dann nach dem Aufquellen (»Rösten«) wieder getrocknet und auf die

»Brechstatt« gebracht wurde. Dort wurden die Stängel aufgebrochen und die Reste der Rinde am Schwingstock von der Faser befreit. Für die erforderliche Reinheit sorgte das anschließende »Hecheln«, erst dann konnte der Flachs in den Bauernstuben zu Garn versponnen werden, dem Rohstoff des Webers.

Die Weberei ist bereits in den nur archäologisch belegten Siedlungsepochen auf der Alb nachgewiesen. Es entstanden eigene Hausformen mit einem Halbkeller, der »Dunk«, in dem der Webstuhl stand und wo ein feuchtes Klima zwar ungesund für die Menschen, gut jedoch für den Erhalt der Leinwand war. Im ausgehenden 16. Jahrhundert nun versuchte Herzog Friedrich I. von Württemberg im Geist merkantiler Politik eine staatliche Lenkung von Rohstoffproduktion (Flachsanbau), Verarbeitung (Spinnen und Weben) sowie Veredelung (Bleichen, Walken) in Gang zu setzen. Der Handel mit der Leinwand lag seit jeher in den Händen der großen Handelshäuser, die in den schwäbischen Reichsstädten wie Ulm oder Ravensburg ihre Heimat hatten. Heidenheimer Leinwand etwa wurde bereits im Mittelalter nach Ulm zur »Beschau«, also zur Gütekontrolle und zur weiteren Vermarktung gebracht. Genau hier setzte das merkantilistische Denken des modernen Territorialstaates an. Die Wertschöpfung durch Handel und Weiterverarbeitung sollte künftig im eigenen Land erfolgen. Der Berater des Herzogs, Isaias Huldenreich, überzeugte Friedrich I. von den wirtschaftlichen, fiskalischen und sozialpolitischen Vorteilen eines Exports fertiger Ware. Im Hinblick auf eine breite unterbeschäftigte Schicht im Land erblickte Huldenreich in einer Wirtschaftsförderung auf diesem Gebiet gleich zwei handfeste Vorteile: Den armen »Müßiggängern« würde Arbeit und damit nicht nur Brot, sondern auch die Chance einer sittlichen Besserung gegeben, und außerdem sollten die Einnahmen des Herzogs durch den Gewerbefleiß steigen. Ergebnis war 1599 die Gründung einer Gewerbesiedlung, der Webervorstadt in der alten Grafenresidenz Urach an der Erms mit

29 doppelstöckigen Weberhäusern, die wenige Jahre später eine vergleichbare Ansiedlung in Heidenheim an der Brenz nach sich zog – das im Volksmund »Flügel« genannte Quartier in der Unteren Vorstadt. In Urach folgten weiter eine Leinwandbleiche und eine Walkmühle, die wie die Webervorstadt durch den Architekten und Ingenieur Heinrich Schickhardt (1558–1635) entworfen wurde. Den Webern in den Albdörfern wurde untersagt, weiterhin über die Grenzen des Herzogtums hinaus zu verkaufen. Obwohl sich die Uracher Ware als so gut erwies, dass Augsburger Kaufleute sie mit falschem Herkunftssiegel gerne weiterverkauften, war das Projekt wirtschaftlich ein Reinfall. In einem bereits 1602 erstellten Gutachten wurden die Gründe genannt: Im Land gebe es zu wenig wirklich fähige Meister, Kapitalmangel verhindere den Ankauf guten Rohstoffs, schließlich gebe es schlicht eine Produktion, die am Markt vorbeigehe, indem zu viele der schwer verkäuflichen breiten Leinwandstücke gewoben würden.

Dieses System der Produktion im Land mit den weiten Anbauflächen auf der Alb und einer verdichteten Gewerbelandschaft sowie Textilveredelung an Erms und Brenz wurde durch die Gründung der privilegierten Leinwandhandlungskompagnie 1661 in Urach noch ausgebaut, die das Monopol auf den Handel mit württembergischer Leinwand erhielt. Eine weitere Kompagnie entstand 1736 nach diesem Vorbild in Heidenheim für die Weber der württembergischen Ostalb. Urach und sein Umland können exemplarisch für die gesamte Alb stehen, denn im Wesentlichen vergleichbare Entwicklungen lassen sich in Blaubeuren seit dem ausgehenden 17. Jahrhundert mit einem auf Export in die Schweiz und nach Spanien ausgerichteten Leinwandhandel und wie schon gezeigt auf der Ostalb beobachten.

Erbrachte das Uracher Unternehmen auch nur einen Teilerfolg im Bemühen um die Hebung des Gewerbes im Land, so wuchs an anderer Stelle die Leinwandproduktion zu protoindustriellen Formen heran. Als geradezu klassisches Beispiel darf das Albdorf Laichingen (LKR Alb-Donau) gelten, das nach dem Dreißigjährigen Krieg gerade im Vergleich zu Urach eine rasante Entwicklung erfuhr: Wurde in Urach im Wirtschaftsjahr 1719/20 noch Leinwand für 677 Gulden im Vergleich zu 274 Gulden in Laichingen verzollt, so waren beide Orte vierzig Jahre später praktisch gleichauf. Am Ende des 18. Jahrhunderts hatte Laichingen Urach um ein Vielfaches den Rang abgelaufen. Bald nach der Jahrhundertwende, 1825, arbeiteten in dem Albort 232 Weber, davon 105 sogenannte Handels- oder Stückweber und 127 Lohnweber bei ca. 1700 Einwohnern. Es waren mit Abstand die höchsten Zahlen in den damaligen Oberämtern Urach und Münsingen.

Stück- und Lohnweber

Den Unterschied zwischen Stück- und Lohnweber erklärt die Oberamtsbeschreibung Münsingen von 1825 so: »Die Weber theilen sich in Stückweber und in Kunden- und Lohnweber, d. h. in solche, welche Stücke von bestimmter Größe – ein ganzes Stück zu 66, ein halbes zu 33 Ellen – auf den Verkauf weben, und in solchen, welche für die Haushaltungen oder um den Lohn für andere Meister weben.« Der Unterschied war bedeutsam, denn im einen Fall haben wir einen Unternehmer vor uns, der sich selbst um die Vermarktung seiner Leinwand bemühte, im anderen Fall arbeitete er gegen Lohn auf Bestellung beispielsweise für Kaufleute oder aber für andere Weber. Die Weber arbeiteten in jedem Fall als Hausweber, waren also nicht großgewerblich in Manufakturen organisiert.

Rechnet man die Familien dieser Weber hinzu, lebte über die Hälfte der Laichinger von der Weberei. Laichingen, das war das Besondere, war ein alter, grenznaher Mittelpunktort unweit der

Laichinger Weberkeller. – Das Arbeiten in den Weberkellern oder »Dunken« war mühsam: Die Räume waren nicht beheizbar und wurden mit Petroleumlampem beleuchtet, die Arbeit war eintönig und einsam. Viele Weber haben sich daher außerodentlich stark mit religiösen Fragestellungen beschäftigt.

helfensteinischen Herrschaft Wiesensteig und reichsstädtisch-ulmischem Territorium. Der Flachs war dort zunächst ein willkommenes Zubrot zur Landwirtschaft. Der württembergische Steuerkommissar berichtete 1722 nach Stuttgart: »Hier Orths wird alle Jahr ziemlich Flachs gebauet, der, wenn er auch gerathet, denen Untertanen guten Behülf in ihrer Nahrung giebt, maßen man leicht mit Spinnen und Verkaufung der Schneller alsdann einen täglichen Kreuzer verdienen kann; fehlt es aber mit dem Flachs, so ist die Weeberey schlecht und fällt bei den Meisten das größte an Nahrung dahin (...)«. Wie in Schlesien und Siebenbürgern, so die Oberamtsbeschreibung Münsingen, sorgte eine eigene kleine Landwirtschaft für die notwendige Subsistenz. Bemerkenswert ist nun der Laichinger Fall auch dadurch, dass die vielen, am Ort durch eigenen Besitz verwurzelten Weber auch alle Krisen des 19. Jahrhunderts meisterten und mit einer modernen und qualitativ höherstehenden Handweberei den Sprung in die Industriegesellschaft bewerkstelligten. 1856 wurde ein Weblehrer aus Irland berufen, 1873 eine Webereifachschule nach dem 1854 ins Leben gerufenen Blaubeurer Vorbild gegründet, wo sich die erste Webschule Württembergs überhaupt befand. Blaubeuren verdankte seine damalige Vorreiterrolle vor allem dem dortigen Verlagshaus von A. F. Lang, das inmitten einer außerordentlich bedrohlichen Lage für die Weber im Land zu Beginn des 19. Jahrhunderts einen stabilen Export der Ware nach Italien und Frankreich garantierte.

Die Konkurrenz der kostengünstigen Baumwolle und die weitere Mechanisierung der Textilproduktion machten die Hausweberei am Vorabend des Ersten Weltkriegs endgültig zu einem unprofitablen und absterbenden Erwerbszweig. Allerdings gelang es gerade in Laichingen, einzelne in Heimarbeit produzierende Unternehmen zu Fabriken auszubauen und so den neuerlichen Strukturwandel zu bewältigen. 1939 gab es immerhin einundvierzig Betriebe mit etwa 1000 Beschäftigten in Laichingen und einigen umliegenden Dörfern, die sich in Teilen bis zu den einschneidenden Umbrüchen der Textilproduktion der 1970er und 80er Jahre hielten. Eine ältere volkswirtschaftliche Arbeit verschweigt indes, dass gerade eines der erfolgreichsten Laichinger Unternehmen, die Mechanische Leineweberei, 1864 von jüdischen Kaufleuten gegründet und 1904 grundlegend modernisiert, zu diesem Zeitpunkt bereits der Arisierung genannten Ausplünderung zum Opfer gefallen war. Wir haben hier also eine jahrhundertelange Entwicklung vom Handwerk zur Industrie vor uns, die noch an etlichen anderen gewerblich geprägten Gegenden der Schwäbischen Alb verfolgt werden kann.

Spezialisiertes Gewerbe auf der Westalb

Auch auf dem Großen Heuberg galt die Leineweberei als »Hauptzunft«. Um 1835 wurden hier nicht weniger als siebenhundert Weber gezählt, in der Jahrhundertmitte waren es mehr als tausend. Der Raum um den »Talgang« zwischen Onstmettingen und Ebingen auf der Westalb erfuhr zur selben Zeit ebenfalls in hausindustrieller Textilproduktion eine ganz eigene Prägung. Im 17. und 18. Jahrhundert etablierte sich hier neben der Leineweberei die Strumpfstrickerei als bedeutender Erwerbszweig der stets mit den widrigen naturräumlichen Bedingungen dieses hoch gelegenen Teils der Alb ringenden Bevölkerung. Rohmaterial war dementsprechend weniger die Faserpflanze Flachs als vielmehr die Wolle der großen Schafherden des Landes.

Ebinger Bürger traten als Schafhalter schon früh in Erscheinung. Auch waren Stricken und Weben in den hoch gelegenen Teilen der Alb schon früh eine wichtige Ergänzung der Landwirtschaft. Unter dem Einfluss der aus Frankreich eingewanderten Hugenotten erfolgte dann ein entscheidender Schritt zur Mechanisierung der Strickerei. In Ebingen ist um 1740 erstmals ein

»Handculierstuhl« belegt. In der Mitte des 19. Jahrhunderts entwickelte sich Tailfingen zum Hauptort der Wirkwarenindustrie. Mit der staatlich geförderten Einführung neuer Technologien in Form der Rundwirkstühle nach französischem Vorbild nahm die Region reichsweit einen herausragenden Platz in der Maschenproduktion ein. Von hier aus erfolgten zahlreiche weitere Gründungen im Albvorland zwischen Hechingen und Balingen sowie im Killertal. Für die handwerkliche Produktion in Heimarbeit hatten die Verbreitungs-, also die Vermarktungsmöglichkeiten der Ware eine eminente Bedeutung. In den zollerischen Orten kam gerade im 18. und beginnenden 19. Jahrhundert jüdischen Familien aus Hechingen eine gewichtige Rolle zu. Sie bauten ein weit gespanntes Verlagssystem auf und führten darüber hinaus auch die Korsettweberei in den zollerischen Orten ein.

Im »Talgang« lag überdies ein Wirkungsort des genialen Erfinders und Pfarrers Philipp Matthäus Hahn.

Theologe und Ingenieur

Philipp Matthäus Hahn (1739–1790) war 1764 bis 1770 Seelsorger in Onstmettingen (LKR Zollernalb), wo bereits sein Vater Georg Gottfried die Pfarrstelle innehatte. Als Dank für die Konstruktion einer astronomischen Uhr erhielt er von Herzog Karl Eugen die deutlich besser ausgestattete Pfarrstelle Kornwestheim übertragen. In dem pietistischen Geistlichen verband sich die Persönlichkeit des Theologen mit derjenigen des Erfinders und Ingenieurs. In seinem Bemühen, dem Wirken Gottes auf Erden nachzuspüren, schuf Hahn Uhren, Messinstrumente, Waagen – mechanische Apparate von größter Vollkommenheit. An der Theologie Johann Albrecht Bengels orientiert, kamen Überlegungen zur Chronologie hinzu. – »Der Theologe«, so Gerhard Schäfer, hatte »seinen Auftrag als Ingenieur angenommen.« Als

Hahn
Pfarrer zu Kornwestheim.
Daniel Berger sc.

Theologe allerdings blieb Hahns Einfluss auf pietistische Kreise beschränkt, doch belegt immerhin die Federzeichnung einer »Weltzeituhr« Hahns von der Hand eines Münsinger Handwerkers aus dem Jahr 1800, dass sein Gedankengebäude bis in Kreise des einfachen Volkes hinein weit über seinen Tod hinaus rezipiert wurde. Sehr viel mehr beachtet werden heute Hahns Ingenieursleistungen: Der 1790 in Echterdingen verstorbene Pfarrer gilt als Begründer einer Waagenindustrie mit Weltgeltung auf der Zollernalb.

Die Arbeit Hahns war hier auf der Alb nicht ganz voraussetzungslos, denn es existierte bereits ein Schmiede-, Büchsenmacher-, ja sogar ein bescheidenes Uhrmachergewerbe. Von besonderer Bedeutung wurde der Onstmettinger Schulmeister Philipp Gottfried Schaudt, dessen feinmechanische Fertigkeiten überdurchschnittlich gewesen sein müssen. Mit diesem Altersgenossen zusammen baute Hahn 1769 eine repräsentative astronomische Uhr für Herzog Karl Eugen. Etwa gleichzeitig entstanden die ersten Neigungswaagen Hahns, die den Vorteil besaßen, keiner Waaggewichte mehr zu bedürfen. Obwohl diese Technik nicht von Hahn selbst erfunden wurde, erkannte er doch ihre breite, praktische Einsetzbarkeit. Neben Schaudt ist die Schmiededynastie Sauter als hoch spezialisierte, in der Fertigung von Uhren und anderen feinmechanischen Instrumenten kundige Familie von großer Bedeutung für die künftige Entwicklung geworden, so dass die Oberamtsbeschreibung Balingen 1880 resümiert: »Es ist in der That einzig, wie in dieser Landgemeinde eine Kunst, welche man sonst nur in größeren Städten, an Sitzen von Universitäten und anderen wissenschaftlichen Anstalten für lebensfähig hält, sich ausgebildet und seit einem vollen Jahrhundert in blühendem Zustande erhalten.« Diese Bewertung wird verständlich, wenn man weiß, dass um 1880 in dem nicht sehr großen Dorf mehr als 100 Beschäftigte jährlich über 10 000 Waagen produzierten. Zu dieser Zeit hatte sich dieser Produktionszweig schon längst weiter ausgebreitet und für Unternehmensgründungen im nahen Ebingen, aber auch im Killertal und in der Oberamtsstadt Balingen gesorgt.

Hausierhandel als einfacher Vertriebsweg

Die aus handwerklicher Fertigung hervorgegangene Uhren-, Waagen- und feinmechanische Industrie der hoch gelegenen Westalb wird allgemein als Antwort auf die begrenzten natürlichen Ressourcen gedeutet. Auch in den nahe gelegenen, zollerischer Herrschaft unterstehenden Orten des Killertals kann bereits im 15. und 16. Jahrhundert eine bescheidene Konzentration von Dorfhandwerken festgestellt werden. Im Schatten der Bevölkerungszunahme reichten indes die agrarischen Ressourcen und die alten Dorfhandwerke nicht mehr aus. Im Grunde vergleichbar zur Heimproduktion von Uhren im badischen Schwarzwald entstanden hier gleichermaßen hoch spezialisierte Produktionszweige. 1748 ist im Killertal die Herstellung von Peitschen belegt. Nach dem Übergang Zollerns an Preußen (1850) erfuhr das Gewerbe ebenso wie die Korbflechterei und das Herstellen von Spazierstöcken durch staatliche Unterstützung einen merklichen Aufschwung, etwa durch die Einführung von Maschinen aus anderen preußischen Provinzen. Wiederum vergleichbar mit der Uhrenproduktion des Schwarzwaldes oder auch der Spielzeugfertigung des Erzgebirges waren die Vertriebswege. Die Killertäler sorgten über Hausierhandel selbst für den Verkauf der Waren, so dass das Verlagssystem, das etwa für die Hausweberei von so entscheidender Bedeutung war, umgangen wurde. Neben der wirtschaftlichen Funktion wuchs den Killertäler Hausierhändlern auch eine Rolle als Mittler von Nachrichten, Neuerungen und kulturellen Techniken zu. Sie sind damit keineswegs alleine; in dem Dorf Gönningen (LKR Reutlingen) am Albtrauf spezialisierten sich die Menschen auf den Handel mit Samen, dessen Vertrieb die Samenhändler bis nach Russland brachte.

Rückzugsgebiet vieler Landjuden

Eine nicht zu unterschätzende Gruppe innerhalb der Hausierhändler stellten die Juden, die seit den territorialen Judenvertreibungen des 15. und 16. Jahrhunderts im gesamten süddeutschen Raum vorwiegend in ländlichen Gemeinden lebten. Schwerpunkte bildeten das nördliche Baden-Württemberg, Franken und auch Bayerisch-Schwaben. Von den Gebieten mit vergleichsweise zahlreichen jüdischen Ansiedlungen war hauptsächlich die Ostalb berührt, indem sich hier bereits im 16. bis 17. Jahrhundert nach den Vertreibungen aus den Reichsstädten Bopfingen und Nördlingen Judenniederlassungen in Dörfern der Grafen von Oettingen-Wallerstein wie Oberdorf am Ipf und Aufhausen, außerdem in Neresheim, das der oettingischen Vogtei unterstand, und in dem Deutschordensort Lauchheim bilden konnten. Schon früher gab es jüdisches Leben in Pflaumloch auf halbem Weg zwischen den Reichsstädten Bopfingen und Nördlingen. In Nachbarschaft zu den württembergischen Orten an Fils und Rems hatte die Herrschaft Rechberg Bedeutung, wo sich im frühen 16. Jahrhundert eine jüdische Gemeinde nachweisen lässt. Daneben sind zwei weitere Orte mit jüdischen Gemeinden zu nennen, die zollerische Residenz Hechingen und der reichsfreie Ort Buttenhausen im Tal der Großen Lauter.

In Hechingen, wo bereits im Mittelalter jüdisches Leben nachgewiesen ist, entwickelte sich im 16. Jahrhundert und wieder nach dem Dreißigjährigen Krieg eine Gemeinde, die unter dem Schutz der gefürsteten Linie der schwäbischen Zollern erblühte. Im 18. Jahrhundert entstand eine jüdische Vorstadt in der Friedrichstraße mit eigener Synagoge, die sich zu ihrer Schwester in der Goldschmiedstraße gesellte. Zu dieser bedeutenden Gemeinde gehörte auch die »Hoffaktorin« Karoline (Cheile) Kaulla aus Buchau (1739-1809), Mitbegründerin der Württembergischen Hofbank und zeitweise verantwortlich für die Verproviantierung der Reichsarmee. Insgesamt war die Ausstrahlung der Hechinger Gemeinde für die zollerischen Lande und damit die Westalb beachtlich. Im Jahr des Hechinger Synagogenbaus, 1761, führte der jüdische Unternehmer Maier Levi in der Herrschaft Kallenberg-Werenwag an der Donau zusammen mit Schweizer Unternehmern die Baumwollspinnerei ein, die nicht zuletzt ein Instrument zur Armutsbekämpfung werden sollte. Der Wohlstand der Kaulla ermöglicht 1803 die Gründung eines jüdischen Lehrhauses, das bis zur Jahrhundertmitte Bestand hatte.

Vergleichsweise spät, 1787, entstand in der von Philipp Friedrich II. von Liebenstein wenige Jahre zuvor erworbenen Herrschaft Buttenhausen im Tal der Großen Lauter eine jüdische Gemeinde. Im Schutzbrief, der auf den Tag genau zehn Jahre nach einem entsprechenden Dokument für seinen Residenzort Jebenhausen bei Göppingen ausgestellt wurde, war bis zu fünfundzwanzig jüdischen Familien die Niederlassung »solange im Römischen Reich Juden geduldet werden« und die freie Religionsausübung gestattet. Diese Familien, die zunächst auf die westliche, dem alten Dorf gegenüberliegende Seite der Lauter verwiesen waren, stammten überwiegend aus den bayerisch-schwäbischen und hohenlohischen Judenorten. Obwohl ein gewisses Vermögen Voraussetzung für die Aufnahme in den Judenschutz Buttenhausens war, zeigt sich an diesem Beispiel der wirtschaftliche und soziale Abstieg der jüdischen Minorität in der Frühen Neuzeit. Vielfach waren die Juden darauf angewiesen, als Hausierhändler über den gesamten süddeutschen und österreichischen Raum Geschäfte zu treiben. Die kleinen, Tagelöhnerhäusern gleichenden Gebäude im alten jüdischen Viertel geben noch heute beredte Auskunft über die ärmlichen Anfänge der jüdischen Gemeinde. Bedeutung für das wirtschaftliche Gefüge wuchs den Juden

Eine im Januar 1900 verschickte Postkarte zeigt eine Ansicht von Buttenhausen aus südöstlicher Richtung. Sehr gut erkennbar ist die ursprüngliche Siedlungsteilung des Dorfes in einen »christlichen« (rechts) und in einen »jüdischen« (links) Wohnbezirk. Die Trennung markiert die bogenförmig verlaufende Lauter.
1 Jüdischer Friedhof; 2 Synagoge; 3 Evangelische Michaelskirche

als Mittlern zwischen überregionalen Märkten und bäuerlicher Nachfrage sowie als Viehhändlern zu. Damit verbunden waren oftmals Kreditgeschäfte.

1825 lebten bereits 193 Juden in Buttenhausen. Bis nach der Jahrhundertmitte war das Dorf je hälftig jüdisch und christlich geprägt. Der wirtschaftliche Aufstieg einiger Familien brachte auch dem Ort insgesamt Aufschwung und Wohlstand. In Buttenhausen, wo nach dem Übergang der Ortsherrschaft an Württemberg die Niederlassungsbeschränkungen für die Juden gefallen waren, entstanden Märkte, Ladengeschäfte, ja 1904 konnte eine privat gestiftete Realschule eröffnet werden, damals erst

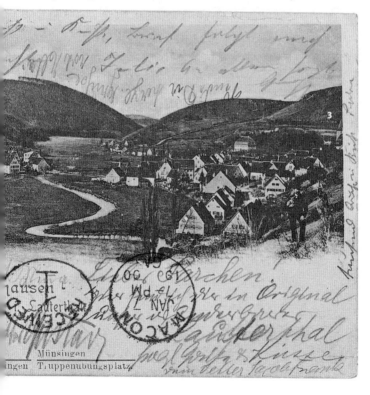

Die 1795–1796 errichtete Buttenhauser Synagoge

Blick in den Innenraum der Synagoge, um 1930

die zweite höhere Schule im gesamten Oberamt. Der Stifter, Lehmann Bernheimer (1841-1918), hatte zu dieser Zeit als Gründer des Bernheimer'schen Kunst- und Auktionshauses in München und bayerischer Kommerzienrat die Begrenzungen seines Geburtsortes weit hinter sich gelassen. Die heute im Ort noch gut ablesbare historische Topographie mit den alten Siedlungen beidseits der Lauter, den Gotteshäusern – Kirche und Platz der 1938 zerstörten Synagoge – jeweils auf halber Höhe darüber und noch höher gelegen der jüdische und der christliche Friedhof zeigen mustergültig ein schließlich gegenseitig respektiertes und gutes Zusammenleben unter Beibehaltung der jeweiligen religiösen und kulturellen Eigenheiten.

Eisen im Brenztal

Deutschland galt im 18. Jahrhundert als Land mit der höchsten Eisenproduktion Europas. Die Verfügbarkeit über diesen Grundstoff für Handwerk und Militär war für den frühneuzeitlichen Staat von entscheidender Bedeutung. Die Eisenproduktion auf der Alb und im Albvorland reicht bis in keltische Zeit zurück. Sie verdankt sich den reichen Bohnerzvorkommen der Albhochfläche, die aufgelesen und ergraben wurden, und den im Untertagebau gewonnenen Stuferzen des Braunen Jura. Durch den gewaltigen Bedarf an Holzkohle hatte die Eisenherstellung nicht zuletzt einschneidende Auswirkungen auf das Landschaftsbild, insbesondere auf die Wälder. Die Köhlerei begünstigte einen Niederwaldbetrieb, der auf schnelle Verfügbarkeit großer Mengen von Brennholz abzielte.

Das Zusammentreffen von Rohstoffvorkommen und Verfügbarkeit von Energie war an einigen Stellen der Alb so günstig, dass sich in der Neuzeit großtechnische Verhüttungseinrichtungen entwickeln konnten. Dazu gehörte der Oberlauf des Kocher, der, nur unterbrochen von der Reichsstadt Aalen, zum Gebiet der Fürstpropstei Ellwangen gehörte. Die Ellwanger Stiftsherren nutzten die dort anstehenden Eisenvorkommen der Braunjuraschichten und errichteten in Unterkochen einen Hochofen, der das Hammerwerk der Propstei in Abtsgmünd belieferte. 1668 bis 1671 erfolgte dann der entscheidende Schritt, Erzabbau und Roheisenproduktion am Braunenberg bei Wasseralfingen (Ostalbkreis) zu konzentrieren. Das Werk entwickelte sich so gut, dass Wasseralfingen nach der Annexion Ellwangens durch Württemberg 1802 zum bedeutendsten Eisenproduktionsstandort im Königreich wurde.

Württemberg indes war bereits früher an anderer Stelle in den Besitz von Hochöfen und Hammerwerken gelangt. Nachdem die Zisterziensermönche Königsbronns in den 1470er Jahre in Itzelberg (LKR Heidenheim) eine Eisenschmiede errichtet hatten, entstanden 1529 auch am Quelltopf der Brenz Schmelzofen und Hammerschmiede. Das in der Reformation an Württemberg gefallene Kloster war lediglich ein Standort des gewerbereichen Brenztals. Bereits 1365 war die benachbarte, damals noch helfensteinische Herrschaft Heidenheim mit einem kaiserlichen Privileg zur Anlage von Eisenwerken versehen worden. Nachdem dieses Unternehmen noch im 15. Jahrhundert einging, war es 1511 der Rat der Stadt, der für einen Wiederaufbau sorgte. Das Herzogtum Württemberg, seit 1536 endgültig im Besitz der Herrschaft Heidenheim, sorgte für den Ausbau der Eisengewinnung und -verarbeitung. Nach dem Ankauf der zwischenzeitlich entfremdeten Heidenheimer und Königsbronner Werke erfolgte 1558 die Bildung einer gemeinsamen Betriebsgesellschaft aus herzoglicher Verwaltung und bürgerlichen Unternehmern. In der Folge wechselten Zeiten staatlicher Regiebetriebe mit solchen, in denen die Betriebe verpachtet wurden. Nach der Zerstörung der Hochöfen im Dreißigjährigen Krieg wurde der Betrieb in den 1650er Jahren wieder aufgenommen, und der Herzog achtete

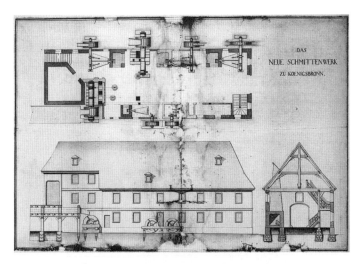

Neues Eisenwerk am Brenztopf bei Königsbronn,
Grund- und Aufriss von 1791

nun vehement auf den Schutz der eigenen Eisenproduktion. 1698, in diesem Jahr entstand in Heidenheim ein zweiter Hochofen, erließ er – unter Protest der Ständevertretung, die eine Verteuerung des Rohstoffs fürchtete – ein Importverbot von Eisenwaren. In dem »eisernen« 17. ebenso wie im 18. Jahrhundert war in Königsbronn der Guss von Kanonen neben dem Glockenguss ein zentraler Produktionszweig. Daneben ist auch die Herstellung von gegossenen Ofenplatten zu nennen, die heutzutage viele Heimatmuseen im alten Württemberg zieren. Wie in Königsbronn wurde auch um Heidenheim ein Raubbau an den umliegenden Wäldern getrieben. Der Mangel an Holzkohle wurde so groß, dass 1735 einer von zwei Hochöfen stillgelegt werden musste, 1752 zwischenzeitlich auch der zweite, der aber bald wieder in Gang kam. Mangelnder Absatz von Roheisen führte schließlich nach dem Ende der Napoleonischen Kriege neben der immer

Regulierofen No. 73 der Königlichen Hüttenwerke in Wasseralfingen, um 1880 entstanden und ursprünglich in einer Kirche in Holland aufgestellt. Heute ist dieser »Kirchenofen« im Museum Wasseralfingen ausgestellt. Aber nicht nur in Museen sind Erzeugnisse aus Gusseisen von der Alb zu sehen. So wurden etwa der Brunnen auf dem Stuttgarter Schlossplatz und der dortige Pavillion ebenfalls aus Wasseralfinger »Schwabenstahl« gegossen.

drastischeren Verknappung des Energieträgers Holz zur endgültigen Aufgabe der Heidenheimer Eisenverhüttung im Jahr 1819.

Am entgegengesetzten Teil der Alb entstand ein weiterer wichtiger Verhüttungsstandort des Herzogtums Württemberg. Das Hüttenwerk Ludwigstal wurde 1696 bei Tuttlingen errichtet. Der Tuttlinger Hochofen samt Hammerwerk entstand in Konkurrenz zu den älteren fürstenbergischen Werken an der oberen Donau und sollte in der württembergischen Exklave eine eigenständige Roheisenproduktion gewährleisten. Auch hier ermöglichte das Zusammentreffen von Rohstoffvorkommen, dem Energieträger Holz und der Wasserkraft eine Eisenproduktion, die lang anhaltende wirtschaftliche Entwicklungen beförderte. Im 19. Jahrhundert wurde Tuttlingen mit seiner Messer- und Instrumentenindustrie zu einem Mittelpunkt hoch spezialisierter Metallverarbeitung. Ludwigstal, das fürstenbergische Hammerwerk Thiergarten und das zollerische Werk Laucherthal wurden mit den überdurchschnittlich eisenhaltigen Bohnerzen vom Tal der Lauchert und von der Hochfläche der westlichen und der mittleren Alb (z. B. um Salmendingen und dem Gebiet des fürstenbergischen Amtes Trochtelfingen) beliefert. Noch bis in die 1860er Jahre erschlossen Bauern und Tagelöhner hauptsächlich im Winter den Rohstoff in beträchtlichem Umfang im Tagebau. In einem Gutachten an die preußische Regierung in Sigmaringen aus dem Jahr 1857 ist von etwa 1000 Menschen die Rede, die sich durch die Erzgräberei und -wäscherei einen angesichts prekärer Lebensverhältnisse notwendigen Zuverdienst sicherten. Erst mit dem Anschluss Tuttlingens und des Donautals an das Eisenbahnnetz wurde dieser Wirtschaftszweig aufgegeben, denn nun konnten Eisenerz und Kohle kostengünstig aus dem Ruhrgebiet geliefert werden.

Zwischen Revolution und Industriegesellschaft: das lange 19. Jahrhundert

Im Schatten der Revolution: die Alborte zwischen 1792 und 1806

Die Truppen der Fürstenkoalition unter Österreichs Führung waren seit 1792 im Kampf mit dem revolutionären Frankreich mehr und mehr gezwungen, sich mit den französischen Volksheeren am Oberrhein, schließlich auch in Oberschwaben und an der Donau zu messen. Die Alb wurde erstmals seit dem Spanischen Erbfolgekrieg wieder Schauplatz von Durchmärschen, Einquartierungen und Scharmützeln. Hinzu kam der Einfluss der Ideen der Französischen Revolution auch rechts des Rheins. Tuttlingen, der Vorposten des Herzogtums Württemberg an der oberen Donau, erwies sich in diesen Jahren als ein Hort beständiger Unruhe. An einer wichtigen Postroute gelegen, fanden hier offenbar die Nachrichten über die Vorgänge in Frankreich besonders schnell Eingang. Und schon länger schien man mit den bestehenden Verhältnissen und vor allem mit den Repräsentanten der Obrigkeit nicht mehr zufrieden; in der zweiten Jahreshälfte 1792 kam es zu Zusammenrottungen und zur Bedrohung der herzoglichen Amtleute. Der betagte Herzog Karl Eugen eilte damals persönlich an die Donau, um die Autorität des Landesherrn wieder herzustellen. Dies verhinderte aber nicht die Wiederholung des Vorgangs im nächsten Jahr, der sich wiederum vorwiegend gegen den verhassten Oberamtmann und seinen Schreiber richtete. 1794 schließlich wurde Militär in die Stadt gelegt und die »Rädelsführer« wurden abgestraft. Immerhin scheinen sich die Tuttlinger Bürger mit ihrer Forderung nach echter Repräsentation und einer Offenlegung der Gemeindefinanzen in Teilen durchgesetzt zu haben.

Im Zweiten Koalitionskrieg (1799-1802) geriet Ulm als bedeutendster Festungsplatz in Süddeutschland zusehends ins Visier der Kriegshandlungen. Dies bedeutete für die Orte auf der Ulmer, Blaubeurer und Münsinger Alb beständige Truppendurchmärsche, Einquartierungen und erzwungene Lieferungen von Geld, Versorgungsgütern und Fuhrleistungen. Ulm wurde zum Synonym eines grandiosen Sieges Napoleons. Am 17. Oktober 1805 war das Schicksal der hier eingeschlossenen österreichischen 1. Armee unter General Mack besiegelt, die Stadt wurde Napoleon übergeben. Damit stand Südwestdeutschland endgültig unter französischer Vorherrschaft.

Es gehört zu den Folgen der Dominanz Napoleons, dass sich nun die über Jahrhunderte gewachsene politische Landkarte Deutschlands radikal veränderte. Kleinere Territorien verschwanden, zunächst die geistlichen Herrschaften und die Reichsstädte, 1805/06 folgten die ritterschaftlichen und fürstlichen Gebiete. Übrig blieben jene im Rheinbund zusammengeschlossenen Mittelmächte, die nach den Vorstellungen des Franzosenkaisers in Süddeutschland ein stabiles Gegengewicht zu Habsburg bilden sollte: das Großherzogtum Baden sowie die Königreiche Bayern und Württemberg. Sie alle hatten Anteile an der Alb, allerdings mit großen Unterschieden. Im Wesentlichen zählte die Alb nun zum Königreich Württemberg, das sich nicht nur die vormals österreichische Grafschaft Hohenberg, sondern auch die geistlichen Territorien Zwiefalten und Neresheim sowie die Reichsstädte Giengen, Rottweil, Reutlingen und - erst 1810 - Ulm einverleiben konnte. Bayern beherrschte Anteile im äußersten Osten, namentlich die Grafschaft Oettingen, das Großherzogtum Baden Teile der Südwestalb um den Großen Heuberg.

Daneben allerdings sind noch die zwei selbstständig gebliebenen zollerischen Fürstentümer zu erwähnen, die wie Relikte aus vergangenen Zeiten wirkten. Dabei sahen die Fürsten Anton Alois von Hohenzollern-Sigmaringen und Joseph-Wilhelm von der Hechinger Linie ihre Herrschaften durch den Zusammenbruch des Heiligen Römischen Reiches ebenso gefährdet wie ihre Standesgenossen auch. Jedoch traten sie schon früh erfolgreich an ihre stammverwandten, einflussreichen preußischen Namensvettern um Unterstützung heran. Die brandenburgischen Zollern sahen den Erhalt der kleinen Fürstentümer schon allein deshalb als Vorteil an, da so Einfluss in einem sonst habsburgisch dominierten Raum gewonnen werden konnte. Treffend urteilt Karl Otmar von Aretin: »Etwas überspitzt ausgedrückt, ging es Preußen in diesem Krieg nicht um den Sieg über Frankreich, sondern darum, den Einfluss Österreichs im Reich auszuschalten.«

Amalie Zephyrine von Hohenzollern-Sigmaringen (1760–1841)

Für den Erhalt Hohenzollerns war auch die Gattin des Fürsten Anton Alois von Hohenzollern-Sigmaringen, Amalie Zephyrine aus dem Haus Salm-Kyrburg, von entscheidender Bedeutung. Im Sinne der Erhaltung der zollerischen Eigenständigkeit erwies sie sich als Segen für Land und Haus, obwohl – ja sogar eben weil – sie es im provinziellen Sigmaringen nicht lange aushielt. Bereits 1785 hatte sie sich auf den Weg zu ihrem Bruder nach Paris gemacht, wo sie schon die Jahre ihrer Kindheit verbracht hatte. Dort gewann sie eine Vertrauensstellung bei der späteren Kaiserin Josephine Beauharnais und sorgte eine Zeit lang für ihre Kinder aus erster Ehe, Hortense und Eugène. Ihr Einsatz für den Erhalt der zollerischen Fürstentümer scheint von Gewicht gewesen zu sein. Jedenfalls verhalf er – zusammen

Amalie Zephyrine von Hohenzollern-Sigmaringen, Litographie nach dem Gemälde von Auguste François Laby, um 1828

mit dem energischen Eintreten vor allem von Fürst Anton Alois (1762–1831) für die Belange seines Landes und der Protektion Preußens – zur Bildung der beiden Fürstentümer Hohenzollern, die über den Untergang Napoleons I. hinaus Bestand haben sollten. Amalie Zephyrine blieb auch nach ihrer Rückkehr nach Sigmaringen in Kontakt mit dem Verwandtenkreis Napoleons, so mit dem König beider Sizilien, Joachim Murat (1767–1815), der über die Ehe seiner Nichte mit Erbprinz Karl mit dem Zollernhaus verwandtschaftlich verbunden war.

Der Sigmaringer Landesteil war nun auch frei von allen habsburgischen Lehensbindungen. Mehr noch als Hechingen erfuhr er territoriale Zugewinne, die auf der Alb von Standesgenossen und Reichsrittern rührten, denen die Fortune der Hohenzollern abging. So fiel das fürstenbergische Trochtelfingen ebenso an Zollern wie die Spethischen Herrschaften Gammertingen und Hettingen. An der Donau kam das Chorherrenstift Beuron hinzu.

Die zollerischen Fürstentümer reichten nun vom Neckar bis zur Donau quer über die Alb und schnitten damit die württembergische Herrschaft auf der Alb entzwei. Alle Bemühungen König Friedrichs von Württemberg, diesen Pfahl in seinem jungen Königreich auszureißen, waren vergebens. Hechingen und Sigmaringen blieben bis 1850 die Hauptstädte eigenständiger Fürstentümer, hernach bis 1945 die Mittelpunkte zweier preußischer Landkreise auf der Schwäbischen Alb.

Wirtschaftliche und gesellschaftliche Modernisierung

Und dennoch: Die alten Grenzen bestanden in mancherlei Hinsicht fort. Die Schwäbische Alb hatte für Württemberg dabei die Funktion einer natürlichen Scheide von neu gewonnenem katholischen Oberschwaben und dem »alten« Württemberg, in den Worten des Eislinger Stadtpfarrers Engel war sie eine »Riesenmauer, [die] quer durch Württemberg streicht, Unter- und Oberland aufs schärfste von einander scheidend«.

Ein Mittel der Verbindung Alt- und Neuwürttembergs war der Bau moderner Verkehrswege. Der Steilanstieg des Albtraufs musste dabei mit großem technischen und finanziellen Einsatz gerade um der Einheit des Landes willen überwunden werden. Gustav Schwab schildert den Eindruck des nach 1819 vorangetriebenen Straßenbaus am Beispiel der neu geschaffenen Steige von Seeburg nach Münsingen: »Ins Dorf zurückgekommen, versäume man nicht, noch eine Lustfahrt bis auf die Höhe der seit kurzem vollendeten, in die Felsen der Alb gesprengten, neuen Münsinger Bergstraße mitzunehmen, die an die Stelle einer unleidlich steilen und heillosen Chaussee getreten ist. Die herrliche breite Straße lässt sich bis zum Gipfel des Gebirges (...) in vollem Trabe befahren, und eben so, ohne dass man zu sperren braucht, hinunter.«

Die Errichtung neuzeitlicher, befestigter Kunststraßen war nach französischem Vorbild bereits im 18. Jahrhundert erprobt worden. Nachdem die großen Verkehrsverbindungen im politisch zersplitterten Südwesten nur grenzüberschreitend erbaut und unterhalten werden konnten, entwickelte sich der Chausseebau zu einer der vornehmsten Aufgaben des Schwäbischen Kreises, in dem die südwestdeutschen Territorien vertreten waren. Neben dem vergleichsweise einfach zu meisternden Übergang über die Ostalb, der Teil der großen, von Süden kommenden Handelsroute in Richtung Nürnberg war, wurde der Albanstieg bei Geislingen als Teilstück der Verbindung Stuttgart-Ulm »chaussiert«. Auch diese – 1824 verbesserte – Steige empfiehlt Schwab den Reisenden, zumal wenn diese »die Seeburger Bergstraße versäumt habe sollten«. Nach und nach verschwanden so jene »erschrecklich kothigte Straßen«, die Friedrich August Köhler auf seiner Albwanderung 1790 noch angetroffen hatte.

Die Verkehrserschließung diente der wirtschaftlichen Hebung ebenso wie der Integration des jungen Königreichs. Die Modernisierung der Verkehrswege war indes nur ein kleiner Teil eines umfassenden Bemühens um eine Erneuerung von Staat, Wirtschaft und Gesellschaft, das unter dem Eindruck der großen, den Kriegen Napoleons folgenden Hungerkrise von 1816/17 notwendig schien. Vorrang musste die Verbesserung der Ernährungsbasis im Land haben, und genau hier sollte die Alb im Königreich Württemberg eine besondere Rolle spielen. Von der Aufklärung angestoßene Reformen, die Rationalisierung technischer und organisatorischer Abläufe in der Landwirtschaft hatten bereits im Herzogtum Württemberg Tradition, Herzog Karl Eugen etwa hatte großes Interesse an der Landwirtschaft. Nun aber stellten sich die Probleme dringender als zuvor. Wissenschaftler und Verwaltungsleute kritisierten das System der überkommenen, extensiv ausgerichteten Landwirtschaft. Vielfach waren es Beispiele von der Alb, die besonders negativ bewertet wurden: Das Beibehalten der Waldweide, Widerstände gegen eine ganzjährige Stallhaltung des Rindviehs, die überaus große Zahl sogenannter Aus- oder Wechselfelder, die, häufig am Rand der Markungen gelegen, nur in zeitlich großen Abständen unter den Pflug genommen wurden. Johann Georg Daniel Memminger, der in den 1820er und 1830er Jahren für die erste Serie der württembergischen Oberamtsbeschreibungen verantwortlich war, legte in diesen Bändchen regelmäßig den Finger auf die Wunde, wenn es um die Beschreibung des »Nahrungsstandes« und »Landbaus« der Alborte ging. Nach den Vorstellungen der Landwirtschaftsreformer, die seit 1818 in Hohenheim ein Zentrum der Lehre im Land gefunden hatten, waren die zu ergreifenden Maßnahmen klar: Grünfutteranbau in der Brache, Aufhebung der Allmenden und Viehweiden, Einstallung des Milchviehs und Düngung der Felder sollten Viehzucht und Getreideerträge verbessern. Die so wichtige Ergänzung des Getreideanbaus durch die Kultivierung der Kartoffel hatte sich vielerorts – 1772 etwa in dem ulmischen Dorf Nellingen (LKR Alb-Donau) belegt – Bahn gebrochen, doch wurde auch dies nun intensiviert und durch staatliche Stellen gefördert.

Was mochte aber größere Wirkung entfalten als ein konkretes, gelungenes Beispiel? Genau dies dürfte sich Freiherr Ludwig von Ellrichshausen (gest. 1832), Nachfolger Johann Nepomuk von Schwerz' in der Leitung des Landwirtschaftlichen Instituts Hohenheim, gesagt haben, als er von dem »Verein für die Verbesserung der Pferdezucht auf der Alp« eine Stallung zusammen mit einigen hundert Morgen Mähdern am Rand des Münsinger Hardts übernahm. Vermehrt um etliche Wald- und Holzwiesenstücke auf ein eindrückliches Gut im Umfang von schließlich mehr als 300 Hektar entstand 1831 der Hof Ludwigshöhe inmitten eines Gebietes, das die Räte Herzog Karl Eugens noch als »wildeste und rauheste Gegend der Alp« und somit als unbewohnbar bezeichnet hatten. Genau hier aber wollte Ellrichshausen zeigen, dass sich mit den Methoden der rationellen Landwirtschaft sogar noch Gewinne erzielen ließen. Seine Verwalter nahmen nun etliche Mähder unter den Pflug, begannen Fichtenwälder aufzuforsten und etablierten vor allem eine umfangreiche Schafwirtschaft auf dem vormals den Gemeindeviehherden vorbehaltenen Land. Auch der Einsatz moderner Maschinen gehörte zum Konzept. Vermutlich die erste Dreschmaschine nach »schottischem« Vorbild kam auf der Ludwigshöhe zum Einsatz. Eine tatsächlich gewinnträchtige Landwirtschaft gelang zwar nicht, allerdings machten viele Ideen Schule. Offenbar war dieses Hofgut im Münsinger Hardt ein Leuchtturm, der weithin ausstrahlte, denn weitere Gründungen lassen sich allenthalben beobachten. Im Gebiet eines anderen »Hartes«, jener noch höher gelegenen Region beim Großen Heuberg, war es bereits im 18. Jahrhundert zu solchen Ausgründungen gekommen. Um 1760 wurde von Nusplingen an der Bära aus der Weiler Heidenstadt angelegt, als Einzelhöfe entstanden – ebenfalls noch vor der Ludwigshöhe – unweit Heidenstadts die Harthöfe.

Der Vorteil dieser frühen Aussiedlerhöfe bestand in geschlossenen, vergleichsweise großen Wirtschaftsflächen und kurzen Bewirtschaftungswegen. Voraussetzung für diese Gründungen war vielfach die Ablösung überkommener Weiderechte, was allerdings sehr häufig gegen den erbitterten Widerstand gerade ärmerer Schichten geschah. Denn sie waren es, die eben nicht über eigene Landreserven verfügten, die eine ausreichende Subsistenz ermöglichten. Die kostenlose Form der Viehweide auf Allmendland war schlicht überlebensnotwendig.

Gustav Werner

Für eine Antwort auf die sozialen Probleme der Zeit war die Person des von der Alb stammenden Pfarrers und Sozialreformers Gustav Werner von großer Bedeutung. Der Sohn des Forstkas-

Gustav Werner in einer idealisierten Darstellung des 19. Jahrhunderts, die ihn als »Retter« von Armen, Kranken und Kindern zeigt.

siers Johannes Werner und seiner Frau Friederike Christiane Fischer kam am 12. März 1809 im katholischen Zwiefalten zur Welt. Werner verbrachte die ersten prägenden Jahre der Kindheit in Münsingen beim Großvater, der dort Lehrer war. Der

> Bildungsweg über das Maulbronner Seminar und das Tübinger Stift führte zunächst in die Pfarrerslaufbahn. Werners Theologie war von Emanuel Swedenborg beeinflusst. In Straßburg, wo er als Privatlehrer arbeitete, lernte er ein dem Sozialen verpflichtetes und tätiges Christentum im Geiste Johann Friedrich Oberlins kennen. Bereits während des anschließenden Vikariats in Walddorf bei Tübingen gründete er eine Kinderpflegeeinrichtung. Werner schied 1840 im Konflikt mit der Kirchenleitung aus dem Kirchendienst aus und zog in das nahe Reutlingen, um dort mit Waisenkindern zusammen zu leben. Dies war der Grundstock der heute zahlreiche Einrichtungen der Behindertenarbeit, der Altenpflege und Jugendhilfe umfassenden diakonischen Stiftung zum Bruderhaus. Gustav Werner starb in Reutlingen am 2. August 1887.

In der Mitte des 19. Jahrhunderts schienen sich die wesentlichen Neuerungen jedoch allenthalben durchgesetzt zu haben: Praktisch an jedem Ort wurde die Einstallung des Viehs vermeldet, »Partikularfeste« dienten im Gefolge des 1818 gestifteten Cannstatter Volksfestes der Prämierung besonderer Zuchterfolge und vielfach gründeten sich Vereine zur Beförderung der Landwirtschaft wie der 1835 vom Böttinger Geistlichen Konrad Dieterich ins Leben gerufene »Landwirtschaftliche Bezirksverein für die Rauhe Alp«. Diese Entwicklung ging einher mit der Ablösung alter feudaler Lasten, die vielfach seit dem Mittelalter bestanden. Der Prozess begann mit der Ablösung der Leibherrschaft in Einzelfällen bereits vor der staatlichen Umwälzung zu Beginn des neuen Jahrhunderts. In Hohenzollern-Hechingen etwa war im Landesvergleich von 1798 die Leibeigenschaft aufgehoben worden, in den vorderösterreichischen Orten bereits 1782. Im Königreich Württemberg war dies mit dem Edikt vom 18. November 1817 der Fall, das indes nur den Auftakt für eine Vielzahl rechtlicher Regelungen zur Ablösung feudaler Lasten bildete. Ziel war es, den »Wohlstand des Volkes auf die Grundlage einer dem Recht und dem Zeitgeiste entsprechenden Freiheit des Grundeigenthümers und des Bauern« zu stellen. Den Ausgleich zwischen Grundeigentümern und Bauern, mit anderen Worten den bisherigen Einkommensberechtigten und den Belasteten, herzustellen, war keine einfache Sache. Die »Bauernbefreiung« fand so auch im Wesentlichen erst mit der Revolution von 1848 ihren Abschluss.

Von den Trümmern der Vorzeit: die literarische Entdeckung der Alb

Die Bedeutung der Alb für Württemberg, einesteils als wirtschaftliches Sorgenkind, dem man sich anzunehmen hatte, andernteils als zentral gelegene Landschaft zwischen altwürttembergischem Unterland und neuwürttembergischem Oberschwaben zeigt sich noch auf einem weiteren Feld. Für die Staatsbildung in dem aus Krieg und Fürstenkoalitionen entstandenen Königreich galt es, ein einigendes Band zu finden, das angesichts unübersehbarer Differenzen bei Land und Leuten in einer gemeinsamen, idealen Vergangenheit gesucht wurde. Hier nun konnte die Alb eine gewichtige Rolle spielen, denn eben hier befanden sich beispielsweise die Stein gewordenen Zeugnisse mittelalterlicher staufischer Größe, an die das Königreich gerne anschloss.

Dass gerade Burgen und das Mittelalter eine solche Schlüsselposition gewinnen konnten, hatte nicht zuletzt mit der damals ungeheuren Popularität der Romane Walter Scotts zu tun. Allerdings ist nicht zu übersehen, dass es bereits eine lange Tradition literarischer Formen gab, die sich an geschichtlichen Orten der Alb anlehnten.

Bereits 1788 entstand Hölderins »Tek«, in der die ruhmvolle Vergangenheit beschworen wurde:

Laßt Euch mahnen, Suevias Söhne! Die Trümmer der Vorzeit!
Laßt Euch mahnen! Einst standen sie hoch, die gefallene
Trümmer,
Aber ausgetilget ward der trauliche Handschlag,
Ausgetilget das eiserne Wort, da sanken sie gerne,
Gerne hin in den Staub, zu beweinen Suevias Söhne.

Aus dieser nicht näher bezeichneten raunenden Vorzeit springt Hölderlin ins hier und jetzt, schildert seine Heimat, sein der »Tek benachbartes Thal«:

Schellend kehren zurük von schattigten Triften die Heerden,
Und fürs dritte Gras der Wiesen, im Herbste noch fruchtbar,
Schneidend geklopfet ertönt des Mähers blinkende Sense.

Kaum zu überschätzen ist die Bedeutung Gustav Schwabs für die literarische »Entdeckung« der Alb. Mit seinen schon früh entstandenen Gedichten und Balladen und mehr noch seinem ersten Reiseführer der Schwäbischen Alb, der 1823 in Stuttgart erschien, sorgte Schwab für eine breite Kenntnis geschichtlicher Denkmäler, sagenumwobener Orte. Das Buch »Die Neckarseite der Schwäbischen Alb« ging über die im Geist der Aufklärung entstandenen Albbeschreibungen Höslins und Röslers hinaus, wiewohl auch hier eine Vielzahl von Vorschlägen für eine Verbesserung der Lebensbedingungen, in der Sprache der Zeit, des »Nahrungsstandes« der Älbler enthalten sind. Offensichtlich galt es damals, Vorbehalte gegen die Alb, die von der Ferne dem altwürttembergischen Unterländer »etwas Trauriges und Einförmiges« vermittelte, zu entkräften und die Reize des Gebirges ins

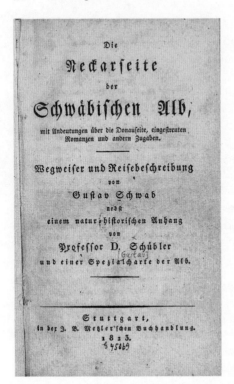

Titelblatt der Erstausgabe von Gustav Schwabs Buch »Die Neckarseite der Schwäbischen Alb«

Feld zu führen: Atemberaubende Ausblicke von den Höhen und geschichtliche Denkmäler besonderer Qualität waren hier die Stichworte.

1815 entstand Schwabs Romanze »Lichtenstein«. In der Geschichte, die sich um die abgegangene Burg über dem Echaztal rankt, kreuzten sich Ritterromantik und württembergische Geschichte, zudem die Einführung der Reformation im Land. Es ging darum, vaterländischer Geschichte an einem konkreten Schauplatz Gestalt zu verleihen. Die Handlung in Schwabs Lichtensteingedicht, Vorlage für den berühmten Roman Wilhelm

Gustav Schwab

Weit über seine Heimat hinaus wurde der in Stuttgart geborene Gelehrtensohn Gustav Schwab (1792–1850) durch die von ihm herausgegebenen »Schönsten Sagen des klassischen Altertums« (1838) bekannt. Schwab war nach seiner theologischen Ausbildung Repetent am Tübinger Stift, dann Lehrer am Stuttgarter Gymnasium. Von 1837 bis 1841 wirkte er als Pfarrer in Gomaringen im Vorland der Schwäbischen Alb, kehrte schließlich nach Stuttgart zurück und wurde dort mit der Leitung des höheren Schulwesens in Württemberg betraut. Der Dichter, Pfarrer, Schulmann und Gelehrte stand mit vielen Geistesgrößen seiner Zeit in enger Verbindung, so mit Justinus Kerner, August Graf von Platen und Ludwig Uhland, er trat zudem als Herausgeber – unter anderem Hölderlins – für den befreundeten Verleger Cotta in Erscheinung. Vielfach dienten seine Gedichte und Balladen Zeitgenossen als Vorlage und Impuls für eigenständige Arbeiten.

Hauffs (1802-1827), war bekanntlich Fiktion. Der durchschlagende Erfolg, den dann allerdings Hauffs 1826 erschienenes Buch haben sollte, die Anziehungskraft, die sich an den entscheidenden Plätzen des Romans, der Nebelhöhle und der Burg Lichtenstein entwickelte, zeigen jedoch deutlich, welche suggestive Kraft diesem Geschichtsbild verbunden mit markanten Stätten zukam. Herzog Wilhelm I. von Urach, einer Nebenlinie des

Das 1839 bis 1842 errichtete Schloss Lichtenstein,
Lithographie von Eberhard Emminger, 1860

Hauses Württemberg zugehörig, entschloss sich an Stelle des zu Hauffs Zeiten bestehenden Forsthauses eine Burg im mittelalterlichen Stil errichten zu lassen und damit der Sage ein genaues Abbild ihres Schauplatzes zu verschaffen. Wilhelm beauftragte den Nürnberger Architekten Carl Alexander Heideloff (1789-1865), einen der renommiertesten Fachleute seiner Zeit. Dieser neue Lichtenstein wurde so etwas wie eine Ikone des Mittelgebirges. Damit nicht genug; alljährlich um Pfingsten entwickelte sich nun um die nahe gelegene Nebelhöhle ein Fest, das durch die Beteiligung von Studenten aus Tübingen zusehends politisch aufgeladen wurde, ja zu einem schwäbischen Hambach werden konnte. 1832 wurde aus Reutlingen polizeilich berichtet, dass »gestern früh ein Wagen mit Studenten von Tübingen durch die Stadt fuhr, auf welchem ein mit dreifarbigem Bändern behangener Baum angebracht war«. Um welche Farben es sich handelte, ist unschwer zu erraten, denn weiter heißt es, dass am selben Pfingstmontag abends »eine Parthie Studenten, die zum Teil Kokarden ›schwarz, rot und gold‹ aufgesteckt hatten, auf einem freien Platz vor dem Fürstenhaus zu Lichtenstein aufgestellt und einige Reden über Preßfreiheit angehört (...)«.

Wenige Jahre nach der Einweihung des Lichtenstein (1842) war es zur spektakulären Selbstaufgabe beider regierender hohenzollerischer Fürsten unter dem Eindruck der Revolution von 1848/49 gekommen. Nun Teil des Königreichs Preußen, begann bereits 1850 unter Leitung des Architekten und Schinkelschülers Friedrich August Stüler auch hier der Wiederaufbau einer Burg – sehr viel deutlicher noch als im Fall des sich auf einen Roman beziehenden Lichtenstein unter geschichtspolitischen Vorzeichen: »Die auf kahlem Felsen hochaufragende, in neugotischem Stil erbaute Stammburg der Hohenzollern war ein weithin sichtbares Zeichen dafür, daß die preußische Macht, die zuvor auf den Osten und Norden Deutschlands konzentriert gewesen war, nun auch im Süden einen Ankerpunkt gefunden hatte«, so der Historiker Paul Münch. Der Hohenzollern war nach dem Anfall der Fürstentümer an Preußen auch der Ort der feierlichen Erbhuldigung für König Friedrich Wilhelm IV., der aus diesem Anlass den neuen Hausorden mit der Devise »Vom Fels zum Meer« stiftete. Nach der Fertigstellung im Jahr 1867 war der Hohenzollern unversehens Symbol nationaler Einigung unter Preußens Führung geworden. Nach dem von Preußen – auch gegen Württemberg – gewonnenen Krieg von 1866 erschien der Beitritt zu dem preußisch dominierten Norddeutschen Bund nationalen Kreisen in Schwaben als einzig gangbarer Weg für eine Einigung Deutschlands. Eine Woge nationaler Begeisterung brachte im Frühsommer 1870 mehr als 1000 Menschen auf die Zollernburg. König Wilhelm I. schien der gegebene Erbe des mittelalterlichen Kaisertums zu sein, das mit dem Hohenstaufen ja ebenfalls einen Bezugspunkt auf der Alb hatte.

Auf dem Hohenstaufen allerdings nahm die Rückbesinnung einen gänzlich anderen Weg. Ein 1833 unter Führung des Pfarrers Eduard Keller entstandenes Komitee hatte es sich zur Aufgabe gesetzt, die bestehenden geschichtlichen Denkmäler, vor allem die mittelalterliche Kirche unterhalb der Burgruine, zu erhalten. In zweiter Linie war auch von einem »Wartturm« die Rede, der jedoch nie konkret angegangen wurde. Erst nach der Reichsgründung 1871 bildeten sich Initiativen mit dem Ziel, ein der jungen Nation angemessenes Denkmal für das mittelalterliche Kaisergeschlecht zu schaffen. Allerdings wurde dies, vielleicht schon wegen der Konkurrenz des Hohenzollern, wohl auch wegen einer gewissen Reserve des württembergischen Königshauses gegen solch deutsch-nationale Symbolik im eigenen Land, niemals erreicht. Den Wiederaufbau einer Stauferburg gab es dann doch, allerdings nicht auf der Alb, sondern im neu gewonnenen »Reichsland« Elsaß-Lothringen. Hier ließ Kaiser Wilhelm II. die Hohkönigsburg bei Schlettstadt 1900 bis 1908 nach historischen Vorlagen wieder errichten.

Die Indienstnahme geschichtlicher Denkmäler und historischer Orte für Selbstverständnis und Selbstdarstellung der neu formierten Staaten des 19. Jahrhunderts war das eine, die Aneignung der Landschaft als individuellen Erfahrungsraum das andere. Auch hier gab es Vorbilder, waren doch die Alpen zu Beginn des Jahrhunderts nicht mehr länger abschreckendes, menschenfeindliches Gebirgsland, sondern ein Raum, den es zu entdecken lohnte. Nach diesem Muster gerieten ebenso Schwarzwald, Bodensee und schließlich auch die Alb in den Blickpunkt von Gelehrten und Künstlern. Schrittmacher war ohne Frage der Pfarrer Gustav Schwab, dessen schon genannter, 1823 erschienener Reiseführer den Albtrauf von Balingen bis zu den ›Kaiserbergen‹ im Osten beschrieb. Die darin enthaltenen Wandertouren und Kutschfahrten sind angereichert mit zahlreichen lokalen Überlieferungen, historischen Balladen und Gedichten. Die Verbindung eines ästhetischen Landschaftsgenusses mit der geschichtlich-ideologischen Indienstnahme der Altertümer zieht sich wie ein roter Faden durch das Werk. Der Autor nimmt seine Leser an die Hand, gibt Hinweise grundsätzlicher und ganz praktischer Natur, wie etwa jenen, sich auf bestimmten Strecken besser einem Führer anzuvertrauen, um sich nicht zu verlaufen. Auch setzt er sich mehrfach mit abergläubischen Praktiken und Erzählungen der Albbewohner auseinander, indem er in einem Fall gewissermaßen höchst persönlich in eine Höhle hinabsteigt, wo der Höllenhund selbst sein Unwesen treiben soll.

Nicht die Geschichte, sondern das Erlebnis der Alblandschaft spielt bei seinem jüngeren Zeitgenossen und Pfarrerkollegen Eduard Mörike (1804-1875) eine große Rolle. Mörike hatte vor seinem Theologiestudium in Tübingen das Uracher Seminar besucht und erhielt hernach verschiedene Pfarrstellen auf der Alb und im Albvorland. Seit 1832 Pfarrverweser in dem kleinen und dementsprechend schlecht dotierten Ochsenwang (LKR Esslingen), schilderte Mörike in Briefen die Albberge, die Bedeutung für seine Dichtung erlangten. Friedrich Theodor Vischer lässt er wissen: »Ich lebe hier an einem Ort, den mir die Muse selbst (und ich habe eine sehr subjektive und eigensinnige) nicht besser hätte aussuchen können. Ein wildes Paradies, ein Reihernest, abgeschnitten von aller kultivierten Welt, und doch nur, wenn ich will, ein Sprung in die Städte der Menschen.« Der das schreibt, hat sicherlich nicht vor, seine Zeitgenossen zu belehren. Mörikes sehr viel später entstandenes »Stuttgarter Hutzelmännlein« (1853), geradezu ein Klassiker für die Alb als literarischen Ort, gilt Helmuth Mojem gar als Gegenentwurf zu Hauffs Geschichtsepos. Jene Erzählung um den Schustergesellen Seppe und seine Wanderung über die Alb nach Ulm sollte »ein ganz anderes, ein märchenhaftes Bild des Landes« vermitteln.

Schließlich ist ein weiterer historischer Roman vom Ende des 19. Jahrhunderts zu nennen, der das Bild der Alb für Generationen prägen sollte. Der Naturforscher David Friedrich Weinland (1829-1915), in Grabenstetten (LKR Reutlingen) als Pfarrersohn geboren, hatte nach seiner Arbeit am Frankfurter Senckenbergmuseum und einigen Jahren an der Universität Boston auf dem Hofgut seines Vaters, Hohenwittlingen, seinen Alterssitz gefunden. 1878 erschien sein Roman »Rulaman«, fraglos eines der erfolgreichsten deutschsprachigen Jugendbücher aller Zeiten. Weinlands Rulaman zeigt sich an vielen Stellen durch die Höhlen, Felsen und Täler der Alb inspiriert, die der Autor schon aus Kindertagen kannte. Der Roman erzählt vom Kampf und Untergang der alteingesessenen »Aimat«, die sich, und hier wählte Weinland einen anachronistischen Kunstgriff, mit den eingewanderten, Eisenwaffen schwingenden »Kalats« auseinandersetzten. Die Schauplätze der Handlung sind der Umgebung des Hohenwittlingen nachempfunden, so dass sich ebenso wie in Hauffs Lichtenstein eine phantasievolle Erzählung mit realen Handlungsorten verknüpfen ließ.

Vom Schicksal der Klöster

Daneben fand eine weitere, gänzlich anders geartete Aneignung der Alb durch das junge Königreich Württemberg statt. Mit der Säkularisation und der Aufhebung vieler Klöster im Land stellte sich bald die Frage nach der Verwertung der nun leer stehenden Gebäude. Wie in Baden auch wurden sie in Teilen verkauft und zuweilen als Fabriken oder Lager genutzt. Der junge Staat nutzte diese Ressource jedoch auch für seine eigenen Zwecke; schon nach der Reformation wurde etwa damit begonnen, das ehemalige Dominikanerinnenkloster Offenhausen oder die Kartause Güterstein für die Viehzucht zu gebrauchen. Die 1802 aufgehobene Bendiktinerabtei Zwiefalten und das von Zwiefalten aus pastorierte Frauenkloster Mariaberg erhielten eine ganz andere Zweckbestimmung. In den Konventsgebäuden Zwiefaltens wurde 1812 das staatliche, unter Herzog Karl Eugen entstandene »Tollhaus« Ludwigsburg untergebracht, bis zur Gründung Winnenthals 1834 die einzige derartige Einrichtung im Königreich. Langfristig sollte sich der Aufbau der Königlichen Pflegeanstalt, die von 46 Insassen im Jahr 1812 auf 90 im Jahr 1825 angewachsen war, keineswegs zum Nachteil des Ortes Zwiefalten auswirken, denn die staatliche Einrichtung sorgte und sorgt für Beschäftigung und Einkommen. Dem Empfinden der Zeitgenossen allerdings mochte eher das zugespitzte Diktum des Zentrumspolitikers Matthias Erzberger (1875-1921) entsprochen haben, wonach nunmehr das »Gekreisch der Irren« erscholl, wo zuvor der »Chorgesang der Mönche« ertönte. Auch in Mariaberg entstand eine Behinderteneinrichtung. 1847 gründete der Arzt Karl Heinrich Rösch (1808-1866) die Heil- und Pflegeanstalt für geistig behinderte Kinder und Jugendliche, in der heute nicht mehr akzeptablen Sprache der Zeit die »Anstalt für schwachsinnige Kinder«. Für beide Konzepte, Verwahrung geistig Behinderter sowie Unterrichtung und Pflege wurde eine abgelegene, ruhige

Gegend offensichtlich als Vorteil angesehen, abgesehen von dem pragmatischen Grund, dass hier eben ungenutzte Räumlichkeiten in Hülle und Fülle zur Verfügung standen. Die Alb erfuhr so nicht nur als Objekt staatlicher Infrastruktur- und Wirtschaftsförderung besondere Aufmerksamkeit, sondern entwickelte sich zum Rahmen für die jetzt als Staatsaufgabe begriffene Unterbringung, Erziehung, auch Absonderung abnormer Untertanen.

Fabrik, Lager, Pferdestall und Tollhaus, so stellt sich das Schicksal zahlreicher geistlicher Einrichtungen nicht nur auf der Alb dar. Eine Ausnahme immerhin sei erwähnt: Das erste Kloster, das in Deutschland nach der Säkularisation wieder entstand, war 1863 die Benediktinerabtei Beuron, am Ort des 1802 aufgehobenen Augustinerchorherrenstifts. In Gorheim bei Sigmaringen bestand bereits 1852 ein Jesuitenkolleg. In Zeiten, als im Königreich Württemberg die Niederlassung jeglicher Männerorden untersagt war, konnte sich auf jetzt preußischem Boden eine überaus wichtige Keimzelle klösterlicher Spiritualität entfalten. Erst 1920 folgte mit der Wiederbesiedlung Neresheims durch Mönche aus dem tschechischen Kloster Emmaus eine weitere klösterliche Gemeinschaft auf der Alb.

Die Revolution von 1848/49 bringt einschneidende Veränderungen

Die Gründung der Heilanstalt Mariaberg erfolgte am Vorabend der Revolution von 1848/49, einer weit mehr europäischen als nur nationalen Bewegung. Sie besaß ihre Zentren in Südwestdeutschland sicherlich nicht auf der Schwäbischen Alb, auch wenn sich mit Reutlingen, dem Ort der Pfingstversammlung von 1849, ein bedeutender Schauplatz der revolutionären Ereignisse in deren unmittelbarem Vorland befand. Doch waren die Bauern und Handwerker hier selbstverständlich gleichermaßen von den Themen der Revolution betroffen wie die Menschen anderswo. So können wir auch in den kleinen Alborten wie Ebingen oder Urach bereits im März 1848 eine intensive Diskussion liberaler und nationaler Forderungen beobachten. In dem notorisch unruhigen Tuttlingen gründete sich sehr früh schon unter Führung des Buchhändlers Sixt Ludwig Kapff ein Bürgerverein. Hier wie andernorts wurde durch den »Franzosenlärm«, einem bloßen Gerücht über den Einfall proletarisierter Arbeiter von jenseits des Rheins, die Stimmung angeheizt. In Tuttlingen erschien württembergisches Militär, angeblich zum Schutz gegen äußere Bedrohungen.

Doch am einschneidendsten verlief die Revolution für die beiden Fürstentümer Hohenzollern-Hechingen und Hohenzollern-Sigmaringen. In beiden Ländern gaben die Fürsten den Forderungen ihrer Untertanen nach Aufhebung feudaler Lasten und einer konstitutionellen Verfassung nach. In Sigmaringen dankte Fürst Karl zu Gunsten seines Sohnes ab. In Hechingen trat ein neu gewählter Landtag im April 1848 unter Pfarrer Joseph Blumenstetter zusammen, der dem Land um den Hohenzollern eine neue Verfassung gab. Obwohl nach der Niederlage der Revolution bayerische, württembergische und preußische Truppen im Land »für Ruhe sorgten«, waren die Fürsten beider Länder von dem heftigen Verlauf der Revolution doch so sehr erschüttert, dass sie sich entschieden, ihre Souveränität der preußischen Krone zu übertragen. Seit 1850 waren die beiden zum Regierungsbezirk Sigmaringen zusammengeschlossenen Fürstentümer Teil der preußischen Rheinprovinz.

Die Beseitigung der aus dem Mittelalter überkommenen Grundlasten war die bleibende Errungenschaft für die bäuerliche Bevölkerung. Sie zählte zu den ersten Forderungen, die in den Alborten formuliert wurden, so auch in Dörfern fürstenbergischer Grundherrschaft. Eine im Druck verbreitete Erklärung der Fürstlichen Domänenkanzlei vom 22. März 1848 zeigt ein bemerkenswertes Entgegenkommen hinsichtlich der Ablösung dieser feudalen Abgaben: »Im Einklang mit einer Deputation mehrerer Gemeinden aus dem Oberamtsbezirke Trochtelfingen«, so begann diese »Erklärung« an die Grundholden, sei »die Fürstliche Standesherrschaft Fürstenberg (...) bereit, alle billige in verfassungsmäßigem Wege zur Erledigung kommende Wünsche der Angehörigen ihres Gebiets zu unterstützen und zu fördern«. Die generelle Lösung der Abgabenfrage wurde von einer gesetzlichen Regelung abhängig gemacht, für die das Haus Fürstenberg jetzt natürlich nicht mehr verantwortlich war. Doch unbeschadet dessen verzichtete der Fürst auf weitere Rechte zu Gunsten der Gemeinden, darunter auch auf das Jagdrecht.

Erfolge, zumal für die Bauern, stehen auf der einen Seite, Scheitern persönlicher Lebenswege indes auf der anderen. Lina Benz hat exemplarisch zwei geschildert: Eduard Süskind, Pfarrer in Suppingen (LKR Alb-Donau) und unermüdlicher Vorstreiter liberaler Forderungen zog sich auf ein Hofgut weit weg von seiner politischen Wirkungsstätte zurück. Carl Dieterich, der Sohn seines zeitweiligen Weggefährten und Amtsbruders in Böttingen (LKR Reutlingen), zerbrach am Scheitern seiner Ideale und landete schließlich ebenso in der Neuen Welt wie der schon angesprochene Tuttlinger Buchhändler Sixt Ludwig Kapff.

Neue wirtschaftliche Impulse

Die politischen Veränderungen waren das eine, die rasante wirtschaftliche Entwicklung im 19. Jahrhundert das andere. Es wurde bereits angesprochen, dass sich um gewerblich geprägte Zonen wie der Ostalb um Heidenheim, dem »Talgang« im heutigen Albstadt oder der Südwestalb um Tuttlingen im 19. Jahrhundert der Schritt von der handwerklichen zur industriellen Fertigung – vielfach nach englischen Vorbildern – gelang.

Standortfaktoren für den Schlüsselsektor Textilindustrie waren neben gut ausgebildeten Arbeitern die Verfügbarkeit von Energie, und das hieß damals – auch wenn eine der ersten Dampfmaschinen Württembergs 1838 in Heidenheim auf der Ostalb stand – Handbetrieb oder aber Wasserkraft. Hinzu kam bald der Anschluss an das Eisenbahnnetz. Solange der Transport von Menschen und Waren auf der Straße erfolgte, war man auf Zugtiere und Wagen angewiesen. Die Einführung der schienengebundenen Eisenbahn in Süddeutschland vervielfachte die Transportkapazitäten, kanalisierte jedoch sehr viel stärker den Verkehr, als es Straßen in der Regel vermochten. Denn der Kapitalaufwand, den gerade der Eisenbahnbau in dem von Mittelgebirgen geprägten Südwesten Deutschlands erforderte, ließ die Verantwortlichen sehr vorsichtig an neue Schienenprojekte gehen. Vorrang hatten sowohl in Baden als auch in Württemberg zunächst die großen nationalen Magistralen.

Friedrich List

Der im Schatten der Alb geborene Friedrich List (1789–1846) hatte früh bereits das Potenzial des Verkehrsmittels für die wirtschaftliche Entwicklung, ja für die nationale Einigung Deutschlands erkannt. List, selbst noch in der überkommenen Verwaltungslaufbahn als »Schreiber« aufgestiegen, war einer der ersten Lehrer der 1817 gegründeten Staatswirtschaftlichen Fakultät der Universität Tübingen. Durch Reisen im Ausland lernte er moderne wirtschaftliche Rahmenbedingungen kennen, die der Wissenschaftler und Politiker – List war zeitweilig Abgeordneter des württembergischen Landtages – in Eingaben und Broschüren, verbunden mit deftiger Kritik am Bestehenden, formulierte. Seine Idee der Schaffung eines länderübergreifenden Eisenbahnnetzes verband sich mit Vorschlägen für eine gezielte

Friedrich List, Lithographie nach dem Gemälde von Josef Kniehuber

Wirtschaftsförderung durch Schutzzölle. Wegen seiner Unbotmäßigkeit zu Festungshaft verurteilt, war List 1825 zur Auswanderung nach Amerika gezwungen und kehrte, nach überaus erfolgreicher unternehmerischer Tätigkeit, 1830 als amerikanischer Bürger und Konsul nach Deutschland zurück. 1833, drei Jahre nach der Eröffnung der Bahn Manchester-Liverpool und noch vor der ältesten deutschen Verbindung von Nürnberg nach Fürth, erschien seine gedruckte Eingabe für einen Bahnbau. 1841 vollendete List sein Hauptwerk »Das nationale System der politischen Ökonomie«, doch noch immer blieben dem »aufmüpfigen Untertan« (Eugen Wendler) Anerkennung und beruflicher Erfolg in der Heimat versagt. List nahm sich am 30. November 1846 auf einer Reise in Kufstein/Tirol das Leben.

Vielfache Hemmnisse standen der Verwirklichung seiner Forderungen im Wege, Lists Heimatstadt Reutlingen erhielt gar erst 1859 einen Bahnanschluss. Die Alb war an ganz anderer Stelle für den frühen Bahnbau Württembergs von Interesse. Es galt, eine Linie im Königreich von Nord nach Süd zu schaffen, eine

Verbindung des Neckarhafens Heilbronn und dem neu gegründeten Friedrichshafen am Bodensee mit der Landshauptstadt. Dabei war die Überwindung des Albtraufs eine der bedeutendsten ingenieurtechnischen Herausforderungen, die sich im Königreich damals stellten. Eine Gruppe von Eisenbahntechnikern riet schlicht zur Umgehung des Problems, indem die Bahn entlang von Rems und Brenz nach Ulm und an die Donau gelangen sollte. Doch es wurde der direkten Verbindung durch das Filstal mit dem Albanstieg bei Geislingen der Vorzug gegeben. Damit folgte man dem Votum Carl Etzels (1812-1865), einem Landeskind, dessen Vater sich bereits als Straßenbautechniker an der Stuttgarter Neuen Weinsteige und den neuen Bergstraßen zwischen Seeburg-Münsingen und Geislingen-Amstetten Verdienste erworben hatte. Etzel, mit reichlich ingenieurtechnischer Erfahrung in Frankreich und Österreich versehen, wurde zum Mann der Stunde. Er verwarf kurzerhand die bis dato vorliegenden Planungen, die entweder die Remstaltrasse oder aber die Zuhilfenahme von Pferdebespannung zur Überwindung der Steigung vorsahen, und ermöglichte durch steilere, stärker an die natürlichen Gegebenheiten angepasste Trassenführung einen schnelleren und sparsameren Streckenbau, der bereits Ende Juni 1850 zum Abschluss kam. Mit der Eröffnung des Teilstücks Geislingen-Ulm war der Lückenschluss in der Nord-Süd-Verbindung vom Neckar zum Bodensee gelungen. Das Streckenprofil erforderte allerdings leistungsfähige Lokomotiven, die die Esslinger Werke Emil Kesslers lieferten. Die »Alb« genannte Maschine war eine Neuentwicklung, die eigens für die Überwindung des 5,6 km langen und 112 Höhenmeter überwindenden Albanstiegs zwischen Geislingen und Amstetten gebaut wurde. Auch heute noch beeindruckend ist das diesem Steigungsabschnitt vorgeschaltete »Hufeisen«, ein gewaltiger Dreiviertelbogen, der das Eybtal vor der Einfahrt des Zuges in den Geislinger Bahnhof überspannt.

Die neue Geislinger Steige kurz vor Erreichen der Albhochfläche. Im Hintergrund fährt eine Lokomotive abwärts. Gut zu erkennen ist, dass die Trassenführung von vornherein Platz für ein zweites Gleis vorsah; Zeichnung von Louis Obach, 1851.

Doch auch nach Überwindung dieser Probleme blieb die Alb eine ständige Herausforderung für die württembergischen Eisenbahner. Otto Supper schrieb im Rückblick: »Das weiter ausgesprochene Bedenken, die atmosphärischen Niederschläge auf der Alb werden dem Eisenbahnbetrieb große Hindernisse in den Weg legen, schien sich am Anfang des Betriebs bewahrheiten zu wollen, indem mehrmals in Folge von Schneewehen die Bahn unfahrbar gemacht wurde.« Die wirtschaftlichen Impulse, die vom Bahnbau ausgingen, zeigen sich gerade an dieser ältesten württembergischen Hauptbahn. Die Oberamtsstadt Geislingen erfuhr in der Folge wie das gesamte Filstal eine atemberaubende Entwicklung. Bereits 1853 entstand die Metallwarenfabrik Straub und Schweizer, aus der nach 1880 die Württembergische

Metallwarenfabrik (WMF) hervorging. Kurz nach 1900 waren hier nicht weniger als 3000 Arbeiter beschäftigt. Mehr als drei Viertel der Berufstätigen Geislingens arbeitete damals in einem Gewerbebetrieb, im gesamten, Teile des Albvorlandes und der Albhochfläche mit dem Albuch umfassenden Oberamt immerhin noch über die Hälfte. Ein deutliches Indiz für die Durchsetzung der industriellen Produktion, für die ein ungehinderter Transport von Menschen und Waren unabdingbar war.

Nach der Eröffnung dieser auch im bekannten Volkslied von der ›Schwäb'schen Eisenbahn‹ verewigten württembergischen Hauptbahn galt es, innerhalb des Landes die wirtschaftlich bedeutenden Plätze mit der Hauptstadt zu verbinden. Die Alb wurde dabei zunächst ausgespart und lediglich im Norden und im Süden entlang älterer Verkehrswege von Bahnlinien berührt. Die 1859 vollendete Verbindung der Hauptbahn mit der Universitätsstadt Tübingen führte durch das Albvorland. Von hier aus entstanden in der zweiten Jahrhunderthälfte Stichbahnen ab Wendlingen, Nürtingen, Metzingen und Reutlingen in die Albtäler hinein. Die Donautallinie konnte erst 1865 nach erfolgtem Staatsvertrag mit Preußen, dessen Territorium um Sigmaringen – ebenso wie im Norden um Hechingen – durchschritten wurde, begonnen werden. Sigmaringen allerdings war erst 1873 erreicht und auch das nördliche Albvorland wurde zögerlich erschlossen, nachdem ab Tübingen zunächst entlang des Neckars und nicht entlang der alten »Schweizerstraße« weitergebaut wurde. Immerhin war 1874 Balingen an die Eisenbahn angebunden. Vier Jahre darauf entstand eine Verbindung von der württembergischen Oberamtsstadt zur zollerischen Residenz Sigmaringen über die Alb, so dass auch die bereits industrialisierte Region um Ebingen und Tailfingen über einen Bahnanschluss verfügte. Für das seit jeher verkehrsgünstig gelegene Tuttlingen war die Vollendung der Donautalbahn 1890 Katalysator einer prosperierenden Entwicklung. Die Eisenbahn ermöglichte einer auf Massenproduktion ausgelegten Schuhindustrie den raschen Warenabsatz etwa in die Schweiz, ebenso der 1867 von Gottfried Jetter begründeten Produktion chirurgischer Instrumente.

Nicht viel aber immerhin etwas besser als der Gewerberegion auf der Westalb erging es jener auf der östlichen Alb. Zwar war bereits mit der Planung der Neckartalbahn die Ostalb mit ihrer Eisenindustrie in die Planungen einbezogen worden. Dennoch sollte Heidenheim überraschend spät einen Bahnanschluss erhalten (Linie Stuttgart-Aalen 1861, Aalen-Heidenheim 1864). Damit war endlich gewährleistet, dass die für eine zeitgemäße Roheisenproduktion unerlässliche Steinkohle zuverlässig an die Werke im Kocher- und Brenztal geliefert werden konnte. In Wasseralfingen (Ostalbkreis) entstand nun, 1864, ein Kokshochofen. Die Eisenproduktion boomte in der Folge derart, dass 1876 eine Zahnradbahn zwischen dem Bergwerk und den Hochöfen errichtet wurde, die erste ihrer Art in Deutschland. Das Brenzgebiet erhielt nicht nur die Verbindung nach Stuttgart, sondern wurde mit dem Bau der Linie Heidenheim-Niederstotzingen-Ulm (1875-1876) Teil einer zweiten Nord-Südstrecke im östlichen Teil des Königreichs. Dass auch diese Verbindung erst so spät zustande kam, lag nicht zuletzt daran, dass man wiederum ausländisches – diesmal bayerisches – Territorium zu queren hatte.

Sehr viel schlechter standen dagegen die gewerblich geringer entwickelten Regionen da. »Nach Münsingen und himmelan / fährt keiner mit der Eisenbahn« dichteten noch in den 1890er Jahren Spötter. Schließlich war Münsingen die letzte Oberamtsstadt des Königreichs ohne eigenen Bahnanschluss. Nach jahrelanger Fehde zwischen Gemeinden und Interessenvertretern aus dem Ermstal, der Albhochfläche und vom Echaztal entschied man sich schließlich zur Errichtung einer Linie von Reutlingen über eine Zahnradstrecke bei Honau nach Münsingen, wo sie vorläufig endete. Diese 1893 eingeweihte Nebenbahn wies das steilste normalspurige Steigungsstück des gesamten deutschen

Eisenbahnnetzes auf. Eben dieser Abschnitt war indes dafür verantwortlich, dass auch bei einer erheblichen Transportnachfrage dauerhaft Engpässe blieben. Die Fortführung der Bahn nach Gründung des Truppenübungsplatzes Münsingen zur Donau hin (1901) brachte nur geringe Linderung dieses Problems, denn der Großteil des Verkehrs war auf die Landeshauptstadt und den Neckarraum hin ausgerichtet. Weitere Nebenbahnen entstanden noch bis in das erste Jahrzehnt des neuen Jahrhunderts, so auf der Ostalb 1901 der Anschluss des alten donzdorfischen Residenzstädtchens Weißenstein an die Hauptbahn, 1903 die Verbindung Wiesensteigs mit Geislingen und schon früher die Privatbahnen Laichingen-Amstetten und Gerstetten-Amstetten, beides Anschlüsse an die württembergische Hauptbahn Stuttgart-Ulm, die vor allem für den Arbeiterverkehr wichtig waren. Nur als schmalspurige Nebenbahn entstand bis 1906 die Linie Aalen-Dillingen, die das Härtsfeld im Nordosten der Alb mit Neresheim erschloss.

Wohltat für die Albbewohner: die Albwasserversorgung

Sorgte die Eisenbahn nun dafür, dass die Industrien um Tuttlingen, Ebingen und mehr noch im Albvorland und im Brenztal ausreichend mit Rohstoffen, Energie und Arbeitskräften versorgt wurden, dagegen fern der Bahnlinien befindliche Regionen stagnierten, gab es ab 1870 eine zweite technische Neuerung, die nun flächendeckend zu einer Wohltat für die Albbewohner werden sollte. Die Verbesserung der Wasserversorgung war eine technische Meisterleistung dieses Jahrhunderts. Gelegentlich der Landesgewerbeausstellung 1881 hieß es: »Ein Culturwerk ist in diesem Sommer vollendet worden, welches in seiner Art einzig dasteht und den berühmtesten Wasserwerken der Welt als eben-

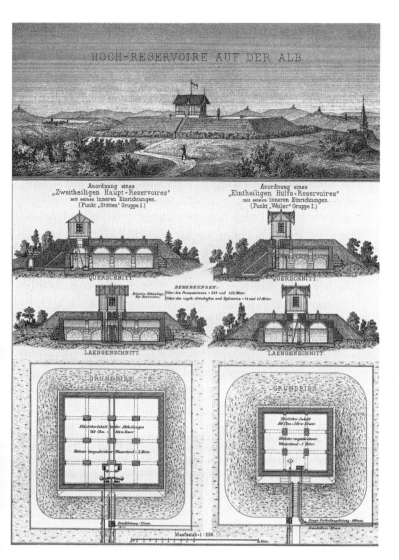

Plan eines Hochreservoirs für die Albwasserversorgung,
um 1870

bürtig angereiht werden darf.« Zwar hatte es vereinzelt schon frühere Einrichtungen gegeben, die eine Trinkwasserversorgung von Plätzen auf der Alb aus den Quellen in den Tälern gewährleisteten. Doch waren solche Anlagen, die etwa zur Versorgung der Festung Hellenstein oder aber des herzoglichen Gestüts St. Johann dienten, stets kleinräumige Lösungen, die für sich auch weithin beachtete Besonderheiten darstellten. Erst der geniale Ingenieur Karl Ehmann (1827-1889) vermochte mit einem schlüssigen technischen und vor allem auch administrativen Konzept, in der Fläche eine bis dahin ungekannte Wasserversorgung auf die Beine zu stellen. Seine Idee bestand ebenfalls darin, die in den Tälern der Alb reichlich sprudelnden Quellen über ein System von Pumpleitungen und Hochbehältern auf die Hochfläche zu transportieren und dort bereitzustellen. Der Zusammenschluss mehrerer Gemeinden zu Albwasserversorgungsgruppen sollte den künftigen Unterhalt der Versorgungsanlagen gewährleisten, ein großzügiger staatlicher Zuschuss den Bau ermöglichen.

Dies hieß zunächst einmal das Bohren dicker Bretter. Auf eine Denkschrift Ehmanns an das Ministerium des Innern hin erging am 25. Oktober 1866 ein Runderlass an die Oberämter Münsingen, Ehingen, Urach, Geislingen, Blaubeuren und Riedlingen mit dem Ziel, die Pläne einer gruppenweisen Versorgung der wasserarmen Orte auf der Schwäbischen Alb zu verbreiten und möglichst vor Ort zu fördern. Betroffen waren zunächst 60 Gemeinden mit 27 500 Einwohnern, die in acht Versorgungsgruppen zusammengefasst werden sollten. Der Rücklauf war eindeutig: »Die Antwort aller Gemeinden war entweder geradezu ablehnend oder an unerfüllbare Bedingungen geknüpft«, so Oscar Fraas 1873. Die Gründe lagen auf der Hand. Trotz der Zusage des Staates, Planung und Bauleitung in Regiearbeit zu übernehmen und einen Zuschuss zu den Baukosten zu gewähren, blieb für die Gemeinden noch ein erheblicher Brocken. Gemeinderat und Schultheiß standen die größten Investitionen ihrer Gemeinde – man kann getrost sagen seit Menschengedenken – ins Haus. Zwei Reaktionen lagen deshalb nahe: Einerseits die Feststellung, dass man bislang ja auch ohne Albwasserversorgung ausgekommen sei, andererseits, dass man eine solche schon wolle, jedoch einen höheren Staatsbeitrag benötige. Wir wissen leider sehr wenig darüber, wie nun in langen Verhandlungen die Stimmung in manchen Gemeinden schließlich umschlug und einem Baubeschluss zuneigte. Klar ist nur, dass in aller Regel die Oberamtmänner mit Engelszungen auf die Gemeinderäte einredeten und sie mit den üblichen Argumenten (Behebung der Wasserarmut, Verbesserung von Hygiene und Landwirtschaft) zur Übernahme des Risikos zu ermuntern suchten. Den Anfang machten schließlich Gemeinden auf der Blaubeurer Alb um Justingen, die sich 1870 zur »Schmiechtalgruppe« zusammenschlossen. Heute befindet sich am Ort des Pumpwerks in Teuringshofen ein kleines Technikmuseum, das an diesen Markstein in der Geschichte der Schwäbischen Alb erinnert.

Andere Unternehmungen wie das der planerisch zur selben Zeit angegangenen späteren Gruppe VI scheiterten zunächst. Um der Verorgungsanlage eine ausreichende Rentabilität zu verleihen, mussten auf der dünn besiedelten Flächenalb auch weit entfernte Orte zusammengeschlossen werden. Diese unter einen Hut zu bekommen, erwies sich als überaus schwierig; in dem Ort Mehrstetten (LKR Reutlingen) wurde ob der Auseinandersetzung der Gemeindefriede ernsthaft erschüttert, indem von ungelenker Hand eine Morddrohung am Haus eines Wasserleitungsbefürworters angebracht wurde: »Herr Geiger,« so hieß es, »ich will Dir nur kund thun, wenn wir das Wasser haben müssen, so wird Dir eine Kugel durch den Leib geschossen und in Deinem eigenen Hause wird sie Dich treffen, so wird die Vorbereitung beginnen, nun so kannst Du wählen, was Du willst? Bereite Dein Haus, denn Du mußt sterben. Und Deinen Anhängern geschieht auch etwas. Jetzt hast Du genug.« Zum Äußersten indes kam es nicht, die Gruppe VI entstand ein Jahr nach der Schmiechtalgruppe, ohne diesen Ort.

Doch auch wenn eine grundsätzliche Zustimmung erreicht war, galt es Probleme zu lösen, an die zunächst sicher keiner gedacht hatte: Bei der Erweiterung der Albwasserversorgungsgruppe VI um die Bauerndörfer der Zwiefalter Alb geriet das einwohnerbezogene Wasserumlagesystem in die Kritik. Denn in dem von der Anerbensitte geprägten neu hinzugekommenen Gebiet besaßen die Bauern sehr viel mehr Vieh pro Hofstelle als in den anderen Orten – ein wirkliches Problem in einer Zeit, als die Haustiere und nicht die Menschen die größten Wasserverbraucher waren.

Soldaten und Touristen

Das vergleichsweise rohstoffarme Königreich Württemberg erlebte, verstärkt durch die Einführung elektrischer Energie vor dem Ersten Weltkrieg, eine rasante wirtschaftliche Entwicklung. Das Land war zum Sitz von Unternehmen mit Weltruf geworden, der Anteil der Industriearbeiterschaft an der Erwerbsbevölkerung nahm kontinuierlich zu. Gleichwohl behielt Württemberg, mit den Weingärten im Unterland, den Obstwiesen im Albvorland oder den großen Getreideanbaugebieten in Oberschwaben seine ländlich-bäuerliche Prägung. Die Schwäbische Alb hatte Anteil an beidem, industrieller Entwicklung und Bewahrung des agrarischen Erbes. Auf der Alb selbst existierten im Wesentlichen zwei industrielle Zentren, zunächst das wirtschaftlich auf Eisen- und Textilindustrie gestützte Brenztal um Heidenheim und Giengen, sodann die stärker auf die Textilindustrie, dann aber auch auf Feinmechanik spezialisierte Region um den »Talgang« im heutigen Albstadt auf der Westalb.

Industrie an der Brenz

Exportorientierte Unternehmen mit Weltgeltung entstanden im 19. Jahrhundert im Brenztal: Bereits 1757 gegründet und 1852 in eine Aktiengesellschaft umgewandelt war die Heidenheimer Cattun-Manufaktur eines der führenden baumwollverarbeitenden Produktionsstätten im Land. Nach dem Deutsch-Französischen Krieg 1870/71 spezialisierte sich das Unternehmen der Familie Hartmann auf Verbandsstoffe, auch dies basierte auf der Verarbeitung von Baumwolle. Legendär schließlich die Geschichte des Unternehmens von Margarethe Steiff (1847–1909) in Giengen. Die gehbehinderte Frau vermochte seit 1880 aus einem einfachen Kleidergeschäft mit modernen Produktionsmitteln – sie arbeitete mit der ersten, aus den USA importierten Nähmaschine in der Stadt – und innovativen Ideen eine Stofftierfabrik zu entwickeln, die bis heute Weltruf genießt.

Margarethe Steiff an ihrem Schreibtisch

Die Hochindustrialisierung griff jedoch gerade in den nördlichen Gemeinden der Alb immer stärker ein, indem ein gut ausgebautes System von Stichbahnen Arbeiter von der Alb in die industrialisierten Täler der Eyach, Echaz, Erms, der Kleinen Lauter und der Fils brachte. Die Elektrifizierung begünstigte schließlich auch die Ausgründung kleiner Produktionsstätten auf die Alb, was den Arbeitseinsatz vorwiegend in der Textilproduktion von Frauen und Mädchen erleichterte.

Der in den Jahrzehnten ab 1880 erreichte Wohlstand erlaubte es immer breiteren Schichten, Freizeitangebote wahrzunehmen. Vorbereitet durch die »Entdeckung« der Alb in der Romantik, erfolgte nun deren touristische Erschließung, die dem Bedürfnis nach Erholung, sinnvoller Freizeitgestaltung und geistiger Orientierung entgegenkam. Eine Schlüsselrolle kam dabei dem 1889 gegründeten Schwäbischen Albverein zu, heute Deutschlands größtem Mittelgebirgsverein.

Im Dezember 1888 kamen in Plochingen Vertreter örtlicher »Verschönerungsvereine« zusammen, die ein gemeinsames Anliegen hatten. Inmitten der Ruinen der Teck sollte ein Aussichtsturm errichtet werden, der den lange schon gepriesenen Ausblick von den Albhöhen an geschichtlichem Ort noch erhöhen sollte. Aus diesem Zusammenschluss erwuchs im Jahr darauf der Schwäbische Albverein. Er sollte ein »Weckruf« für Albwanderungen sein, außerdem sollte durch Wegbezeichnungen, Turmbauten und die Herausgabe von Karten und Führern die Kenntnis um die Schätze der Alb erweitert werden. Zunächst auf einen Ausschnitt des Albtraufs beschränkt, wurden bald das gesamte Mittelgebirge und Teile des Albvorlandes einbezogen. Die heute noch bestehenden Hauptwanderwege vom Ries an die obere Donau entlang des Albtraufs und der Donauseite entstanden in den ersten Jahren nach dem Vorbild bekannterer Höhenwege wie etwa dem Rennweg im Thüringer Wald.

In einem der ersten Hefte des 1889 ins Leben gerufenen Ver-

Blätter
des
Schwäbischen Albvereins.

Herausgegeben von Professor Nägele.

Erster Jahrgang.
1889.

Neudruck 1893.
Verlag des Schwäbischen Albvereins.
Zu beziehen durch die Geschäftsstelle in Tübingen, Grabenstraße 3.

Titelblatt des Ersten Jahrgangs der »Blätter des Schwäbischen Albvereins« mit dem 1888/89 erbauten Teckturm

einsorgans weist der Geislinger Stadtpfarrer Engel auf das geschichtlich-nationale Erbe hin, für das man damit Verantwortung übernahm: Das »alte« und das »neue« Deutschland, so Engel, sind mit dem Hohenstaufen und dem Hohenzollern auf der Alb symbolhaft vertreten. Während vom alten, staufischen Land lediglich spärliche Ruinen zeugen und ein Wiederaufbau trotz breit angelegter Sammelaktion scheiterte, zeugen vom anderen, 1871 entstandenen Reich das seit 1850 neu errichtete Schloss an Stelle der Stammburg des preußischen Königshauses. So schien die Vertiefung der Kenntnis um Geschichte, lokale Besonderheiten, Sprache und Denkmäler von Beginn an selbstverständlicher Bestandteil der Vereinsarbeit – »Was aber die Wanderungen in diesen Bergen und Tälern besonders genussreich macht, das sind neben den landschaftlichen Schönheiten insbesondere die geschichtlichen Erinnerungen, die sich (...) bis heute erhalten haben.« Dieses programmatische geschichtspolitische Selbstverständnis äußerte sich in besonderer Affinität des Albvereins zum württembergischen Königshaus, entstand der »Aussichts- und Erinnerungsturm« auf der Teck doch zum 25. Regierungsjubiläum König Karls.

Zu den Folgen des zunehmenden Massentourismus gehörten Fremdenverkehrseinrichtungen, die man zuvor höchstens aus den Alpen oder vom Schwarzwald kannte. Der Engstinger Posthalter Glück etwa nahm den Bau der Zahnradbahn bei Honau zum Anlass, sein Gewerbe mit Vorspannpferden aufzugeben und nahe bei Schloss Lichtenstein ein modernes Ausflugshotel zu errichten. In Urach entstand noch vor dem Ersten Weltkrieg eine der wenigen Jugendherbergen der Alb, die zu den am besten ausgelasteten in Württemberg zählte. Eine der Grundvoraussetzungen für das rasche Wachstum des Albvereins war die Verbesserung der Eisenbahnanbindung, denn die ersten Ortsgruppen entstanden keineswegs auf der Hochfläche der Alb sondern im Albvorland und den industrialisierten Städten des mittleren Neckars. Mit

Der Uracher Wasserfall, Lithographie von Eberhard Emminger, um 1860. – Auch heute noch ist der Uracher Wasserfall ein beliebtes Ausflugsziel.

der Eisenbahn gelangte man etwa von Reutlingen nach Münsingen, wo der Schriftleiter des Albvereinsorgans Eugen Nägele im Jahr 1894 eine Wanderung von Münsingen nach Ennabeuren unternahm.

Diese »Herbstwanderung durch das Münsinger Hardt« wäre ein Jahr später nicht mehr möglich gewesen. Denn auf dem etwa

Soldaten und Touristen 243

1200 Hektar umfassenden, weitgehend unbesiedelten Gebiet war im Herbst 1895 der Übungsplatz des XIII. (Königlich-Württembergischen) Armeekorps entstanden. Diese Einrichtung mit seinem Barackenlager zwischen Auingen und Böttingen sollte breite Auswirkungen auf das Gefüge der Region haben. Alte Verkehrswege wurden durchschnitten, Wald und Ackerflächen, vor allem

Die um 1905 entstandene Fotografie zeigt ein Truppenmanöver auf einer Anhöhe östlich des Alten Lagers bei Böttingen. Im Hintergrund sind die Mannschaftsbaracken der Soldaten, Ställe, das Offizierskasino (links auf der Anhöhe) und sonstige Einrichtungen des Alten Lagers zu erkennen.

aber Land zur Grünfuttergewinnung gingen verloren. Andererseits gewann die Landwirtschaft Absatzmöglichkeiten, Handwerk und Dienstleistung nahmen im unmittelbaren Umfeld einen ungeahnten Aufschwung. Auch gesellschaftlich waren die Folgen nicht zu übersehen: Ein wilhelminisch geprägtes Kommandantenwohnhaus entstand am Rande des Lagers, Militärkapellen durchzogen stille Alborte und ein Hotel für die gehobene Besucherschaft der Offiziersränge wurde unmittelbar vor den Toren des Übungsplatzes gebaut.

Noch vor dem Ersten Weltkrieg erwuchs zwischen Ebingen und Stetten am kalten Markt (LKR Sigmaringen) die nämliche Einrichtung für das XIV. (Großherzoglich-Badische) Armeekorps, die praktisch dieselben Auswirkungen auf die Umgegend hatte. Marie Baum, nach dem Krieg Referentin für Wohlfahrtspflege im badischen Arbeitsministerium und damals verantwortlich für die Etablierung eines Kinderheims an Stelle der militärischen Einrichtungen, beschrieb den Wandel des Dorfs Stetten gelegentlich eines Besuchs im Jahr 1920 eindrücklich: »In wie anderer Gestalt lag dieses Stetten jetzt vor mir, nachdem das Reich dort während der Jahre 1908 bis 1913 einen Truppenübungsplatz geschaffen, zu diesem Zwecke Boden gekauft und mannigfache lohnende Arbeit ins Land gebracht hatte. Die Zahl der Einwohner war fast auf das Doppelte gewachsen, die früher so elenden Bauernhäuser lagen schmuck und sauber da, und neben ihnen waren Wohnhäuser, Werkstätten, ja Hotels neu entstanden.«

Der Grund, warum beide südwestdeutschen Truppenübungsplätze ausgerechnet auf der Alb angelegt wurden, lag auf der Hand. Die technische Entwicklung erforderte großflächige Übungsmöglichkeiten, die an den in den Städten befindlichen Garnisonen nicht vorhanden waren. Die Suche nach geeignetem Land hatte sich in Württemberg von Beginn an auf die dünner besiedelte Alb konzentriert, wobei zunächst die »Rauhe Wiese« unweit von Böhmenkirch eher im Gespräch war als das von

Stuttgart und den Garnisonsorten im Norden entfernter gelegene Münsingen. Im Bewusstsein der Zeitgenossen haben nun aber beide Truppenübungsplätze, die ja von jedem badischen und württembergischen Soldaten zu Manöverzwecken besucht werden mussten, erheblich zum »rauen Ruf« der Alb beigetragen. Der Kampf um ein besseres Image, den viele Gemeinden und Fremdenverkehrseinrichtungen im 20. Jahrhundert führten, ist ohne diese generationenübergreifende Erfahrung kaum recht zu verstehen.

Um die Jahrhundertwende zeigt sich die Alb damit in recht vielgestaltigem Gewand: Sie galt nach wie vor als »rau«, »unwirtlich« und in jedem Fall »einen Kittel kälter«. Diesem Ruf konnten durch viele Aufenthalte die Soldaten auf den beiden Truppenübungsplätzen nur beipflichten. Sodann war es eine Landschaft, die sich mit Schlüsselorten der nationalen und regionalen Geschichte, in Ruinen vor sich hindämmernd oder wieder auferstanden wie der Hohenzollern oder der Lichtenstein, ins kollektive Gedächtnis gegraben hatte. Das Erlebnis einer eigenständigen, deutlich vom Albvorland verschiedenen Landschaft tat ein Übriges. Dieser Wahrnehmung stand eine Alb mit innovativen Betrieben und hoch spezialisierter Industrie gegenüber. Die Industrialisierung der Alb war ebenso das Ergebnis staatlich gestützter, unternehmerischer Initiative wie schierer Überlebensnotwendigkeit. Hierin mochten sich Regionen wie die Ostalb indes kaum von anderen Gegenden Württembergs und Badens unterschieden haben, so dass für das Bild der Alb landschaftliche Schönheit, herbe Natur und natürliche wie geschichtliche Denkwürdigkeiten sehr viel prägender werden mussten.

Ein ferner Spiegel:
die Alb im 20. Jahrhundert

Im Jahr des Ausbruchs des Ersten Weltkriegs konnte der Schwäbische Albverein auf sein 25-jähriges Bestehen zurückblicken. In der reich bebilderten Festschrift »Schwabenalb in Wort und Bild« brachte der spätere Erlanger Ordinarius für Geographie, Robert Gradmann (1865-1950), nochmals auf den Punkt, was nicht nur damals über die Wahrnehmung des Mittelgebirges gesagt werden konnte: Das Klischee des rückständigen, »rauen« und eher langweiligen Mittelgebirges steht im Gegensatz zur breiten Bekanntheit einzelner Naturschönheiten und Denkmäler, die in ihrer Gesamtheit jedoch nicht mit der Alb in Verbindung gebracht werden. Es verwunderte Gradmann deshalb nicht, dass trotz etlicher hundert Kilometer ausgeschilderter Wanderwege und einer Vielzahl wissenschaftlicher und populärer Werke, die seit der Vereinsgründung veröffentlicht wurden, »keine Fremdenindustrie« zu verzeichnen und somit andererseits auch »Unterkunft bei bescheidenen Preisen« zu haben war. Allein der um die Jahrhundertwende entstandene Wintersport hatte an einzelnen Punkten neue Impulse geben können. Der »Schneeschuhlauf«, denn um diese Sportart handelte es sich im Wesentlichen, fand in höheren Lagen und schneereichen Wintern auf der Alb ein ideales Gelände. Als Fußnote ließe sich noch anfügen, dass dem anscheinend verbesserungswürdigen Außenbild der Alb zu Beginn der 1930er Jahre durch die Initiative des Ministerialdirektors im württembergischen Kultministeriums, Karl von Bälz (1860-1945), begegnet werden sollte. Ziel war es, nun allgemein und endgültig »Schwäbische Alb« an Stelle der »unzutreffenden und schädlichen Bezeichnung *Rauhe Alb*« zu setzen. Dies mündete in die Verfügung seines mittlerweile nationalsozialistisch geführten Ministeriums vom 23. September 1933, mit dem für neue Schulbücher und Landkarten der Name Schwäbische Alb an Stelle von Rauher Alb oder Schwäbischem Jura vorgeschrieben wurde. Entgegen manchen späteren Auslegungen gilt es festzuhalten, dass es sich hier kaum um einen Auswuchs des totalitären Regimes, sondern vielmehr um das Ergebnis weiter zurückreichender Bemühungen um eine Förderung des Fremdenverkehrs und eine Hebung des Ansehens der Alb handelte.

Rückzugsort für Künstler und Literaten

Zum Bild der Schwäbischen Alb trugen im 20. Jahrhundert ganz wesentlich Künstler bei, die das Gebirge für sich schon länger entdeckt hatten. Waren bis zu Beginn des 19. Jahrhunderts die Albberge zumeist Staffage für bedeutende bauliche Denkmale oder Rahmen eines kartographisch als »Augenschein« skizzierten Rechtsstreites, begann nun nach und nach eine Beschäftigung mit der Alblandschaft in Malerei und Graphik. Die zu Ende des 19. Jahrhunderts einsetzende Bewegung verbindet sich mit Namen wie Christian Landenberger, Maria Caspar-Filser oder Paul Jauch. Christian Landenberger aus Ebingen (1862-1927) galt als einer der begnadetsten Freilichtmaler Süddeutschlands und erhielt 1905 einen Ruf an die Stuttgarter Akademie. In Skizzen und Gemälden hielt er eine Fülle von Plätzen der Zollernalb fest. Bei vielen Künstlern, die Landenberger folgten, beeindruckt immer wieder die Wuchtigkeit der Natur, die Intensität der Farben und die gewaltige Wirkung der geraden Linien, die Höhen und Täler der Alb prägen. Die Menschen und ihre Dörfer erscheinen dagegen oftmals klein und unscheinbar. Das Licht, die Witterung beeinflussten unmittelbar das künstlerische Schaffen. So heißt es von einem Winterbild des Ulmer Künstlers Wilhelm Geyer (1900-1968), dass ihm die Farben auf der Leinwand förmlich angefroren seien. Zur selben Zeit wirkte der aus Stellingen bei Hamburg gebürtige Wilhelm Laage (1868-1930) in Reutlingen und schuf staunenswerte, metaphorisch aufgeladene Arbeiten. »Pan schläft« von 1926 oder »Karfreitag« von 1913 zeigen Kreatur und Landschaft, Übersinnliches und Irdisches auf das Innigste verwoben.

H.A.P. Grieshaber

Wenn Laage sagte, die Alb warte noch auf ihren Meister, so war dies für den aus Rot an der Rot stammenden H.A.P. Grieshaber (1909–1981), der sich 1947 an der Achalm bei Reutlingen niedergelassen hatte, Ansporn und Maßstab. Bereits 1936 erschien seine Mappe mit zweiunddreißig Holzschnitten unter dem Titel »The Swabian Alb«, eine bewusste Replik auf die 1933 offiziell verordnete Bezeichnung Schwäbische Alb. Die Serie zeigt die Alb in ihrer Kargheit, ihren schroffen Formen. Im »Dritten Reich« hatte der Künstler damit keinen Platz und entwickelte erst nach dem Krieg, nun zeitweilig Leiter der neu entstandenen Kunstschule Kloster Bernstein, den Holzschnitt weiter. Von den linearen, landschaftsbezogenen Arbeiten gelangte Grieshaber zu, wie es Catharina Geiselhart ausdrückte, »Menschenlandschaften«, die wesentlich einem politischen Konzept verpflichtet waren. Der Künstler sah die Alblandschaft wie einst Hans Schwenkel angesichts fortschreitender Technisierung der Landwirtschaft in höchster Gefahr. Zur Rettung der »Wacholderalb« setzte er einen Gutteil seiner Schaffenskraft ein und widmete 1973 eine Mappe der Serie »Engel der Geschichte« dem Erhalt dieser Kulturlandschaft.

Es gab also bereits zu Beginn des 20. Jahrhunderts eine erhöhte Sensibilität für die Besonderheit der Alblandschaft, und diese zog inmitten der gesellschaftlichen Umbrüche im Gefolge des Zerfalls der Monarchien in Deutschland am Ende des Ersten Weltkriegs und den wirtschaftlichen Krisen der Weimarer Jahre mehr und mehr Aussteiger an. Eine eher zufällig im Tal der oberen Erms entstandene Ausnahmeerscheinung war der Kreis um den kommunistischen Kunsthandwerker Karl Raichle (1889-1965) in dessen Anwesen am Grünen Weg bei Urach. Von 1919 bis 1931 fand sich um den vormaligen kaiserlichen Matrosen eine Vielzahl von »Revolutionären des Worts« ein. Es ging um Literatur, Entwürfe für eine neue Gesellschaft und um eine Praxis gemeinschaftlicher, alternativer Lebensformen nach dem Zusammenbruch gesellschaftlicher Bindungen im Krieg. Raichle selbst verdiente nach gescheiterten Versuchen als Landwirt mit vom Bauhaus beeinflussten Kunstschmiedearbeiten und mit der Vermietung einer Pension genug zum Lebensunterhalt. Bei den Gästen gab es die Gutbetuchten ebenso wie die Habenichtse. Und unter diesen Gästen waren bekannte Namen wie Alexander Abusch, Gregor Gog, Erich Mühsam und – ganz zu Anfang – Theodor Plivier. Für einen weiteren langjährigen Besucher, Johannes R. Becher (1891-1958), den späteren Kulturminister der DDR, wurde Urach so etwas wie ein idealer Bezugspunkt in seinem Leben. Er hatte einer Annonce der Zeitung Rote Fahne entnommen, dass Raichle jemanden suchte, der »Unterricht in Literatur« erteile. Becher wirkte also am Aufbau der Kommune mit und fühlte sich am Fuß der Alb ausgesprochen wohl, auch wenn er hier des öfteren Erfahrung mit Polizei und Justiz machen musste. Becher scheint seine endgültige Wendung hin zum Kommunismus leninscher Prägung in Urach genommen zu haben. Noch während des Krieges, im Moskauer Exil, setzte er mit Zyklen wie »Das Holzhaus« (1941) und »Der Wanderer aus Schwaben« (1944) dem Leben am Grünen Weg ein Denkmal.

Und noch in dem 1947 erschienenen Gedicht »Du mein Wallfahrtsort« ist zu lesen:

Daß ich heimwärts fand,
Dank ich, Heimat, Dir,
Seliges Schwabenland,
Denn Du bleibst in mir.

Diese Verse entstanden wohl auch unter dem Eindruck des letzten Besuches des inzwischen in der Sowjetischen Zone zu Rang und Ehren aufgestiegenen Becher in Urach 1946.

Mit Blick auf die Erprobung alternativer Lebenskonzepte war der Grüne Weg kein Einzelfall. Der Lehrer Friedrich Schöll eröffnete in den 1920er Jahren auf dem Vogelhof bei Erbstetten (LKR Alb Donau) eine Schule der »Hellauf-Bewegung«. Das naturverbundene Lebensreformprojekt, das Schöll und seine Freunde dort vertraten, konnte allerdings die Nähe zu germanentümelnden, völkischen Bewegungen kaum leugnen. Nicht wenige Aktivisten des Vogelhofs waren zeitweise Gäste Raichles in Urach gewesen.

Es mag etwas kühn erscheinen, doch lohnt in diesem Zusammenhang auch ein Blick auf das Benediktinerkloster Beuron im Donautal als spirituelles Zentrum, als Ziel für Sinnsuchende und Ruhebedürftige. Das Kloster entwickelte sich unter Pater Desiderius Lenz (1832–1928) und dem Schweizer Pater Gabriel Wüger nicht nur zu einem bedeutenden, eigenständigen Kunstzentrum. Es wurde für viele Intellektuelle Rückzugsort und Raum für Besinnung durch Teilhabe am Stundengebet oder die Einsamkeit der Klosterzelle. Belegt sind Besuche Romano Guardinis (1907) ebenso wie zahlreiche Aufenthalte Martin Heideggers, der aus dem nahen Messkirch stammte.

Die Ruhe und Abgeschiedenheit, die herbe Lineatur der Landschaft schuf abseits der urbanen Zentren kreative Freiräume. An einem kleinen Ort wie dem etwa 100 Einwohner zählenden Gundelfingen im Tal der Großen Lauter fanden sich in den 1920er und 1930er Jahren nicht weniger als drei namhafte Künstler ein: Ernst Schneidler (1882-1956), Lehrer an der Stuttgarter Kunstakademie, schuf sich hier eine »Gundelfinger Werkstatt«, befasste sich mit Graphik und Schriftgestaltung. Wohl durch ihn kam wenige Jahre darauf die jüdische Goldschmiedin Paula Straus (1894-1943) hierher, im Bereich des Metalldesign hervorragende Vertreterin der Neuen Sachlichkeit in Württemberg. Schließlich erwarb 1935 der Maler Anton Geiselhart (1907-1973) ein altes Bauernhaus, in dem nach und nach ein Atelier und ein Lebensmittelpunkt entstand, das heute als Stiftung und Museum fortlebt.

Hans Schwenkel und das Konzept des Landschaftsschutzes

Es ist fraglos ein Verdienst der Kunst und Literatur auf der einen Seite wie des Schwäbischen Albvereins auf der anderen, dass die Schwäbische Alb zusehends als erhaltenswerter und schutzbedürftiger Raum begriffen wurde. Schutzbedürftig war er vor allem deshalb, da seine Besonderheiten von Veränderung, ja teils vom Verschwinden bedroht waren. Ursache war einerseits der Rückgang der Landwirtschaft insgesamt und der traditionellen Weidewirtschaft und der Wanderschäferei im Besonderen. Darüber hinaus veränderten Industriebauten, »Neues Bauen«, elektrische Leitungen und Autostraßen Dörfer, Städte und Landschaften. Diese Entwicklung begleitete die kurz nach dem Ersten Weltkrieg entstandene Württembergische Stelle für Naturschutz und Landschaftspflege kritisch. Sie verdient hier schon deshalb Erwähnung, da sie viele Jahre, von 1922 bis 1954, unter der Leitung von Hans Schwenkel (1886-1957) stand, der aus dem Albdorf Hülben (LKR Reutlingen) stammte. Die Dokumentation der Landschaft und der Landnutzung, Programme zum Schutz gefährdeter Naturräume, eine breit angelegte Kampagne gegen »Verschandelung« und »Amerikanisierung« des Orts- und Landschaftsbildes standen auf seiner Agenda und wurden in den Organen der Naturschutzstelle und des Schwäbischen Heimatbundes propagiert. Letzteres richtete sich vorzugsweise gegen die Verwendung mehr oder minder großflächiger Werbung. Schwenkel, der seine Bemühungen durch eine staunenswerte Fülle von Broschüren und Aufsätzen untermauerte, konnte durchaus auf Erfolge verweisen. Zukunftsweisend blieb sein Konzept ganzheitlichen Landschaftsschutzes, das mehr sein wollte als bloße Bewahrung einzelner Kultur- oder Naturdenkmäler.

Heimatstil als Rückbesinnung auf Tradition und Herkunft

In der Architektur öffentlicher Bauten zeigte sich in den 1930er Jahren auch auf der Alb die Propagierung eines »Heimatstils«, der in bewusster Abwendung von Prinzipien des Neuen Bauens der 1920er Jahre eine Rückbesinnung auf altes Handwerk und auf Verwendung heimischer Rohstoffe forderte. So wurde, um nur ein Beispiel von der mittleren Alb zu nehmen, das Kreisverbandsgebäude des Landkreises Münsingen 1936–1937 als Sichtfachwerkbau auf einem massiven, aus Tuffstein gemauertem Sockel errichtet und die straßenbautechnisch durchaus innovative neue Verbindung von der Kreisstadt zum Bahnhof Lichtenstein 1936 mit Wegzeigern verziert, die von verschiedenen süddeutschen Holzschnitzerzentren gefertigt wurden und die jeweiligen Ortsnamen mit idyllisierenden Holzreliefs untermalten. An der Reichsautobahn bei Aichelberg wiederum wurden betonierte Böschungsmauern mit Tuffstein aus Gönningen verkleidet.

Großtechnik und Peripherie: die Alb während des Nationalsozialismus

Der Autobahnbau gilt als einer der größten Propagandaerfolge des Nationalsozialismus, und auch hier spielte der Abschnitt über die Schwäbische Alb eine besondere Rolle. Nach dem von der Eisenbahn bestimmten 19. Jahrhundert war das 20. Jahrhundert fraglos das Jahrhundert des Straßenbaus. Straßen erforderten zur Aufnahme des zusehends motorisierten Verkehrs eine bei weitem stabilere und breitere Fahrbahn als die Verkehrswege zuvor. Höhepunkt war der bereits in der Weimarer Republik vorbereitete, von Hitlerdeutschland indes effektvoll umgesetzte Bau von Autobahnen, die als »Straßen des Führers« galten. Dazu zählt auch die heutige, 1937 gebaute A 8 von Stuttgart nach München, die die Alb überquert. Wie einst beim Bau der Eisenbahn war wiederum die Überwindung des Albtraufs die größte technische Herausforderung. An Stelle aufwändiger Tunnelbauten wurde die Lösung in einer Teilung der Fahrspuren ab Mühlhausen in die Aufstiegstrasse über Wiesensteig und das obere Filstal und in die Gegenrichtung am Drackensteiner Hang gewählt. Bei Hohenstadt auf der Albhochfläche vereinigen sich beide Fahrbahnen wieder. Es war dies aber nicht einfach nur eine rein straßenbautechnische Herausforderung, sondern es ging auch um die Frage des Verhältnisses von Verkehr zur Landschaft, von Technik zur Natur. An der Linienführung des Albaufstiegs lässt sich eine neue Auffassung ablesen: Brückenbauten bei Aichelberg, Gruibingen und Drackenstein (alle LKR Göppingen), lang geschwungene Kurvenführungen stehen für das Bestreben, Harmonie zwischen Verkehr und Landschaft herzustellen. Welche – pragmatische – Bedeutung diese Autobahn erlangen sollte, erkennt man schon daran, dass sie 1945 Grenzlinie zwischen der amerikanischen und der französischen Besatzungszone im Südwesten wurde.

Neben diesem widerspruchsvollen Bild des Nationalsozialismus zwischen modernen Verkehrsbauten und rückwärtsgewandtem Heimatstil drückte diese Zeit der Alb ihren Stempel auch in anderer Hinsicht auf: Wie ein ferner Spiegel zeigt sich hier die Radikalisierung des Regimes durch Unterdrückung, Krieg, schließlich durch die Ermordung von Behinderten, Juden und Andersdenkenden in ganz besonderer Weise. Und dies begann bereits wenige Wochen nach der Ernennung Adolf Hitlers zum Reichskanzler.

KZ Heuberg

Die noch auf formal legalem Weg entstandene »Reichstagsbrandverordnung« vom 28. Februar 1933 setzte zentrale Grundrechte wie Meinungs- und Versammlungsfreiheit außer Kraft. Sie war legalistisch verbrämter Auftakt einer Verhaftungswelle, die sich in erster Linie gegen Sozialdemokraten und Kommunisten richtete. Von März 1933 bis zum Jahresende befanden sich fast 4000 Männer, darunter Politiker und Gewerkschafter wie die Sozialdemokraten Kurt Schumacher und Fritz Ulrich, im einstigen Lager des Badischen Armeekorps zu Stetten am kalten Markt (LKR Sigmaringen). Die seit 1922 als Erholungsheim für Kinder aus ganz Deutschland genutzte Kaserne diente nun als eines der frühen großen Konzentrationslager im Reich, anfangs für württembergische und hohenzollerische, später auch für badische Häftlinge. Einsperren, Erniedrigung, körperliche Gewalt, Arbeit bis zur Erschöpfung. All das, was zum Kennzeichen inhumaner, totalitärer Gewaltherrschaft in Deutschland werden sollte, wurde auf dem Heuberg bereits erprobt, allerdings noch ohne die weitere Konsequenz der systematischen Tötung. Immerhin kamen Menschen wie der Sozialdemokrat Karl Ruggaber aus Ulm und der liberale Politiker Johannes Fi-

Die Alb während des Nationalsozialismus 255

Gedenkstein der »Schutzhaft« im Lager Heuberg, von dem Lagerinsassen Robert Carius selbst mit den Haftdaten graviert

»Beim Arbeitseinsatz«, aus: Stuttgarter neues Tagblatt, Wochenausgabe, vom 20. 4. 1933

scher aus Münsingen als gebrochene Leute aus der Haft nach Hause, beide überlebten die Nazidiktatur nicht. Die baldige Schließung des Lagers war durch die Wiederinbetriebnahme des Truppenübungsplatzes durch die Reichswehr und die bevorstehende Wiederaufrüstung bedingt. Die Einrichtung selbst verschwand aber keineswegs, sondern fand mit dem Gefängnis auf dem Oberen Kuhberg bei Ulm eine Fortsetzung.

Die Wiedereinführung der allgemeinen Wehrpflicht 1935 hatte gravierende Folgen für die beiden Truppenübungsplätze der Alb. Der Münsinger Übungsplatz wurde am Vorabend des Krieges um fast das Doppelte erweitert, die komplette Einwohnerschaft des Dorfs Gruorn umgesiedelt. Der Nachbarort Trailfingen verlor die Hälfte seiner Gemarkung und durfte sich dafür an dem nahe gelegenen Gut Uhenfels der jüdischen Bankiersfamilie Warburg schadlos halten. Der Verlust der Heimat Gruorn sollte ein nur kleiner Abglanz für Vertreibungen werden, die in den folgenden Jahren in vielen Teilen Europas zum Schicksal von Millionen Menschen werden sollten.

Die ersten Opfer dieser Zeit indes waren die Menschen jüdischen Glaubens, für die Deutschland zum überwiegenden Teil längst eine – wie sich nun zeigte, nur vermeintliche – Heimat geworden war. Im Albdorf Buttenhausen erschien in den frühen Morgenstunden des 10. November 1938 von den Einwohnern unbemerkt ein aus Münsingen kommendes Auto. Darin saßen Mitglieder der örtlichen SA, versehen mit einem klaren Auftrag: In ziviler Kleidung, offenbar um sich den Anschein von Leuten aus dem Volk zu geben, sollten sie das jüdische Gotteshaus an der Mühlsteige anzünden. Sie taten dies mit einem im Eingangsbereich entfachten, eher harmlosen Feuer und machten sich bald davon. Der Brand wurde wenig später bemerkt und von der Feuerwehr gelöscht. Nachdem höhere Parteistellen davon erfahren hatten, fuhren am späten Vormittag – diesmal uniformierte – SA-Leute im Ort vor, sperrten das alte jüdische Viertel ab, schüchterten die Juden durch Schläge ein und setzten die Synagoge ein zweites Mal in Brand. Die später hinzugekommene Münsinger Feuerwehr war darauf verwiesen, das Übergreifen des Brandes auf die Nachbargebäude zu verhindern. Nach einer Serie demütigender antijüdischer Gesetze war dieser brutale Akt ein Fanal für viele Juden im Land. Die Pogromnacht zeigte auf erschütternde Weise, dass jahrhundertelange Praxis des Zusammenlebens nicht davor schützte, vom einen zum andern Tag zum Fremden, zu Freiwild zu werden. Die Auswanderung vieler Familien war die Konsequenz, eine Bewegung, die sich ins europäische Ausland, nach Palästina und mehr noch nach den USA richtete. Durch die weitgehende Enteignung der jüdischen Vermögen war der Neubeginn in Ländern, deren Sprache die Vertriebenen in der Regel nicht beherrschten, denkbar schwer. Doch keiner mochte geahnt haben, dass im Schatten des 1939 vom Zaum gebrochenen Krieges die Tötung der verbliebenen Juden in Deutschland systematisch angegangen wurde. Auf der Alb finden sich Spuren davon keineswegs nur in Buttenhausen. Ein erster Schritt auf dem Weg zu den Deportationen in die Todeslager war die Separierung der Juden von den nichtjüdischen Nachbarn. Dazu dienten leerstehende Einrichtungen, vorzugsweise auf dem Lande. Im ehemaligen Waisenhaus des Klosters Zwiefalten in Tigerfeld (LKR Reutlingen) etwa entstand ein sogenanntes jüdisches Altersheim, für dessen Insassen allesamt ein Zwischenhalt auf dem Weg in den Tod. Eine entsprechende Einrichtung entstand ab 1940 auch in Buttenhausen, wo in den durch Auswanderung frei gewordenen Häusern Juden aus Stuttgart, Frankfurt oder Berlin eingewiesen wurden, und ebenso in Herrlingen bei Ulm an Stelle eines privaten jüdischen Heimes.

Aktion T 4

Die industriell organisierte Ermordung der europäischen Juden hatte eine ihrer Erprobungsstätten auf der Schwäbischen Alb. Nur wenige Kilometer von Buttenhausen entfernt liegt das renaissancezeitliche württembergische Jagdschloss Grafeneck, das seit 1928 als »Krüppelheim« im Besitz der Samariterstiftung in Stuttgart war. Eben gegen behinderte Menschen, in der Auffassung des pervertierten NS-Menschenbildes ›lebensunwert‹, setzte sich eine wohl vorbereitete Tötungsmaschinerie in Gang. Nach Kriegsbeginn, im Oktober 1939, wurde Grafeneck »für die Zwecke des Reichs« enteignet und das vorherige Pflegeheim in eine Tötungsanstalt unvorstellbaren Ausmaßes umgewandelt, die erste derartige Einrichtung in Deutschland. Grafeneck erschien den Planern deshalb als besonders geeignet, da es

Das Samariterstift Grafeneck Mitte der 30er Jahre

> sich um eine kleinere, abgelegene und leicht abzuschirmende Einrichtung handelte. Mehr als 10 500 Menschen aus süddeutschen Heilanstalten wurden in nicht einmal einem Jahr hierhergebracht, durch Kohlenmonoxydgas ermordet und anschließend verbrannt. Obwohl diese »Aktion T 4«, benannt nach der Stelle in der Berliner Tiergartenstraße 4, wo sie ersonnen wurde, streng geheim war, blieben weder die Transporte in Postomnibussen und – in einem Fall – in Zügen, noch die rauchenden Schornsteine den Menschen verborgen. Auch nach öffentlichem, etwa durch die Kirche vorgetragenen Protest, wurde die Tötung in Grafeneck eingestellt, allerdings nur, um an anderer Stelle fortgeführt zu werden.

Für den weiteren Verlauf des Krieges spielten die beiden Truppenübungsplätze der Alb immer wieder eine bemerkenswerte Rolle. In den letzten Kriegsmonaten wurden Divisionen italienischer und russischer Soldaten aufgestellt, die an der Seite des faschistischen Italien bzw. an der Seite Hitlers gegen Stalin kämpfen sollten, in Stetten a. k. M. existierte gar eine »Legion« indischer Kriegsfreiwilliger. Die von der NS-Doktrin ja zunächst als Untermenschen abqualifizierten Russen und Ukrainer waren zumeist Kriegsgefangene, die sich durch den Beitritt zur Armee General Andrej Wlassows eine Besserung des eigenen Loses erhofften. Bei Münsingen und auf dem Truppenübungsplatz Heuberg wurde im Winter 1944/45 je eine Division dieser »Russischen Befreiungsarmee« gebildet, die kurz vor der Besetzung Südwestdeutschlands noch an die Front geschickt wurden.

Der Heuberg war überdies Schauplatz einer der letzten Verzweiflungstaten der NS-Kriegsmaschinerie: Ein bemanntes Raketenflugzeug »Natter« sollte sich heranfliegenden Bomberpulks nähern und dort seine Geschosse abfeuern. Der Pilot hatte sich darauf mit dem Fallschirm zu retten. Das Vorhaben geriet über Testreihen, die schließlich den Piloten das Leben kosteten, nicht hinaus. Gleichwohl gilt das Unternehmen des Ingenieurs Erich Bachem heute noch als Markstein in der Entwicklung der Raketentechnik. Denn der Todesflug Leutnant Lothar Siebers vom 1. März 1945 war nichts weniger als der erste bemannte Raketenflug der Menschheit. Nach allem, was man über das in Peenemünde unter der Regie Wernher von Brauns laufende Raketenprojekt weiß, wundert es nicht, dass sich sowohl die USA als auch die Sowjetunion nach Kriegsende Material und Fachleute sicherten.

Unternehmen »Wüste«

Am Fuße der Schwäbischen Alb erlitten bis kurz vor Kriegsende zudem eine Unzahl von Häftlingen aus Konzentrationslagern unsägliches Leid. Nach dem Verlust der rumänischen Ölfelder wurde ab Sommer 1944 mehr und mehr versucht, die Treibstoffversorgung des Heeres durch die Nutzung des ölhaltigen Posidonionschiefers des Schwarzen Jura entlang des Albtraufs zu ergänzen. Nirgendwo konzentrierte sich dieses unter dem Decknamen »Wüste« laufende Unterfangen so sehr wie im Raum zwischen Hechingen und Schömberg. Bereits 1943 hatte sich die Deutsche Ölschieferforschungsgesellschaft (DÖLF) in Schömberg etabliert, um die Ölgewinnung aus den Liasschichten vorzubereiten und zu erproben. Dazu bedurfte es erheblicher Mengen des Schiefergesteins, der unter großem Energieeinsatz verschwelt wurde – ein Unternehmen, das wegen der geringen Ölhaltigkeit des Albgesteins nie rentabel sein konnte und somit auf die Ausbeutung tausender Sklavenarbeiter angewiesen war. Für die Häftlinge, die aus den Konzentrationslagern im Reich und im besetzten Polen, schließlich auch aus

> dem KZ Natzweiler-Struthof im Elsaß kamen, entstanden KZ-Außenlager bei Dautmergen, Dormettingen, Erzingen, Frommern, Schörzingen und Schömberg sowie bei Bisingen (alle LKR Zollernalb), wo alleine über 4000 Menschen unter katastrophalen Verhältnissen lebten. Die schlechte Versorgung, unbeschreibliche sanitäre Verhältnisse in den Lagern sowie ständige Überforderung durch harte körperliche Arbeit führten zu einem Massensterben. Hinzu kamen Misshandlungen durch das Wachpersonal und Exekutionen. Häftlingslisten der der SS unterstehenden Lagerverwaltungen ebenso wie kurz nach dem Krieg durch die französische Besatzungsmacht angeordnete Exhumierungen belegen ungeheure Opferzahlen; man geht davon aus, dass über die Hälfte der eingesetzten Häftlinge die »Wüste« nicht überlebten.

Weder die Beraubung und Vertreibung der Juden, noch die Ermordung Behinderter in Grafeneck, noch die unmenschliche Behandlung sowjetischer Kriegsgefangener auf dem Weg nach Münsingen und schon gar nicht die Lebensbedingungen der KZ-Insassen am Fuß der Zollernalb konnten den Menschen verborgen bleiben. Diesen unfassbaren Grausamkeiten begegneten wenige mit Anteilnahme und Widerständigkeit. Bei der Vertreibung der Juden gab es indes auch etliche Mittäter, die persönlichen Profit daraus zogen. Viele reagierten mit offenkundiger Verdrängung, auch aus Angst vor Repressalien. Denn dass man hier und da sehr leicht aufgrund kritischer Bemerkungen »auf den Heuberg«, später nach Dachau oder in das KZ auf dem Kuhberg bei Ulm kommen konnte, blieb niemandem verborgen. Eine eigenständige Beschäftigung mit den NS-Untaten vor der eigenen Haustür erfolgte meist erst Jahrzehnte später, als eine andere Generation herangewachsen war und ihre Fragen nach der jüngeren lokalen Geschichte immer drängender stellte. Heute bestehen an vielen der genannten Orte Gedenkstätten, Museen oder Friedhöfe, die die Erinnerung wachhalten. Es ist wohl einer Erwähnung wert, dass auf der Schwäbischen Alb drei Einrichtungen dem Gedenken an Persönlichkeiten gewidmet sind, die einen immensen Beitrag zur demokratischen, antitotalitären Kultur in Deutschland geleistet haben: Im Stauffenbergschloss Lautlingen (LKR Zollernalb) eröffnete 2007 eine Gedenkstätte für Claus Schenk Graf von Stauffenberg (1907-1944), dem führenden Kopf des Hitlerattentats vom 20. Juli 1944. 2004 wurde in Buttenhausen im Lautertal (LKR Reutlingen) die Erinnerungsstätte Matthias Erzberger eingeweiht, einem der Mitgestalter der Republik von Weimar und Opfer politischer Gewalt von rechts. In Königsbronn (LKR Heidenheim) schließlich besteht seit 1998 die Gedenkstätte zu Ehren von Georg Elser (1903-1945), jenem schwäbischen Handwerker, der dem verbrecherischen Krieg durch sein Attentat auf Hitler im Münchner Bürgerbräukeller im November 1939 Einhalt gebieten wollte. Lautlingen-Buttenhausen-Königsbronn: Es sind weniger die Orte des politischen Handelns der Protagonisten, eher wird hier ein Milieu erfahrbar, das ihre Protagonisten geprägt hat, sie eine Wegstrecke ihres Lebens begleitete.

Die Alb war nicht nur abgelegener Schauplatz von Kriegsvorbereitung und NS-Verbrechen. Abseits des Bombenkrieges lebten hier wie in vielen ländlichen Gebieten Evakuierte aus den industriellen Zentren. In der alten zollerischen Residenz Sigmaringen indes fanden sich kurz vor Kriegsende Flüchtlinge ganz anderer Couleur ein. Die vom damals 88-jährigen »Helden von Verdun«, General Henri Philippe Pétain, und seinem Ministerpräsidenten Pierre Laval geführte französische Regierung von Hitlers Gnaden, ursprünglich mit Sitz in dem Heilbad Vichy in der Auvergne, sah sich nach dem schnellen Vordringen alliierter Truppen nach der Landung in der Normandie zur Flucht genötigt. Wohl auf direkte Anordnung Hitlers hin wurde das von Kriegszerstörungen verschonte Sigmaringen mit seinem repräsentativen Zollernschloss als Rückzugsort gewählt. Zu Anfang September 1944 trafen Pétains Leute mit Angehörigen, Dienerschaft und nicht zuletzt einer Truppe von Milizionären an der Donau ein. Das Sigmaringer Schloss hatte fortan exterritorialen Status, inmitten der Stadt wehte bald die Trikolore. Ende 1944 lebten etwa 1000 Franzosen in der Donaustadt, in der nun auch eine französische Zeitung, »La France«, erschien. Die unaufhaltsam näherrückende Front versetzte Einheimische wie Franzosen gleichermaßen in Unruhe; kurz vor der Besetzung Sigmaringens durch Einheiten der 1. französischen Armee »Rhin et Danube« am 22. April 1945 verließen die letzten Angehörigen der Vichy-Regierung das Zollernschloss. Die Regierungsspitzen wurden größtenteils von den französischen Truppen gefasst und überwiegend hingerichtet, allein der greise Pétain wurde von Präsident De Gaulle zu lebenslänglicher Verbannung begnadigt.

Die militärische Besetzung der Alb geriet schließlich zum Wettlauf französischer und amerikanischer Verbände. Ulm war den Franzosen unter dem Kommando General Lattre de Tassignys deshalb ein wichtiges symbolisches Ziel, da sich die Kapitulation des Österreichers Mack vor den Truppen Napoleons 1945 zum 140. Mal jährte. Während die Amerikaner nach den harten Kämpfen in Nordwürttemberg rasch den östlichen Teil der Alb besetzen konnten und nach Südwesten etwa bis zum Großen Lautertal ausschwenkten, arbeiteten sich die Franzosen über Tuttlingen, Messkirch und Sigmaringen entlang der Donau und, vom Schwarzwald kommend, über Tübingen und Reutlingen über die Westalb vor, um am 24. April zur selben Zeit mit den Amerikanern die Donaustadt zu erreichen. Die vollkommen unzulängliche »Albrandverteidigung« der geschwächten deutschen Verbände – darunter auch Hitlerjugend – konnte dem Vorrücken von Franzosen und Amerikanern nichts entgegensetzen. Vielmehr ging es darum, den aus dem Stuttgarter Kessel abziehenden Truppen einen freien Durchzug nach Süden zu gewährleisten, was in Teilen auch gelang. Auf diese Weise geriet aber gerade das Durchmarschgebiet am Albtrauf zum Kriegsschauplatz. Westerheim (LKR Alb-Donau), Genkingen und Böhringen (beide LKR Reutlingen) waren Albdörfer, die unter Fliegerattacken und Artilleriebeschuss erheblich zu leiden hatten. Die Anfang Mai bestehende Grenze zwischen amerikanischer und französischer Besatzung wurde im Sommer 1945 auf der Alb zu Gunsten der Franzosen nach Osten bis zur Autobahn Stuttgart-Ulm verschoben, die dafür ihre Positionen in Nordbaden und Nordwürttemberg räumten.

Neue Impulse in der Nachkriegszeit

Wie viele ländliche Regionen war die Alb in den ersten Nachkriegsmonaten wichtig für die Sicherung der Ernährung im wirtschaftlich schwachen, französisch besetzten Land Württemberg-Hohenzollern. Hinzu kam die Versorgung Evakuierter, »Displaced Persons« und schließlich mehr und mehr auch von Heimatvertriebenen. Der Wiederaufbau der Industrie, der Wohnungs- und Straßenbau blieb in den anschließenden Boomjahren auf die industriellen Zentren beschränkt, auf der Alb also im Wesentlichen auf die Entwicklungsachsen entlang von Brenz und Fils, dem Albvorland und dem Raum um Balingen und Ebingen. Orte wie Oberkochen, Giengen oder Heidenheim profitierten in hohem Maß von der teils kriegs- teils nachkriegsbedingten Verlagerung bedeutender Betriebe wie etwa dem aus Jena stammenden Unternehmen Carl Zeiss.

Angesichts der rasanten wirtschaftlichen Entwicklung der 1950er und 60er Jahre wurden die Unterschiede zwischen solchen prosperierenden Regionen und dem überwiegenden Teil der Alb immer deutlicher. Der Kreis Münsingen, als einziger ausschließlich auf der Albhochfläche gelegen, zeigte 1961 die landesweit geringste Wirtschaftsleistung. Es drohten Abwanderung und der Niedergang gemeindlichen Lebens. Staatliche Strukturprogramme versuchten, dieser Gefahr zu begegnen. Die Ausweisung von Bundesausbaugebieten (1969) diente der Wirtschaftsförderung in ausgewählten, besonders problematischen Landkreisen. 1971 wurde das »Albprogramm« des Landes aufgelegt, das zum Ziel hatte, die angesichts internationaler Agrarmärkte bedrohte Landwirtschaft auf der Alb zu stützen – berühmt-berüchtigt wurde damals das dem ersten europäischen Agrarkommissar Sicco Mansholt zugeschriebene Diktum, wonach um 2000 auf der Alb keine Landwirtschaft mehr existieren werde. Neben Dorferneuerung und Investitionszuschüssen stand die Tourismusförderung als zweites Standbein für die Landwirtschaft auf der Agenda des Albprogramms. Auch der Ausbau des Verkehrsnetzes, in erster Linie der Straßen, und die Förderung der schulischen, zumal der beruflichen Bildung wurde in diesen Jahren verstärkt vorangetrieben. Im Grunde war es ein ganzes Bündel von Maßnahmen, das sich im Wesentlichen als Forderungskatalog bereits in der 1954 veröffentlichten Hohenheimer Doktorarbeit von Hans Borst über den Problemlandkreis Münsingen als »strukturpolitische« Herausforderung findet.

Die Umbrüche, die die wachsende internationale Konkurrenz für industrielle Güter, in erster Linie für die Textilindustrie mit sich brachte, ließ selbstverständlich auch die Alb nicht unberührt. 1966 schloss die traditionsreiche Württembergische Cattunmanufaktur in Heidenheim, zwei Jahre zuvor die Firma Gminder in Reutlingen. Und um so bemerkenswerter scheint es, wie es wenigstens Teilen der Trikot- und Strickwarenindustrie des Zollernalbkreises gelang, durch den Einsatz modernster Fertigungsverfahren weiter zu bestehen, auch wenn vielfach die Produktion in andere Länder verlagert wurde und an vielen Orten traditionsreiche Firmengebäude leer stehen. Immerhin, ein mittelständisches Unternehmen im kleinen Burladingen (LKR Zollernalb) wirbt heute nachgerade damit, der Globalisierung mit heimischer Produktion zu trotzen.

Angesichts des wachsenden Wohlstands gerade in den wirtschaftlich dynamischen Räumen wurde schon in der 1950er Jahren deutlich, was auch heute noch gelten kann: Die Alb entwickelte sich zum Naherholungsraum für ihr Vorland, das mittlere Neckartal und die Region um Ulm. Das Erscheinen des Hefts »Schwäbische Alb« des Hamburger Reisemagazins »Merian« im Jahr 1956 zeigt in wünschenswerter Deutlichkeit, wie man sich diese Region am besten erschließt: Auf dem Titelblatt erscheint weder Schloss Lichtenstein noch der Blautopf, sondern der Albaufstieg der Autobahn bei Drackenstein, noch im Zustand vor dem 1957 vollendeten Ausbau. Zeitgleich zur Modernisierung der A 8 ging es an die autogerechte Binnenerschließung der Alb. Nach dem Muster der Schwarzwaldhochstraße entwickelte der Landesverkehrsverband Württemberg das Konzept einer Touristenstraße, die im Grunde wie die Hauptwanderwege des Schwäbischen Albvereins vom Ries im Nordosten bis zur oberen Donau im Südwesten der Alb führt. Bald trat an die Stelle der zunächst vorgeschlagenen »Albhochstraße« die bis heute gültige Bezeichnung »Schwäbische-Albstraße«. Die folgende Übernutzung der Umwelt durch den Verkehr und die Konzentration von Besuchern an besonders beliebten Stellen war die zwangsläufige Folge des vielfach auf den Individualverkehr angewiesenen Kurzzeittourismus.

Ein bedeutender, eigenständiger Fremdenverkehrszweig besteht in den alten und neuen Kurorten, die auf der Kuppenalb und im Albvorland vor allem in den Kreisen Göppingen und Esslingen zu finden sind. Die Bad-Orte nutzen die natürlichen Mineralwasservorkommen unterschiedlicher geologischer Schichten und die zumeist in den 1970er Jahren durch Tiefenbohrungen erschlossenen Thermalquellen. Bereits im 15. Jahrhundert waren die »Säuerlinge« genannten Mineralwässer von Bad Ditzenbach und Bad Überkingen bekannt. In Überkingen entstand in reichsstädtisch-ulmischer Zeit ein stattliches Badegebäude, 1927 erhielt der Ort wie das nahe gelegene Ditzenbach das Prädikat »Bad« verliehen. Sehr weit reicht auch die Geschichte Bad Bolls im Albvorland zurück. Dort erhebt sich eine stattliche, im Kern auf einen Bau Heinrich Schickhardts von 1596 zurückgehende Anlage. Bad Boll erlangte durch den Verkauf an den berühmten Theologen und Heiler Johann Christoph Blumhardt (1808-1880) eine besondere, geistliche Note. Während hier auch eine Schwefelquelle Heilzwecken dient, sind es in Bad Urach (LKR Reutlingen) Thermalquellen, die der Wärmeanomalie im Kirchheim-Uracher Gebiet zu verdanken sind. In Urach wie im nahen Beuren entstanden zu Beginn der 1970er Jahre neue Mineralbäder. Dabei ist Urach erst 1983 in die Familie der »Bad«-Orte aufgestiegen. Mit bald 400 000 Übernachtungen jährlich steht der Ort im Ermstal unangefochten an der Spitze der Fremdenverkehrsstatistik im Landkreis Reutlingen, und die Stadt vermochte auf diesem Weg wenigstens in Teilen die verhaltene gewerbliche Entwicklung nach 1945 zu kompensieren.

Alb-Träume: zwischen wirtschaftlicher Entwicklung und Bewahrung eines Naturraums

Naturschönheiten, Burgenreichtum, geologische und paläontologische Besonderheiten, vor allem aber die Schafherden inmitten einer bäuerlich-rückständigen Welt – wenn das auch nicht die Alb »war«, so gehörten diese Bilder doch immerhin zur Vorstellung, die sich eine Mehrzahl von ihr machte. Zwar taucht in jeder touristischen Beschreibung auch moderne Industrie in Form der Textilfertigung um Ebingen, Unternehmen wie Zeiss in Oberkochen, Voith in Heidenheim oder Steiff in Giengen auf, aber niemand würde wohl die Alb in erster Linie damit verbinden. Es zählt zu den großen Verdiensten des Künstlers H.A.P. Grieshaber, aus der Not dieser Rückständigkeitsmarke Schwäbische Alb eine Tugend gemacht zu haben: Die Idee der Wacholderalb, einer archaischen Landschaft im technisch-industriellen Zeitalter entstand in dem Bewusstsein der drohenden Übernutzung der Landschaft und angesichts des kaum übersehbaren Wandels von Wirtschaft und Gesellschaft auf der Alb selbst. Die Bedeutung, die die Landwirtschaft nach dem Krieg kurzfristig nochmals erlangen konnte, ging rapide zurück, und dieser Rückgang betraf besonders stark die Schäferei, die der Konkurrenz etwa Australiens oder Neuseelands wenig entgegenzusetzen hatte. Längst schon gehörte es zum Alltag, dass man ins Tal zur Arbeit fuhr. Grieshaber gelang es durch eigene künstlerische Arbeiten, durch vielfältige Aktionen gemeinsam mit dem Schwäbischen Heimatbund, dem Albverein und engagierten Mitstreitern medienwirksames Interesse am Erhalt der Wacholderheiden der Alb zu wecken. Die Früchte kann man nun, etwa 30 Jahre nach dem Startschuss des Projektes Wacholderalb, allenthalben sehen. Schutz- und Förderprogramme für den Erhalt von Kalkmagerrasen wurden aufgelegt, differenzierte Schutzgebietskategorien nehmen sich dem Naturraum Wacholderheide an. Produktinitiativen versuchen, wirtschaftlichen Mehrwert nicht nur aus der Vermarktung von Schafen, sondern auch aus Wacholderholz und Heidekräutern zu ziehen. Albheu für die Haustiere und Wacholderholzschnitzel für Badewellness haben es zu Premiummarken gebracht. Abgesehen davon laden vielfältige Angebote Besucher zum Erkunden dieses Naturraums ein.

Der Versuch, den Schutz von Naturräumen mit einer touristischen Vermarktung in Einklang zu bringen, wurde 1981 mit dem Naturpark Obere Donau angegangen, einem großflächigen Zusammenschluss von Landkreisen und Gemeinden auf der Süd-

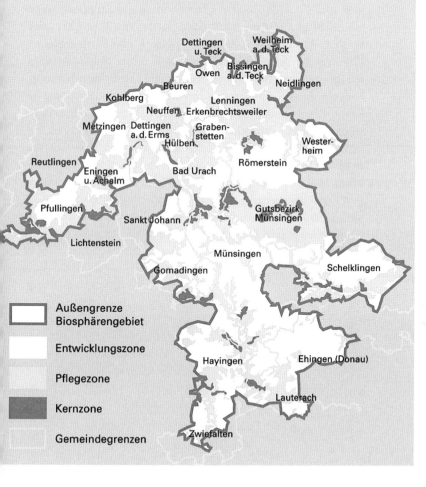

westalb. Daran schloss sich der Gedanke an, Wertschöpfung aus der Region zu erzielen. Wie schon am Beispiel des Wacholders gezeigt, ging – und geht – es darum, die vor Ort vorhandenen Potenziale zu erschließen. Dies ist auch das Ziel des jüngsten Vorhabens auf diesem Gebiet, der Einrichtung eines von der UNESCO anerkannten Biosphärenreservates. Der Anstoß dazu ging vom Ende der militärischen Nutzung des Truppenübungsplatzes Münsingen im Jahr 2005 aus. Das übergeordnete Ziel ist nach den Leitlinien des MAB (Mensch und die Biosphäre)-Komitees die Schaffung eines weltweiten Netzes von Reservaten zur Erhaltung biologischer Vielfalt und nachhaltiger Nutzung. Letzteres ist von Bedeutung, denn eine abgestufte Zonierung in Kern-, Pflege- und Entwicklungszonen soll gewährleisten, dass wirtschaftliche Entwicklung möglich bleibt, ja stärker noch als zuvor aus der Raumschaft heraus gefördert wird. Das Biosphären*gebiet* Schwäbische Alb – das damit von der üblichen Nomenklatur abweicht – reicht vom Albtrauf in den Kreisen Reutlingen und Esslingen bis in die Täler von Schmiech und Zwiefalter Ach und geht damit räumlich weit über den ehemaligen Truppenübungsplatz hinaus.

Zeittafel

Vor 200 bis 150 Millionen Jahren Die Alb unter flachen Meeren; wechselweise Ablagerung von Ton- und Kalksteinen sowie sandiger Komplexe

Vor etwa 30 Millionen Jahren Hebung und anschließende Schrägstellung der Gesteinsschichten nach Südosten als Folge des Einbruchs des Oberrheingrabens

Seit etwa 15 Millionen Jahren Eintiefung von Neckar und Rhein auf Kosten der sehr viel älteren Donau: Verschiebung des Albtraufs nach Süden

Vor 24-5 Millionen Jahren Entstehung des Schwäbischen Vulkans mit annähernd 350 Durchbruchsschloten

Vor 15 Millionen Jahren Entstehung des Nördlinger Ries und des Steinheimer Beckens durch Meteoriteneinschläge

um 40.000 Entstehung der ersten Elfenbeinfiguren im Lonetal und im Blaubeurener Tal

Bis ins 6. Jht. Jäger und Sammler auf der Alb

Ab Mitte des 6. Jhts. Einsetzen von Ackerbau und Viehzucht sowie erste beständige Siedlungen

Mitte 6. bis Ende 2. Jht. Kulturgruppen des Neolithikums auf der Alb

Um 1800 v. Chr. Beginnende Erschließung und Besiedelung auch höchster Lagen der Alb in der Bronzezeit

1500-1300 v. Chr. Entstehung einer großen Zahl von Grabhügeln auf der Zollernalb, der Münsinger Alb und nahe der Großen Lauter und der Schmiech

12. bis 8. Jhdt. v. Chr. Urnenfelderzeit mit Siedlungen und Brandgräbern, so im Fehla-Tal bei Burladingen

8. bis Mitte 5. Jhdt. v. Chr. Frühkeltische Epoche mit Entstehung der Entstehung der Heuneburg

Mitte 5. bis 1. Jhdt. v. Chr. Spätkeltische Epoche

1. bis Mitte 3. Jhdt. n. Chr. Römische Epoche

um 70–90 n. Chr.	Entstehung einer Kastell-Kette auf der Alb (Alb-Limes); Rhein-Donau-Straße
Spätes 3. Jhdt. bis frühes 5. Jhdt. n. Chr.	Völkerwanderungszeit
Zwischen 250 und 260 n. Chr.	Aufgabe des Limes, Verwüstung und Zerstörung vieler Kastelle; alemannische Landnahme mit Orientierung an römischen Straßen und Siedlungen
Um 4. Jhdt. n. Chr.	Frühalemannische Besiedelung des Runden Bergs bei Bad Urach
5. bis frühes 8. Jh. n. Chr.	Frühes Mittelalter
5.– 6. Jhdt. n. Chr.	Entstehung erster Weiler mit Mehrhausgehöften
Ab 5. Jhdt.	Belegung eines Gräberfeldes mit etwa 350 Bestattungen im Tal der Vehla / Lkr. Sigmaringen mit kostbaren Grabbeigaben
Ab 6. Jhdt.	Erschließung der Westalb
Ab 7. Jhdt.	Erste Kirchenbauten
8. Jhdt.	Entstehung von neuen Herrschaftsräumen: »Baar« und »Huntari«; Besitzungen, Einkünfte und Kirchen auf der Alb in Händen merowingischer Magnaten; Schenkungen an Reichsklöster
915	Der Hohentwiel wird zu einem Mittelpunkt der schwäbischen Herzogsherrschaft; die Alb ist ein bedeutender Passageraum des karolingisch-ostfränkischen Reichs
Ab dem 11. Jhdt.	Adelige Herrschaftsbildungen mit einer Burg als festem Mittelpunkt
12./13. Jhdt.	Gründung von Klöstern: u. a. Zwiefalten, Neresheim, Rottenmünster, Heiligkreuztal, Königsbronn
	Entstehung von frühen Mittelpunktsorten und kleiner Orte
Um 1250/1260	Übergang des Machtbereichs der Grafen von Urach an die Württemberger; Beginn der Etablierung der Württemberger als dominierende Macht im deutschen Südwesten neben den Habsburgern
1301	Burg Hohenneuffen an Württemberg, Ausbau zur Festung

14. Jhdt.	Abgang vieler Siedlungen auf der Alb; teckische Besitzungen am Nordrand der Alb und Stammburg der Aichelberger an Württemberg
1381	Grafschaft Hohenberg an Habsburg
1396	Erwerb eines Großteils der Herrschaft Helfenstein, darunter die Stadt Geislingen, durch die Reichsstadt Ulm
1403	Herrschaft Schalksburg und Balingen an Württemberg
1422	Zerstörung des Hohenzollern
1460	Benediktinerkloster Ellwangen wird Fürstprobstei
1482	Münsinger Vertrag; etwa die Hälfte der Alb ist württembergisch
1491	Wohl bereits Weiden für Pferde des württembergischen Hofs im Oberfeld nahe Marbach
1514	»Armer Konrad«
1525	Bauernkrieg: Zug des Baltringer Haufen gegen Kloster Zwiefalten; Zerstörung der Burg Teck
1529	Anschluss der Reichsstadt Giengen an die Reformation
1531	Anschluss der Reichsstadt Ulm an die Reformation
1534	Einführung der Reformation in Württemberg
1536	Herrschaft Heidenheim endgültig württembergisch
1541-1547	Kaspar Schwenckfeld auf Schloss Justingen nahe Ulm; in den freybergischen Herrschaften Justingen und Öpfingen Schwenckfeldische Gemeinschaften
1548	Johannes Brenz als Gegner des Augsburger Interims auf Hohenwittlingen
1554	Nennung eines Marbacher »Stutenknechts«
1567	Rekatholisierung der Herrschaft Wiesensteig
1576	Entstehung von Hohenzollern-Hechingen, Hohenzollern-Sigmaringen und Hohenzollern-Haigerloch
1580-1582/83	»Böhmenkircher Rebellion«

274 Zeittafel

1599-1600	Bau der Webervorstadt in Bad Urach, wenige Jahre danach gefolgt durch eine ähnliche Siedlung in Heidenheim
1618	Generalrebellion in Hohenzollern-Hechingen
2. Hälfte 16. Jhdt.	Blüte des Sigmaringer Renaissancehofs unter Graf Eitel Friedrich IV. (gest. 1605)
1606	Bau der »Wasserkunst« von Schloss Hellenstein bei Heidenheim
1618-1648	Dreißigjähriger Krieg
1627	Aussterben der Helfensteiner
1631	Einnahme des Hohenzollern durch Württemberg
1634	Schlacht bei Nördlingen vor den Toren der Alb
1634/35	Belagerung der Festung Hohenurach
1641	Belagerung der Festung Hohentwiel
1643	Schlacht bei Tuttlingen
Ab 2. Hälfte 17. Jhdt.	Entstehung des Pietismus als Frömmigkeits- und Erneuerungsbewegung
1661	Gründung einer Leinwandhandlungskompanie in Bad Urach
Ab 1671	Erzabbau und Roheisenproduktion am Braunenberg bei Wasseralfingen
1696	Errichtung des Hüttenwerks Ludwigstal
18. Jhdt.	Entstehung einer jüdischen Vorstadt mit eigener Synagoge in Hechingen
1701-1714	Spanischer Erbfolgekrieg
1704	Besetzung von Giengen an der Brenz durch französische Truppen
1736	Gründung einer Leinwandhandlungskompanie in Heidenheim nach Uracher Vorbild
Um 1740	Erster »Handculierstuhl« in Ebingen belegt
1750	Kloster Zwiefalten wird reichsunmittelbar
1761	Einführung einer Baumwollspinnerei in der Herrschaft Kallenberg-Werenwag an der Donau

Zeittafel

1764	Kloster Neresheim wird reichsunmittelbar
1764-1770	Philipp Matthäus Hahn Seelsorger in Onstmettingen
Ab 1772	Kultivierung der Kartoffel in dem ulmischen Dorf Nellingen / Lkr. Alb-Donau
1786	Überführung einer Herde von etwa hundert Merinoschafen aus Spanien und Südfrankreich auf die Alb zur Verbesserung der Schafzucht
1787	Entstehung einer jüdischen Gemeinde in Buttenhausen
1792	»Von der Verbesserung der Kultur auf der Alp« von Johann Gottlieb Steeb
1798	Hohenzollern-hechingischer Landesvergleich; posthumes Erscheinen der »Beschreibung der wirtembergischen Alp« von Jeremias Höslin
1803	Reichsdeputationshauptschluss: Aufgehen vieler geistlicher Herrschaften und der Reichsstädte auf der Alb in größere Territorien, gefolgt 1805/06 von den ritterschaftlichen und fürstlichen Gebieten
1812	Unterbringung des »Tollhauses« Ludwigsburg in den Zwiefaltener Konventsgebäuden
1819	Aufgabe der Heidenheimer Eisenverhüttung
1823	»Die Neckarseite der Schwäbischen Alb« von Gustav Schwab
1826	»Lichtenstein« von Wilhelm Hauff
1835	Gründung des »Landwirtschaftlichen Bezirksvereins für die Rauhe Alp« zur Förderung der Landwirtschaft
1838	Eine der ersten württembergischen Dampfmaschinen in Heidenheim
1840-1842	Errichtung des heutigen Schloss Lichtenstein
Ab Mitte 19. Jhdt.	Erschließung der Alb durch die Eisenbahn
1850-1867	Bau der heutigen Burg Hohenzollern
1854	Erste Webereifachschule Württembergs in Blaubeuren

1863	Entstehung des Benediktinerabtei Beuron im oberen Donautal
Ab 1870	Verbesserung der Albwasserversorgung
Nach 1880	Württembergische Metallwarenfabrik (WMF) in Geislingen
1889	Gründung des Schwäbischen Albvereins
1895	Entstehung des Übungsplatzes des XIII. Königlich-Württembergischen Armeekorps auf dem Münsinger Hardt
1914–1918	Erster Weltkrieg
1920	Wiederbesiedelung der Benediktinerabtei Neresheim
1933	Errichtung des KZ Heuberg bei Stetten am kalten Markt
1937	Bau der Autobahn A8 von Stuttgart nach München
November 1938	Reichspogromnacht auch auf der Alb
1939	Industriell organisierte Ermordung behinderter Menschen im ehemaligen württembergischen Jagdschloss Grafeneck
1939–1945	Zweiter Weltkrieg
Ab Sommer 1944	Errichtung zahlreicher KZ-Außenlager im Landkreis Zollernalb
September 1944 – April 1945	Sitz der Verwaltung der französischen Vichy-Regierung unter Marschall Philippe Pétain in Sigmaringen
Sommer 1945	Kriegsende; Orientierung der Zonengrenze an der A8; Hohenzollern wird Teil von Württemberg-Hohenzollern
1957	Ausbau des Albaufstiegs der A8 am Drackensteiner Hang; autogerechte Binnenerschließung der Alb
1981	Einrichtung des Naturparks Obere Donau
2005	Einrichtung eines von der UNESCO anerkannten Biosphärenreservats auf dem Gebiet des ehemaligen Truppenübungsplatzes Münsingen

Literaturauswahl

Angesichts der Fülle der Literatur zur Schwäbischen Alb wird mit ganz wenigen Ausnahmen auf die Angabe älterer Werke und Spezialstudien verzichtet. Grundsätzlich verwiesen sei auf die sehr ausführlichen Quellen- und Literaturanhänge der Kreisbeschreibungen Baden-Württemberg. In diesem Zusammenhang sind auch die älteren Oberamtsbeschreibungen Württembergs zu nennen, die hier ebenfalls nicht in Einzeltiteln erscheinen.

Handbücher und Landesbeschreibungen

Handbuch der baden-württembergischen Geschichte, hrsg. von der Kommission für geschichtliche Landeskunde in Baden-Württemberg, 5 Bde., Stuttgart 1992-2007.
Historischer Atlas von Baden-Württemberg, hrsg. von der Kommission für geschichtliche Landeskunde in Baden-Württemberg, Stuttgart 1972-1988.
Kreisbeschreibungen des Landes Baden-Württemberg, hrsg. von der Landesarchivdirektion Baden-Württemberg in Verbindung mit den Landkreisen:
Der Alb-Donaukreis, 2 Bde., Sigmaringen 1989.
Der Landkreis Balingen, 2 Bde., Balingen 1960-1961.
Der Landkreis Esslingen (im Druck).
Der Landkreis Heidenheim, 2 Bde., Stuttgart 1999.
Der Landkreis Reutlingen, 2 Bde., Sigmaringen 1997.
Der Landkreis Tübingen, 3 Bde., Tübingen 1967-1974.

Zeitschriften

Blätter des Schwäbischen Albvereins, hrsg. vom Schwäbischen Albverein 1 (1899) - ...

Geschichts- und Altertumsverein Göppingen und Kunst- und Geschichtsverein Geislingen

Hohenstaufen-Helfenstein. Historisches Jahrbuch für den Kreis Göppingen, hrsg. vom Jahrbuch des Heimat- und Altertumsvereins Heidenheim an der Brenz

Ostalb-Einhorn. Vierteljahreshefte für Heimat und Kultur im Ostalbkreis

Reutlinger Geschichtsblätter, hrsg. vom Geschichtsverein Reutlingen 1 (1890) – 47 (1940), NF 1 (1958/59) – ...

Schwäbische Heimat, hrsg. vom Schwäbischen Heimatbund

Zeitschrift für hohenzollerische Landesgeschichte, hrsg. vom Hohenzollerischen Geschichtsverein

Einzelwerke

Biel, Jörg: Vorgeschichtliche Höhensiedlungen in Südwürttemberg-Hohenzollern (Forschungen und Berichte zur Vor- und Frühgeschichte in Baden-Württemberg 24), Stuttgart 1987.

Heiligmann, Jörg: Der »Alb-Limes«. Ein Beitrag zur römischen Besetzungsgeschichte Südwestdeutschlands (Forschungen und Berichte zur Vor- und Frühgeschichte in Baden-Württemberg 35), Stuttgart 1990.

Holdermann, Claus-Stephan / Müller-Beck, Hansjürgen u. a.: Eiszeitkunst im süddeutsch-schweizerischen Jura: Anfänge der Kunst (Alb und Donau, Kunst und Kultur 28), Stuttgart 2001.

Höslin, Jeremias: Beschreibung der wirtenbergischen Alp, mit landwirthschaftlichen Bemerkungen, Stuttgart 1798.

Kind, C.-J.: Neue Forschungen zur Altsteinzeit auf der Schwäbischen Alb: ein Überblick, in: Jahrbuch Heimat- und Altertumsverein Heidenheim 7, 1997/98, S. 61ff.

Köhler, Friedrich August: Eine Albreise im Jahre 1790 zu Fuß von Tübingen nach Ulm. Ein Lesebuch zur historischen Landschaft der

Schwäbischen Alb, hrsg. und kommentiert von Eckart Frahm u. a., Moos 1984.

Rieth, Adolf: Vorgeschichte der Schwäbischen Alb unter besonderer Berücksichtigung des Fundbestandes der mittleren Alb (Mannus-Bücherei 61), Leipzig 1938.

Rosendahl, Wilfried u. a. (Hrsg.): Schwäbische Alb (Wanderungen in die Erdgeschichte 18), München 2006.

Schwab, Gustav: Die Neckarseite der Schwäbischen Alb, Stuttgart 1822, ND Tübingen 1960.

Siehler, Willi: Das große Wanderbuch der Schwäbischen Alb. Natur - Heimat - Wandern, Stuttgart 2005.

Ströbele, Werner / Kulturamt der Stadt Reutlingen (Hrsg.): Alb hoch drei: die Schwäbische Alb in drei Reutlinger Museen, Reutlingen 2006 (Katalog zur gleichnamigen Sonderausstellung).

Wagner, Georg: Schwäbische Alb (Deutsche Landschaft 5), Essen 1958.

Walzer, Albert / Widmann, Hans (Hrsg.): Die Schwäbische Alb in Dichtung und Malerei, Stuttgart 1964.

Widmann, Hans: Schwäbische Alb - Geschichte eines Namens, Stuttgart 1957.

Abbildungsnachweis

Archiv der Benediktinerabtei Neresheim: S. 125 (KlA Neresheim E1)
Christoph Morrissey, Tübingen: S. 20/21, 23, 46
Christoph Strauß, Mengen: S. 71
Dieter Planck, Landesamt für Denkmalpflege Baden-Württemberg: S. 57
Evangelische Kirchengemeinde Bopfingen: S. 148
Freilichtmuseum Beuren – Museum des Landkreises Esslingen für ländliche Kultur: S.106
Gedenkstätte Grafeneck: S. 258
Hauptstaatsarchiv Stuttgart: S. 116 (HStAS B 346 U 145), 133 (HStAS N 200 T 149), 199 (HStAS N 200 P 73)
Landesamt für Denkmalpflege Baden-Württemberg: S. 55
Landeskirchliches Archiv Stuttgart: S. 210
Margarete Steiff GmbH: S. 237
Markus Scholz: S. 51
Nach B. Scholkmann: S. 58
Peter Eichhorn (durch Vermittlung von Dieter Quast, Mainz): S. 67
Rieth, Schwäbische Alb, Abb. 14: S. 38
Stadt Sigmaringen: S 169
Stadtarchiv Aalen: S. 200
Stadtarchiv Balingen: S. 115
Stadtarchiv Geislingen: S. 229
Stadtarchiv Kirchheim/Teck: S. 159
Stadtarchiv Münsingen: S. 89, 194/195, 196, 242/243
Universität Tübingen, Institut für Ur- und Frühgeschichte, Abt. Ältere Urgeschichte: S. 30
Urwelt-Museum Hauff: S. 17
Weberei- und Heimatmuseum Laichingen: S. 103, 186
Wolfgang Znaimer, Kirchheim/Teck: S. 85
Württembergische Landesbibliothek, Stuttgart: S. 81, 84, 170 (HB V 4a, fol. 144v)

Die Karten stammen von:
Ernst Stuhlinger, Die Schwäbische Alb: Entstehungs- und Lebensgeschichte, Stuttgart 1950, S. 93: S. 15:
Karthographisches Büro Dieter Ohnmacht, Frittlingen: S. 10/11
Viva Idea, Stuttgart: S. 269